HUMAN-LIKE DECISION MAKING AND CONTROL FOR AUTONOMOUS DRIVING

自动驾驶的类人决策和控制

杭鹏（Peng Hang）吕辰（Chen Lv）陈辛波（Xinbo Chen）著
朱轩彤 曹阳 叶志远 李建勋 译

机械工业出版社
CHINA MACHINE PRESS

Human-Like Decision Making and Control for Autonomous Driving by Peng Hang, Chen Lv, Xinbo Chen (ISBN: 9781032262086).

图书在版编目（CIP）数据

自动驾驶的类人决策和控制 / 杭鹏，吕辰，陈辛波著；朱轩彤等译. -- 北京：机械工业出版社，2025. 8. --（智能汽车丛书）. -- ISBN 978-7-111-78615-3

Ⅰ. U463.61

中国国家版本馆 CIP 数据核字第 20251B9E82 号

机械工业出版社（北京市百万庄大街 22 号　邮政编码 100037）

策划编辑：王　颖　　责任编辑：王　颖　张　莹

责任校对：王　捷　王小童　景　飞　　责任印制：任维东

河北宝昌佳彩印刷有限公司印刷

2025 年 8 月第 1 版第 1 次印刷

186mm × 240mm · 11 印张 · 184 千字

标准书号：ISBN 978-7-111-78615-3

定价：99.00 元

电话服务　　网络服务

客服电话：010-88361066　　机　工　官　网：www.cmpbook.com

010-88379833　　机　工　官　博：weibo.com/cmp1952

010-68326294　　金　　书　　网：www.golden-book.com

封底无防伪标均为盗版　　机工教育服务网：www.cmpedu.com

Translator's Preface 译者序

自动驾驶是当今的热门话题，也是具有广阔发展前景的新兴技术。博弈论作为一种在研究多智能体交互过程中进行有效决策的数学方法，已在自动驾驶领域得到重视，并在车辆换道、碰撞规避、停车等场景中展现出良好的应用前景。本书将博弈论方法应用于自动驾驶汽车的类人决策，因此兼具学术前瞻性和技术实用性。

本书的研究内容既涉及合作博弈论方法，也涉及非合作博弈论方法。在综合考虑驾驶安全性、乘坐舒适性和出行效率的基础上，本书在自动驾驶汽车和人类驾驶员之间的交互行为研究以及网联自动驾驶汽车之间的协同决策研究中，分别采用了非合作博弈论方法和合作博弈论方法进行建模。例如，在解决自动驾驶汽车在无信号灯环岛的驾驶冲突问题时，前者采用斯塔克尔伯格博弈论方法并将博弈决策问题转化为 MPC（模型预测控制）优化决策问题，而后者采用大联盟博弈论方法进行协同决策和控制。为了评估博弈论决策算法在无信号灯环岛场景中的性能，对两者分别在三个相同的案例中进行测试，结果证实了博弈论在自动驾驶的类人决策和控制方面的应用价值，且可以满足个性化的驾驶和乘坐需求。

本书适用于车辆工程、控制工程和交通工程等专业的技术人员和研究人员，希望本书能够为类人驾驶决策和控制技术的研究提供有益参考。由于翻译水平有限，书中难免出现错漏，敬请广大读者指正。

Preface 前　言

本书运用博弈论方法描述了最新的类人驾驶技术。书中涵盖了类人驾驶行为的特征识别与建模，以及在各种复杂交通场景中对自动驾驶汽车进行决策和控制的算法设计等内容，能够帮助读者更好地理解类人驾驶框架如何为人机混合驾驶环境中的自动驾驶汽车的决策系统提供有力支撑。

本书首先对自动驾驶汽车的类人驾驶研究现状进行了概述，接着提出了类人自动驾驶框架，如类人驾驶特征识别与表示方法。在介绍类人算法设计之前，构建了一些有关决策与控制的系统模型，包括驾驶安全性、乘坐舒适性、行驶效率等。

本书将博弈论方法应用于自动驾驶汽车的类人决策。对于自动驾驶汽车与人类驾驶员之间的交互行为，采用非合作博弈论方法进行建模。而对于网联自动驾驶汽车之间的协同决策，采用合作博弈论方法进行建模。本书提出的框架可以实现自动驾驶的类人决策和控制，并满足个性化驾驶和乘坐需求。此外，在复杂的交通场景中，通过对网联自动驾驶汽车进行协同决策和控制，可以显著提高交通效率和驾驶安全性。

总体而言，本书提供了运用博弈论对自动驾驶类人决策进行建模的案例，以及类人自动驾驶决策和控制的最新方法。此外，本书还讨论了在不同驾驶情境下，网联自动驾驶汽车的先进决策与实施。本书可以作为车辆工程、控制工程和交通工程等专业的技术人员和研究人员在自动驾驶、决策、控制理论、博弈论等研究领域的参考用书。

最后，感谢 Chao Huang 博士、Yang Xing 博士、Zhongxu Hu 博士和 Sunan Huang 博士在本书写作过程中提供的帮助。

Contents 目录

第1章 Chapter 1

概　　述

1.1 类人自动驾驶概述

决策是自动驾驶技术的重要组成部分。根据环境感知模块提供的信息，决策模块会规划适当的驾驶行为，并将驾驶行为发送给运动控制模块[79]。因此，决策通常被视为自动驾驶汽车（AV）的大脑，它连接着环境感知和运动控制。自动驾驶汽车的驾驶性能受决策模块的影响，包括驾驶安全性、乘坐舒适性、行驶效率和能源消耗等[42]。

预计在未来几十年内，人驾驶的车辆和自动驾驶汽车将在道路上共存。驾驶安全将不再是对自动驾驶汽车的唯一要求，如何在复杂的交通条件下与人驾驶的车辆进行交互也是至关重要和值得研究的。自动驾驶汽车被期望表现出与人驾驶的车辆的相似的行为。因此，在自动驾驶设计中应考虑人类驾驶员的行为和特征[60]。如果自动驾驶汽车的驾驶行为是类人的，那么人类驾驶员则更容易与周围的自动驾驶汽车进行交互，并预测它们的行为，尤其是在多车协作的情况下。

1.2 自动驾驶汽车的类人决策

为了实现自动驾驶汽车的类人决策，人们研究了不同的框架、方法、算法和策略。总的来说，自动驾驶汽车的类人决策主要可以分为三种类型：基于模型的类人决策、数据驱动的类人决策和基于博弈论的类人决策[222]。

1.2.1 基于模型的类人决策

近年来，一些研究将典型的以驾驶特征和驾驶风格为代表的类人元素引入自动驾驶的算法开发中[138, 165]。具体来说，在自动驾驶汽车的决策功能方面，类人模型有望产生类似人类驾驶员的合理驾驶行为。为了解决决策问题以及与周围车辆的交互问题，研究人员提出了一种类人行为的生成方法，该方法基于马尔可夫决策过程（MDP）和混合势能图[64]，为自动驾驶汽车生成有效的决策以及合适的路径。概率模型被广泛用于处理决策的不确定性[195, 175]。文献［268］应用了贝叶斯网络模型来处理从环境感知到决策过程中的不确定性。然而，该模型很难处理复杂和动态的决策任务。MDP是另一种常见的决策概率模型，在文献［9］中，基于对不确定测量的考虑和部分可观测MDP，作者研究了一种具有鲁棒性的决策方法，以使自动驾驶汽车能够在行人中安全高效地行驶。在文献［189］中，作者基于概率计时程序（PTP）和概率计算树逻辑（PCTL），为自动驾驶汽车设计了一种随机可验证的决策框架。此外，多标准决策（MCDM）和多属性决策（MADM）可以有效地应对复杂的城市交通场景，并为自动驾驶汽车做出合理的决策[50, 21]。

在车联网环境下，自动驾驶汽车可以轻松共享其运动状态和意图，这有利于做出安全和高效的决策[172, 41]。为了解决网联自动驾驶汽车（CAV）的车道合并决策问题，研究人员广泛研究了集中控制方法[185, 34]，提出了使用集中式控制器来控制和管理特定控制区域内的车辆[253]。在进入控制区后，网联自动驾驶汽车需要将其控制权移交给集中式控制器，之后由集中控制器优化整个交通序列，引导匝道上的车辆在规定的汇合点有序地进入主路。

为了最大限度地提高网联自动驾驶汽车的行驶效率，研究人员提出了一种纵向高速公路并线控制算法。该算法中，网联自动驾驶汽车需要遵循路边控制器分配的顺序[124]。在文献［94］中，作者基于对伪扰动的考虑，设计了一种广播控制器来协调多条车道上的网联自动驾驶汽车，以实现平稳的并线行为。为了减少计算时间和提高协调性能，作者还研究了一种基于分组合作的驾驶方法来解决网联自动驾驶汽车的并线问题[250]。在文献［89］中，作者为网联自动驾驶汽车和人驾驶汽车建立了一个合作匝道并线框架，并进行了双级优化，在混合交通环境中实现了合作行为与非合作行为。此外，车辆成排也是提高并线效率的有效途径[160]。在文献［196］中，作者设计了一个通信网络来控制网联自动驾驶汽车的变道行为和车辆成排的并线行为。在文献［56］中，作者将模型预测控制应用于车辆成排控制以解决多车并线问题。此外，作者还利用弹簧质块阻尼器系统的概念来提高车辆成排的行驶效率和并线后的稳定性[10]。上述研究主要集中在优化网联自动驾驶汽车的并线顺序（即纵向运动优化），以提高交通流的效率[23, 167]。然而，交通场景主要局限于单条主车道和匝道车道，通常忽略了主车道上车辆的变道行为。此外，很少有人研究网联自动驾驶汽车在并线时的横向运动优化。为了提高多车道道路上的并线效率，文献［109］建立了一个基于 MPC 的框架，该框架能够生成最佳加速度，同时做出安全的变道决策。

集中式交通管理系统被广泛研究用于处理交叉路口网联自动驾驶汽车的决策问题。该系统采用了一个集中式控制器来管理控制区域内的网联自动驾驶汽车[139, 253, 232]。在这种情况下，当车辆进入控制区后，必须将控制权移交给集中式控制器。然后，由集中式控制器根据优化的通行顺序引导车辆通过交叉路口[231]。在文献［208］中，作者开发了一种分布式协调算法，用于城市街道网络中网联自动驾驶汽车的动态速度优化，以提高交通网络运行的效率。但是，在交通网络中没有考虑网联自动驾驶汽车的转向行为。在文献［248］中，作者提出了一种分布式无冲突协作方法，用于优化无信号灯的交叉路口多辆网联自动驾驶汽车的通行顺序，以高效管理网联自动驾驶汽车的通行，但这需要进行大量的计算。为了在系统性能和计算复杂度之间取得平衡，文献［251］提出了一种树状表示法，结合蒙特卡洛树搜索和一些启发式规则，来寻找全局最优的网联自动驾驶汽车通行序列。上述研究主要集中在交叉路口的网联自动驾驶汽车通行顺序的全局优化和速度协调方面。虽然集中式管理系统可以提高交通效率，但随着车辆数量的增加，计算负担也大大增加，这给可靠性和鲁棒性带来了挑战[148]。然而，如果在交叉路口没有全局协调，那么在与其他车辆的交互过程中，对单个车辆来说也是一种挑战。因此，单个车辆的决策能力对网联自动驾驶汽车来说相当重要[183]。为了解决环形交叉路口网联自动驾驶汽车的动态决策问题，设计了一种基于群体智能（SI）的算法。在该算法中，每辆网联自动驾驶汽车都可被视为一只人工蚂蚁，可以通过物联网（IoT）技术进行自我计算，以做出合理的决策[17]。为了提高交叉路口网联自动驾驶汽车的可靠性、鲁棒性、安全性和通行效率，文献［175］利用数字地图预测周围车辆的路径，然后将评估出的潜在威胁提供给主机车辆，使其做出安全有效的决策。在文献［30］中，作者设计了一个协作让行机动规划器，允许网联自动驾驶汽车在单车道环形路内循环，为迎面驶来的车辆创造可行的并道间隙。

1.2.2 数据驱动的类人决策

随着机器学习算法的不断发展，数据驱动的学习决策方法越来越受欢迎，包括支持向量机（SVM）、聚类支持向量机（CSVM）、极限学习机（ELM）、基于核的极限学习机（KELM）、强化学习（RL）、深度神经网络（DNN）等[81, 238, 93]。

通过从人类驾驶员的驾驶数据中学习驾驶行为和特征，数据驱动的方法很容易实现类人驾驶和决策。在文献［240］中，作者提出了一种 KELM 建模方法，用于制定自动驾驶汽车的速度决策。由于机器学习算法是基于概率推理而非因果推理开发的，因此，很难找出算法失败的原因。文献［145］提出的 SVM 算法应用于贝叶斯参数优化的自动决策，可以处理复杂的交通场景。在文献［131］中，作者建立了一个基于 DNN 的新型决策系统，该系统能够适应真实的道路状况。但是，DNN 的训练需要大量的数据样本。在文献［59］中，通过结合深度自动编码器网络和 XGBoost 算法，作者提出了一种新型变道决策模型，自动驾驶汽车通过该模型可以做出类人决策。在文献［19］中，通过结合真实人类驾驶数据和自动驾驶汽车动力学，作者设计了多点转弯决策框架。在文献［29］中，通过学习人类驾驶员处理具有潜在风险的复杂情况的策略，作者研究了一种类人的决策算法。由于 RL 在解决复杂的、不确定的顺序决策问题方面具有许多优势，在文献［289］中，作者结合 MDP 和 RL 开发了一个决策系统。在文献［267］中，作者利用随机 MDP 来模拟自动驾驶汽车与环境之间的交互，然后基于 MDP 的奖励函数将 RL 应用于决策制定。与 DNN 以及其他学习算法相比，RL 方法不需要大量的驾驶数据集，而是利用一种自我探索机制，通过与环境的交互来解决顺序决策问题[219]。在文献［170］中，作者提出了一种基于 RL 的 Q 学习（QL）决策方法。为了学习高速公路自动驾驶汽车决策的优化策略，文献［255］提出了一种多目标近似策略迭代（MO-API）算法，该算法使用数据驱动的特征表示和策略近似，以达到更好的学习效率。对于大多数数据驱动方法而言，决策性能依赖于大量驾驶数据，以覆盖所有可能的驾驶场景。在文献［40］中，作者设计了一种分层 RL 方法，用于类人决策，该方法不依赖于大量的标记驾驶数据。

然而，QL 的学习效率和泛化能力还需要进一步提高。总而言之，基于学习的决策方法受到数据集质量的限制，仍然需要进一步改进。

此外，RL 能有效解决交叉路口网联自动驾驶汽车决策问题。文献［22］提出的决策框架采用了一些最先进的无模型深度 RL 算法，这使得在复杂的城市场景中更具鲁棒性。在文献［57］中，作者研究了一种基于 RL 的自适应决策算法，并设计了一个基于优化的轨迹生成模块，提高了决策的有效性。然而，基于学习的方法是数据驱动的方法，可解释性较差，难以解决算法失败的问题。

1.2.3 基于博弈论的类人决策

博弈论是另一种可以为具有社交互动的自动驾驶汽车制定类人决策的有效方法。在文献［271］中，作者建立了一个博弈论的变道模型，为自动驾驶汽车的变道提供了一种类人方式。作者文献［226］提出的定制的博弈可记录主机车辆与周围车辆之间的互动，并可做出最优的变道决策，以实现超车、并线和避免碰撞。此外，在文献［266］中，作者采用了 Stackelberg 博弈论解决了自动驾驶汽车的并线问题。通过结合博弈论和 MPC，文献［179］提出了一种多车道车辆排序方法，通过考虑车辆之间的交互作用来决定车道变换的最佳时间和加速度。

在文献［265］中，作者将三方 Stackelberg 博弈论方法应用于高速公路驾驶的驾驶员行为建模。在文献［223］中，作者将不完全信息的单步动态博弈应用于处理自动驾驶汽车的自主变道决策，变道过程中考虑了车辆安全、动力性能和乘客舒适度。在文献［249］中，作者将博弈论方法与 RL（即 Nash-Q 学习算法）相结合，实现了自动驾驶汽车的类人决策。在文献［181］中，作者将纳什均衡应用于环形交叉路口多个自动驾驶汽车的决策，可以很好地平衡自动驾驶汽车的驾驶安全和行驶效率。

此外，博弈论方法在网联自动驾驶汽车的交互建模和决策中表现出了优越性和有效性[110]。在车联网环境中，博弈论用于预测车道变换行为[209]。考虑到人类驾驶车辆之间的交互行为和特征，设计的决策系统被期望是类人的。在文献［1］中，针对传统环境，作者提出了一种基于博弈论的强制换道模型（AZHW 模型），并且可以扩展到车联网环境，该模型可以有效地捕捉强制性变道决策，并且具有很高的准确性。

在文献［213］中，作者采用博弈论的方法为环形交叉路口的网联自动驾驶汽车控制设计了一种决策算法。但是，仅考虑了自主车辆和对方车辆。在文献［212］中，k 级博弈论被用于无信号灯的交叉路口的多车交互建模，这种方法与滚动优化和模仿学习相结合，用于设计网联自动驾驶汽车的决策框架。在文献［104］中，作者将合作博弈方法应用于网联自动驾驶汽车的入口匝道并道控制问题，可以减少油耗和行驶时间，也进一步提高了乘坐的舒适性。

为了说明博弈论方法可以实现类人决策和交互，下面给出了一个简单的示例。

图 1.1 是一个典型的四辆车变道决策场景。如果前方车辆的行驶速度低于主机车辆的行驶速度，主机车辆将考虑相应的决策。主机车辆有两种可选策略，一是减速并跟随前车；二是变道至左车道。如果主机车辆选择第二种策略，它必须与障碍物车辆进行交互。对于障碍物车辆来说，它可以减速并为主机车辆让行，也可以加速来争夺通行权。实际上，主机车辆的变道过程是主机车辆与障碍物车辆之间的一种博弈。决策过程与车辆的速度、相对距离和车辆的驾驶风格等因素有关。

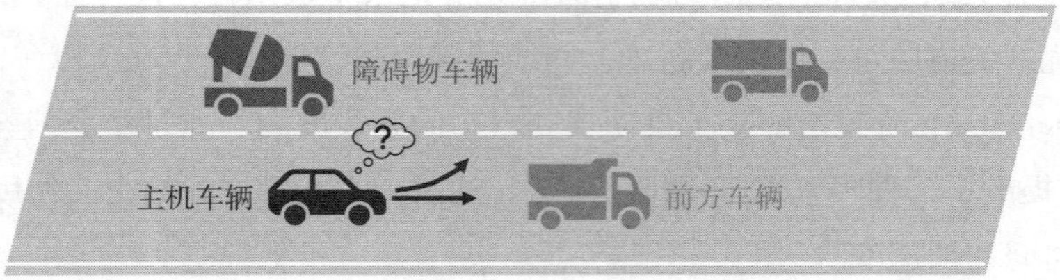

图 1.1 自动驾驶汽车变更车道的决策示意图

接下来，我们将 Stackelberg 博弈论方法应用于车辆变道决策中。在 Stackelberg 博弈中，首先引入了三个关键要素，即玩家、行为和成本。在变道决策问题上，所有车辆都是玩家。主机车辆的行为可以简化为变道和保道（保持车道）。障碍物车辆的行为也可以简化为加速和减速。决策成本值与许多因素有关。在本例中，假设四种可能交互情况的成本为固定值，如表 1.1 所示。例如，如果主机车辆选择变道，障碍物车辆选择加速，主机车辆和障碍物车辆的决策成本值分别为 3 和 7。相应地，如果主机车辆选择变道，障碍物车辆选择减速，主机车辆和障碍物车辆的决策成本值分别为 1 和 4。可以发现，在后一种情况下，主机车辆和障碍物车辆的决策成本值都比较小，这对主机车辆和障碍物车辆来说都是更好的选择。此外，如果主机车辆选择保持车道，障碍物车辆选择加速，主机车辆和障碍物车辆的决策成本值分别为 5 和 6。然而，如果主机车辆选择保持车道而障碍物车辆选择减速，主机车辆和障碍物车辆的决策成本值分别为 4 和 5。在后一种情况下，主机车辆和障碍物车辆的决策成本值都比较小。因此，如果主机车辆选择保持车道，障碍物车辆会倾向于选择减速。

在 Stackelberg 博弈中，主机车辆和障碍物车辆都试图最小化成本值。然而，存在着一个领导车辆和一个跟随车辆。领导车辆首先做出决策，而跟随车辆随后做出决策。在变道决策问题上，假设主机车辆是领导车辆，而障碍物车辆是跟随车辆。利用 Stackelberg 博弈论，我们可以再次分析表 1.1 中的四种情况。如果主机车辆选择变道，障碍物车辆将试图最小化其成本值。由于加速和减速的成本值分别为 7 和 4，障碍物车辆希望选择较小的一个，即减速，均衡解是（1, 4）。然而，如果主机车辆选择保持车道，障碍物车辆也会试图最小化其成本值。由于加速和减速的成本值分别为 6 和 5，障碍物车辆希望选择较小的一个，即减速，均衡解是（4, 5）。经过分析，领导车辆，即主机车辆将在 1 和 4 之间选择一个较小的成本值。因此，主机车辆将改变车道，最终的均衡解是（1, 4），这也称为 Stackelberg 均衡。可以发现，领导车辆应该考虑所有的情况，最后做出最优决策，而跟随车辆只有在得到领导车辆的决策结果后才能最小化其成本。

表 1.1　Stackelberg 博弈论方法下的行为成本

主机车辆	障碍物车辆	
	加速下的成本值	减速下的成本值
变道	（3, 7）	（1, 4）
保道	（5, 6）	（4, 5）

一般来说，博弈论的方法不仅可以用于处理网联自动驾驶汽车的决策问题，也可以用于模拟智能体之间的交互行为。

1.3　自动驾驶汽车的运动预测、规划和控制

1.3.1　运动预测

准确预测周围主体（如行人和车辆）的运动有助于自动驾驶汽车做出更安全的决策和运动规划[113]。一般来说，现有的运动预测方法可以分为两种，一种是基于模型的方法，侧重于车辆的运动学或动力学模型，另一种是数据驱动的方法，利用大数据分析车辆轨迹的隐藏模式[46]。

常用的基于模型的运动预测方法有恒定速度模型（CVM）、恒定加速度模型（CAM）、恒定转弯速率和速度模型（CTRVM）、恒定转弯速率和加速度模型（CTRAM）、恒定转向角度和速度模型（CSAVM）、恒定转向角度和加速度模型（CSAAM）、交互多模型（IMM）

等[62, 293, 194, 114]。基于车辆运动学模型，考虑不确定性因素，将 CTRAM 与无迹卡尔曼滤波器（UKF）相结合，可以实现自动驾驶汽车的短期运动预测[242]。为了实现自动驾驶汽车的轨迹规划和安全评估，采用蒙特卡洛模拟可预测目标的概率占用，并将基于 CTRAM 的 MPC 应用于轨迹预测和优化[229]。在文献［99］中，运动预测模块采用了 IMM 滤波器来推断目标的意图，通过融合 IMM 滤波器中各个模型的预测结果来预测未来运动状态。在文献［280］中，作者设计了一种用于自动驾驶汽车风险评估和运动规划的集成运动预测模型，该模型结合了 CTRAM、IMM 和考虑多种交互作用的基于机动的运动预测模型。在文献［97］中，作者利用卡尔曼滤波器的过程更新对运动预测的不确定性传播进行建模，并且将车辆运动学应用于自动驾驶汽车的自适应运动预测。为了预测人驾驶车辆的未来运动，采用递归最小二乘法（RLS）来构建人驾驶车辆的动态模型，并在预测器设计中考虑触发时间和物理约束，以提高预测精度[281]。在文献［122］中，作者设计了一个基于交互式多模型卡尔曼滤波器的滤波方案，用于对自动驾驶汽车的交互感知运动进行预测，该滤波器配备有基于意图的新型模型。

随着机器学习的不断发展，不同的数据驱动学习方法被应用到自动驾驶汽车的运动预测，包括长短期记忆（LSTM）、递归神经网络（RNN）、卷积神经网络（CNN）、生成对抗网络（GAN）等[274,44,239,48]。LSTM 方法可有效实现自动驾驶汽车的长期运动预测[154]。在文献［284］中，作者提出了一种基于 LSTM 的框架，该框架将意图预测和轨迹预测结合在一起，可以处理交叉路口的自动驾驶汽车的运动预测问题。为了解决 LSTM 模型容易偏离真实轨迹的问题，文献［230］提出了一个两阶段框架，即长期网络（LTN），用于自动驾驶汽车的长期轨迹预测。与传统的 LSTM 方法相比，LTN 具有更好的长期轨迹预测性能。将 RRN 与 LSTM 相结合以提高 LSTM 算法的预测性能，能良好预测在多车道转弯路口的自动驾驶汽车[98]。考虑到主机车辆与周围车辆之间的互动，设计了一种交互感知的预测算法，其中车辆的动态由具有共享权重的 LSTM 编码，并通过简单的 CNN 提取交互[161]。在文献［180］中，作者将一个三维 CNN 模型应用于运动预测，以支持自动驾驶汽车的运动规划。在文献［287］中，基于 LSTM 和两个三维 CNN，作者为自动驾驶汽车设计了一个数据驱动的混合运动预测模型，该模型比传统的基于深度学习的模型具有更好的预测性能。为了解决交互行为中不确定性传播问题，文献［292］采用了关注性递归神经过程（ARNP）的方法对自动驾驶汽车进行运动预测，该方法可以预测复杂交通场景下的变道轨迹。通过结合 GNN、RNN 和 CNN，将循环卷积和图神经网络

（ReCoG）框架应用于自动驾驶汽车的精确轨迹预测[162]。利用基于变压器的神经网络，文献［92］提出了一种多模态运动预测算法，该算法可以自动识别车辆注意力的不同模式，同时提高模型的可解释性。基于具有低维近似语义空间的 GAN 框架，文献［90］提出了一种新型运动预测算法，用于生成真实的、多样化的车辆轨迹。为了实现交互环境下的运动预测，文献［128］提出了多模态分层反向强化学习（IRL）框架，从现实世界的交互驾驶轨迹数据中学习联合驾驶模式 – 意图运动模型，该模型可以概率性地预测由离散驾驶风格和意图划分的连续运动。基于对自动驾驶汽车与周围主体和交通基础设施相互作用的考虑，文献［163］提出了一个三通道框架和一种新型异构边缘增强图注意力网络（HEAT），用于自动驾驶汽车的运动预测，该网络可以实现在复杂交通情况下多个主体的同步轨迹预测。

一般来说，基于模型的方法在短期预测中可以表现出良好的预测能力，并且计算效率高，而数据驱动的方法在长期预测中更具明显优势[35]。根据不同的需求，如预测时间、计算效率、驾驶场景等，可以采用不同的运动预测算法进行自动驾驶汽车的运动规划和决策。

1.3.2　运动规划

对于自动驾驶汽车来说，运动规划模块是决策模块和运动控制模块之间的桥梁[73]。一旦决策过程完成，运动规划模块将为自动驾驶汽车规划可接受的速度和路径或轨迹。运动规划模块的主要任务是避免碰撞。根据规划的速度和路径，运动控制模块会进行速度和路径跟踪控制[76]。一般来说，在决策模块中，通常会考虑速度规划。因此，本节主要回顾路径规划和轨迹规划。规划的路径只与位置坐标有关。除了位置坐标，规划的轨迹也与时间有关。因此，轨迹规划通常是为了解决移动障碍物的防撞问题，例如高速公路上的紧急防撞。一般来说，路径规划通常用于静态障碍物的全局规划。在速度规划的配合下，路径规划也可以处理移动障碍物的防撞问题。

规划算法主要可分为五类：（1）图算法，如沃罗诺伊图[247]和可视图法[277]；（2）启发式搜索算法，如 A* 算法[140]和 Dijkstra 算法[201]；（3）随机搜索算法，如快速遍历随机树（RRT）[36]和概率路线图（PRM）[258]；（4）势场算法，如流函数[234]、模拟退火算法[236]、拉普拉斯势场[193]和边界值问题（BVP）[45]；（5）样条曲线，如 Dubins 曲线[68]、贝塞尔曲线[259]、B 样条曲线[13]、正弦曲线[61]等。为了处理运动规划的优化问题，通常采用智能优化算法，包括遗传算法（GA）[84]、蚁群优化（ACO）[130]、神经网络[39]、粒子群优化（PSO）[150]等。虽然智能优化算法可以帮助规划最优路径，但它们依赖于无限迭代来实现理论上的最优值，也就是说，搜索过程可能会由于计算负载而过于耗时，这使得它们难以应用于实时在线规划[129]。

图算法通常用于由节点和边组成的路线图的全局路径规划[261]。在图算法中，规划的路径是由多边形路径组成的，多边形路径是一条分段线性曲线，仅在障碍物顶点处弯曲[243]。可视图法是一种典型的用于路径规划的图算法，但它只能解决静态障碍物的防撞问题[202]。A* 算法是最经典的启发式搜索算法之一[288]。为了减少 A* 算法的时间消耗，人们提出了 D* 算法[5]。然而，规划路径的质量仍然取决于网格的密度。RRT 等随机搜索算法可以高效地搜索和规划最优路径。但规划出来的路径质量粗糙，需要进一步改进[87]。势场算法是实现自动驾驶汽车路径规划的有效方法[164]。在势场算法中，自动驾驶汽车被放置在一个力场中，通过吸引和排斥的作用产生规划的路径[192]。势场算法的主要缺点是存在局部最优问题。为解决这个问题，提出了改进版的 BVP 算法[119]。此外，样条曲线通常用于自动驾驶汽车的局部轨迹规划，例如变道和超车[76]，这些场景相对简单。

基于上述文献综述，可以发现每种规划算法都有其局限性和缺点。为此，通常将多种算法结合在一起，可以提高规划效果。在文献［129］中，作者为自动驾驶汽车设计了一种混合路径规划算法，该算法使用 GA 算法进行全局路径规划，使用滚动优化方法进行局部路径规划。文献［199］提出了一种新型 GA 算法与概率图相结合进行全局路径规划。在文献［264］中，GA 算法被应用于狼群搜索（WPS）算法进行路径规划。在文献［86］中，作者提出了一种用于自动驾驶汽车的动态路径规划方法，该方法可以实现静态和移动障碍物的碰撞避免。在文献［26］中，基于图的搜索算法被应用于非结构化环境中的自动驾驶汽车的路径规划，并使用 Pythagorean HodographC 曲线来平滑规划的路径。在文献［86］中，作者利用人工势场方法和最优控制理论来设计路径规划器，该路径规划器可以为自动驾驶汽车规划安全的路径，同时保证横向稳定性。为了给自动驾驶汽车规划出平稳安全的路径，文献［256］利用多项式参数法和 GA 算法，设计了一个动态路径规划器。为了实现超车过程中移动障碍物的防撞，文献［158］利用两阶段最优控制和无线电伪谱法研究了一个最优规划器。

为了实现类人运动规划，上述规划算法中考虑了类人驾驶特征[65, 7, 143]。在文献［278］中，作者利用 MPC 轨迹规划器来考虑人类驾驶员的特征。在文献［262］中，作者同时考虑了人类驾驶员的个性化因素和交通环境因素，得出了个性化的类人变道轨迹规划模型，其中纵向模型和横向模型的个性化参数通过多维时间序列回归方法利用驾驶数据进行校准。在文献［58］中，作者基于人类驾驶数据拟合的参数化速度模型设计了类人路径规划器，可生成平滑且峰值降低的曲率参考路径。在文献［191］中，RRT* 算法用于为自动驾驶汽车规划类人路径。为了生成类人驾驶轨迹，文献［125］采用了广义回归神经网络（GRNN）建立数据驱动轨迹模型。在文献［126］中，作者通过使用真实车辆测试数据对人类驾驶轨迹进行特征化和建模，利用长短期记忆神经网络（LSTM NN）设计了一个数据驱动的轨迹模型。

1.3.3 运动控制

自动驾驶汽车的运动控制包括纵向运动控制和横向运动控制。纵向运动控制通常表现为速度或加速度跟踪控制，横向运动控制通常表现为路径或轨迹跟踪控制。

与横向运动控制相比，纵向运动控制的控制目标通常比较单一，即速度或加速度。因此，纵向运动控制系统通常是单输入单输出（SISO）系统。纵向运动控制的控制算法不是很复杂，技术难度不大。为了实现自适应巡航的运动控制，文献［177］将模糊逻辑方法应用于自适应速度跟踪控制。在文献［282］中，作者采用反步控制方法进行智能车速控制，该方法综合考虑了坡度、弯道、天气等各种路况。考虑到外部干扰和系统非线性，基于径向基函数（RBF）神经网络，文献［74］设计了一种自适应滑模控制（ASMC）算法，用于自动驾驶汽车的速度跟踪控制。在文献［132］中，作者提出了一个基于数值合理模型的参数变化控制器，该控制器具有较高的跟踪精度和较强的鲁棒性。此外，MPC 被广泛用于纵向运动控制。在文献［254］中，作者设计了一种用于车辆纵向运动控制的滚动时域 MPC 算法，该算法在解决受限非线性优化问题上具有优越性。在文献［283］中，作者综合考虑了自适应巡航控制（ACC）系统的行驶安全、速度跟踪、乘坐舒适性和能源经济性，采用 MPC 实现了多目标控制。

在低速条件下，路径跟踪通常是智能车辆的一个独立控制任务[52]。然而，在高速条件下，车辆的动力学和稳定性问题是不可避免的，这通常与路径跟踪综合考虑[171]。路径跟踪控制的目的是最小化横向偏移和航向角误差[83]。为了实现高速条件下的紧急避障，结合 4WS（四轮转向）前馈控制和 LQR（线性二次调节器）反馈控制设计了路径跟踪控制器[142]。然而，设计的控制器鲁棒性较差。为了解决超车控制问题，文献［127］设计了四轮滑模控制（SMC）驱动控制器和四轮组合横摆角速度和纵向速度 SMC 驱动控制器，可有效地提高车辆的主动安全性。在文献［216］中，作者将反步 SMC 方法应用于路径跟踪控制器的设计。但是，设计的控制器只能在低速情况下使用。在综合考虑车辆操纵稳定性、安全性和舒适性的基础上，文献［123］设计了前馈和反步 SMC 集成路径跟踪控制器，可以解决高速情况下车辆的路径跟踪问题。此外，鲁棒控制理论可有效提高系统的鲁棒性。在文献［82］中，作者将 H∞鲁棒控制方法应用于操纵稳定性和路径跟踪的综合控制器设计，在操纵极限的动态驾驶情况下，可有效地保持车辆稳定性，同时减少横向路径跟踪误差。在文献［71］中，作者将综合鲁棒控制方法应用于路径跟踪和操纵稳定性的综合控制，该方法具有较高的控制精度和对参数不确定性的强鲁棒性。在文献［73］中，作者为路径跟踪设计了一个 LPV H∞鲁棒控制器，该控制器可以降低计算的复杂性并保证鲁棒性。

由于自动驾驶汽车的路径跟踪问题涉及多个目标，MPC 控制方法比其他控制方法更具有优越性，得到了广泛应用。在文献［210］中，作者设计了一种新型路径跟踪算法，该算法使用运动学 MPC 来处理道路曲率的干扰，使用 PID 反馈控制偏航率来减少不确定性和建模误差，并使用车辆偏滑角补偿器来校正运动学模型预测。该方法具有良好的稳态和瞬态响应、鲁棒性和计算效率。在文献［237］中，作者利用主动前转向（AFS）技术和直接偏航力矩控制（DYC）技术的协同控制，设计了人机协同驾驶控制器，使用 MPC 提高了车辆的动态稳定性和路径跟踪性能。为实现小转弯半径、高速、低路面附着系数的极限路径跟踪控制，文献［141］采用扩展卡尔曼滤波器（EKF）设计了车辆状态和路面附着系数的综合估计器，采用 MPC 设计了四轮转向路径跟踪控制器。结果表明，路径跟踪性能得到显著提升。基于驾驶员模型参数识别，设计了主动后转向（ARS）MPC 控制器，旨在帮助驾驶员跟踪目标车辆路径，提高驾驶安全性，减少驾驶员工作量[276]。为了实现路径跟踪和操纵稳定性的协同控制，文献［66］基于侧滑角估计和数据融合方法设计了线性时变（LTV）MPC 控制器。在文献［136］中，作者将 SMC 用于纵向运动控制，LTV MPC 用于横向运动控制，以预测路径跟踪所需的前转向角。

为了提高控制精度，文献［204］设计了三种 MPC 路径跟踪控制器，并通过基于模糊逻辑的条件分类器来确定车辆机动的状态条件和开关换相。在文献［220］中，作者采用模糊自适应权值控制来提高 MPC 控制器的路径跟踪性能，与传统 MPC 控制器相比，该方法具有更好的跟踪精度和转向平滑性。为了解决系统非线性问题，文献［269］将NMPC方法应用于ARS控制，以提高路径跟踪性能。为了提高对不确定性和干扰因素（例如路面粗糙和阵风）的鲁棒性能，文献［146］将鲁棒MPC方法应用于路径跟踪控制。在文献［80］中，作者将基于管道的MPC方法用于自动驾驶汽车的路径跟踪控制，该方法综合考虑了控制矢量约束、横向稳定性约束应变、防止侧翻约束和路径跟踪误差约束。该集成控制器在极端条件下具有较强的鲁棒性。

表1.2描述了基于模型的不同控制算法的比较分析。这里考虑了三种算法性能，即准确性、鲁棒性和效率。★越多，性能就越高。我们发现，PID控制和模糊控制等算法由于结构简单、控制参数少，具有较高的算法效率。然而，控制准确性和鲁棒性并不令人满意。考虑到外部扰动和参数不确定性，MPC控制和滑模控制（SMC）具有更高的控制准确性和更强的鲁棒性，但算法复杂度增加。通过在线优化，MPC控制还可以提高控制准确性。然而，算法效率明显降低。总的来说，在控制准确性和算法效率之间找到一个好的平衡是控制器设计的关键问题。

表1.2 不同控制算法的比较分析

控制算法	准确性	鲁棒性	效率
PID控制	★	★	★★★★
模糊控制	★★	★★	★★★★
LQR控制	★★★	★★	★★★★
SMC控制	★★★★	★★★★	★★★
μ合成	★★★★	★★★★	★★★
H∞控制	★★★★	★★★★	★★★
LPV H∞控制	★★★★	★★★★	★★★★
MPC控制	★★★★	★★★★	★★
NMPC控制	★★★	★★★★	★

除了上述基于模型的控制方法外，近年来数据驱动方法或基于学习的控制方法也被广泛研究并用于自动驾驶汽车的运动控制[53, 153, 47]。在文献［105］中，作者利用单个神经网络的在线学习和自适应能力进行在线自动整定PID控制参数。针对目标达成和避障问题，文献［70］采用了一种循环模糊神经网络，并设计了相应的学习方法来预测最优控制命令。在文献［198］中，作者在4WS车辆稳定性控制系统中使用了三个神经网络。在文献［103］中，作者采用深度学习方法为智能车辆设计了自动变道横向控制算法。为了解决路径跟踪中的动态建模和参数识别问题，文献［272］采用了一种数据驱动的无模型自适应控制方法，该方法不依赖于车辆的运动学和动力学模型，具有较高的控制准确性。在文献［102］中，作者将深度确定性策略梯度（DDPG）算法应用于智能车辆的LKA和ACC控制，在极端路况下，该算法比传统PID控制器具有更好的主动安全

性。由于神经网络具有良好的非线性逼近和学习能力，采用数据驱动方法对强非线性系统进行建模，并结合基于模型的方法提高控制精度。在文献［115］中，作者通过强化学习学习未知参数和更新 MPC 路径跟踪控制器的预测模型来减少路径误差。在文献［101］中，作者成功运用极限学习机来估计 MPC 控制器基于模型的预测误差，这有助于减少智能车辆的路径跟踪误差。借助创新的逆最优控制（IOC）算法，可以利用从人类演示中收集的数据来学习适合控制任务的成本函数。因此，数据驱动的 MPC 控制器能够学习人类驾驶所需的特征，并在生成适当的控制动作时实现这些特征[188]。

综上所述，基于模型的控制方法的控制准确性与控制模型的准确性和算法的复杂度有关，这是基于模型的控制方法的一大缺点。复杂的控制模型和控制算法可以提高控制准确性，但计算量增加，不利于算法效率的提高。与基于模型的控制方法相比，数据驱动方法的控制准确性不依赖于精确的控制模型。因此，数据驱动方法可以应用于各种复杂的非线性系统。但数据驱动方法的控制准确性取决于网络质量和数据量。因此需要收集大量的数据进行训练。如果训练数据中没有包含应用场景，数据驱动的方法可能会导致控制效果不佳。此外，数据驱动方法的另一个缺点是解释能力差。如果控制效果不良，我们很难找到不良的原因。唯一的解决办法就是重新训练模型。对于基于模型的控制方法，这一问题可以通过调整控制器参数轻松解决。一般来说，数据驱动的方法通常用于集成决策、运动规划和控制的端到端自动驾驶，而不是单个控制器设计。

1.4 采用博弈论方法的自动驾驶类人决策和控制框架

基于以上内容，本书提出了一个自动驾驶类人决策和控制框架，如图 1.2 所示，它主要由五个模块组成。首先定义了自动驾驶的类人驾驶特征。本书给出了两种方法。驾驶攻击性用来描述自动驾驶汽车的攻击水平，这是一个基于运动状态（如速度、加速度等）的连续变量。另一种描述类人驾驶特征的常用方法是驾驶风格。在本书中，自动驾驶汽车的驾驶风格分为三种类型，即攻击型、正常型和保守型，这三种驾驶风格是基于概率分布进行分类的。类人驾驶特征结果输出到决策模块和运动规划模块。在决策模块中，构建与驾驶安全、出行效率和乘坐舒适性相关的决策成本函数时，会考虑类人驾驶特征的结果。在此基础上，通过将多个约束条件与决策成本函数相结合，得到基于博弈论的决策。运动预测模块能够准确预测周围车辆的运动状态，如速度、位置、轨迹等，有利于提高主机车辆的决策性能。针对不同的驾驶场景和目标，分别采用合作博弈论和非合作博弈论方法来处理自动驾驶汽车的类人决策问题。然后，将决策结果输出到运动规划模块，在运动规划模块中将考虑驾驶风格和周围障碍物的预测运动状态，以实现个性化、类人的运动规划。最后，将规划好的轨迹和速度发送到运动控制模块，以实现对轨迹和速度的跟踪控制。

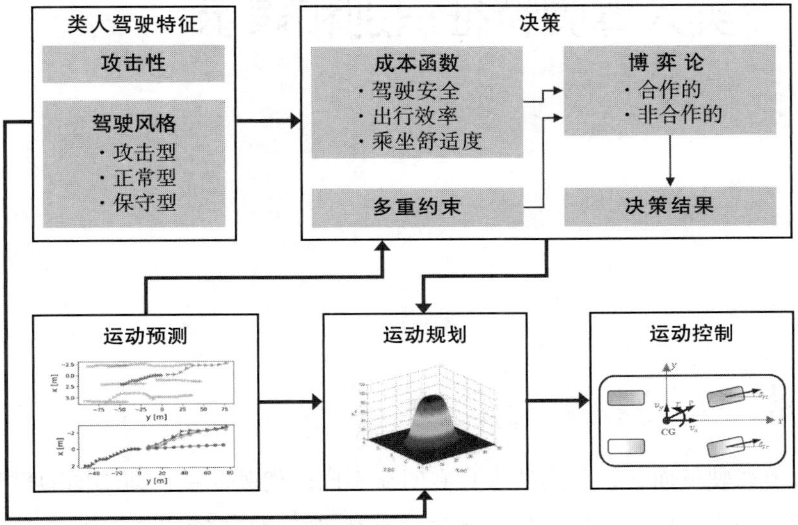

图 1.2　自动驾驶类人决策和控制框架

Chapter 2 第 2 章

类人驾驶特征识别和表示

2.1 背景

对于人类驾驶员而言，不同的人具有明显不同的驾驶风格，即不同的驾驶员可能会在相同情况下做出不同的驾驶决策。例如，面对邻车的超车行为，攻击型驾驶员可能会选择加速并阻止邻车超车，然而，非攻击型驾驶员可能会稍微减速，并为其他车辆提供更多的通过空间[147]。近年来，人类驾驶员的驾驶风格被广泛研究[207]。了解人类驾驶员的驾驶方式有利于评估车辆性能，如驾驶安全性、行驶效率以及能耗等[270, 190, 54]。因此，可以提取人类驾驶员的驾驶特征，用于研究自动驾驶汽车的类人驾驶[235]。

驾驶风格是驾驶员相对稳定、长期且内在的行为倾向，它是驾驶员心理思维和行为模式的综合表现[203]。驾驶风格通常通过驾驶员的行为来体现，包括加速、减速和转向等行为[227]。这些行为可以通过物理信号来表示，比如速度、加速度、偏航率等[156]。而物理信号又可以通过加速度计、惯性传感器和速度传感器等获得。根据获得的物理信号，就可以使用不同的方法对驾驶风格进行分类，这将在后面介绍。驾驶风格通常分为几个具有代表性的类别，例如攻击型和非攻击型，目前尚无统一的标准或规则来定义攻击型或非攻击型驾驶风格。

驾驶风格可以代表人类驾驶员的驾驶特征，然而，驾驶风格的分类却是有限的。

也就是说，人类驾驶员根据驾驶风格的不同，可分为几种驾驶类别。在某些情况下，粗略分类过于简单，无法描述详细的驾驶特征。因此，业界在某些研究中提出了驾驶攻击性指数。在设计驾驶攻击性指数时，综合考虑驾驶安全性、行驶效率和能耗等驾驶性能，就可以更准确地表示驾驶特征[214]。驾驶攻击性的识别方法将在后面详细讨论。

2.2　驾驶风格分类和识别

2.2.1　驾驶风格分类

事实上，不同的驾驶员在驾驶安全性、乘坐舒适性和行驶效率方面有着不同的偏好，这和他们的驾驶风格有很大的关系。例如，在紧急避撞场景，攻击型驾驶员可能会选择快速转向以避免碰撞，而非攻击型驾驶员更倾向于选择踩下制动踏板。此外，不同类型的乘客对驾驶员的驾驶风格也有不同的要求。例如，孕妇、老人或儿童可能会希望有更舒适、更安全的乘坐体验。相比之下，对于那些日常通勤者和赶航班的人来说，行驶效率则会具有更高的优先级。总体来说，驾驶风格可以被定义为驾驶员在特定驾驶环境和驾驶条件下进行车辆控制的方式，这与诸多因素有关，包括性别、年龄、教育程度以及性格特征，如自尊心、耐心、鲁莽、愤怒和是否外向等[211, 157]。

业界提出了不同的驾驶风格分类规则，通常将其分为两类和三类是比较常见的。在文献［106］和文献［291］中，驾驶风格被分为两种类型，即非攻击型和攻击型。在文献［186］中，驾驶风格也分为两类，即攻击型和防御性。而在文献［147］中，针对自动驾驶汽车定义了三种不同的驾驶风格，即攻击型、保守型和正常型，这三种类型的驾驶风格释义如下：

1）攻击型：这种驾驶方式优先考虑的是行驶效率。为了达到目的，驾驶员会采取一些攻击型行为，包括突然加速或减速、频繁变道、超车以及强行并线。

2）保守型：驾驶员更关心安全，通常采取谨慎驾驶的方式。这种驾驶方式通常表现为保持行驶车道、与其他车辆保持较大间距和低速驾驶。

3）正常型：大多数驾驶员都属于这种驾驶风格，这种驾驶风格介于上述两种类型之间，期望在不同的驾驶目标和性能之间取得平衡[88]。

2.2.2 驾驶风格识别

驾驶风格识别方法主要可以分为基于规则的方法、基于模型的方法和基于学习的方法。基于规则的方法包括模糊逻辑、数据阈值分析（DTV）等[107]。基于模型的方法包括决策树[112]、蒙特卡洛模型、马尔可夫模型[62]和高斯混合模型[227]等。近年来，基于学习的方法，包括神经网络[252]、贝叶斯学习[159]、k-Means 和支持向量机[218]等方法在业界越来越受欢迎。

模糊逻辑是一种有效的基于规则的驾驶风格识别方法[67]。在文献［37］中，作者将模糊逻辑应用于在线驾驶风格识别，具有 68% 的分类准确率。模糊逻辑方法的准确性取决于模糊规则中组合的数量[2]。为了解决模糊规则的组合爆炸问题，文献［38］一种改进的在线驾驶风格识别系统被设计出来，该系统将模糊逻辑与启发式方法相结合。在文献［108］中，利用智能手机中的加速度传感器数据和全球定位系统（GPS）传感器就可以识别出驾驶风格。在文献［217］中，作者提出了两种驾驶风格，即攻击型和正常型，并应用 DTV 对基于长期加速度信息的驾驶风格进行分类。在文献［218］中，惯性传感器被用于驾驶员分类和驾驶风格识别。测试结果表明，与加速度事件相关的特征在区分驾驶员方面没有显著作用，但与制动和转向事件相关的特性在区分驾驶员时表现出不错的识别潜力。在文献［18］中，作者基于驾驶员行为，包括纵向和横向控制行为，对驾驶员进行分类。其将速度、纵向和横向加速度的测试数据应用于驾驶风格识别器的设计。在文献［27］中，作者对三种基于规则的方法（即模糊逻辑、时间逻辑范式和 Ar2p）进行了比较测试。测试结果表明，时间逻辑范式和 Ar2p 表现出更好的驾驶风格识别性能。

近年来，各种基于模型的方法也被研究用于驾驶风格识别[260]。在文献［20］中，作者提出了一种有监督的贝叶斯分类模型，其中提出了带标签的潜在狄利克雷分配（Labeled Latent Dirichlet Allocation，LLDA），以从个体驾驶行为来理解潜在的驾驶风格，并使用安全驾驶模型部署（Safety Pilot Model Deployment，SPMD）数据来验证所提出模型的性能。在文献［203］中，作者基于车辆加速度的方均根，将驾驶风格定义并分为三类，即稳定型、常规型和激进型，并将多维高斯隐马尔可夫过程（Multi-dimension Gaussian Hidden Markov Process，MGHMP）应用于驾驶风格识别。在文献［197］中，基于能量谱密度（ESD）分析和标准化驾驶行为，作者提出了一种攻击性指数来定量评估驾驶风格。其中所提出的指标非常适用于那些将驾驶风格作为重要参考的场景，如车辆校准和智能交通。在文献［206］中，作者使用贝叶斯方法下的递归算法进行驾驶风格识别。该算法考虑了驾驶环境和燃油经济性。在文献［69］中，作者基于全贝叶斯理论的驾驶风格识别算法考虑了驾驶员行为的不确定性。与模糊逻辑方法相比，它具有更高的效率和鲁棒性。在文献［182］中，作者研究了两种主题模式：mLDA 和 mHLDA，以从真实世界的驾驶行为中发现具有隐藏结构的可区分的驾驶风格信息。

此外，基于学习的方法，如聚类和浅层学习，可以有效地实现驾驶风格分类和识别[205, 178]。在文献［228］中，车速和加速踏板开度被视为反映两种驾驶风格的特征参数，即攻击型和温和型，并且基于 K-means 聚类的支持向量机（kMC-SVM）方法被应用于驾驶风格识别。基于 NGSIM 的驾驶数据，在学习和识别阶段分别采用 K-means 和 K 近邻（K-Nearest Neighbor，KNN）算法来识别当前的驾驶风格[135]。在文献［33］中，作者利用主成分分析（PCA）和 K-means 聚类算法，成功将 30 名参与者分类为谨慎型、温和型和攻击型驾驶员。文献［257］基于碰撞时间倒数（Inversed Time to Collision，ITTC）、车头时距（Time-Headway，THW）和修正碰撞裕度（Modified Margin to Collision，MMTC）三种追尾碰撞指标，使用 K-means 聚类算法进行训练数据标记，最后使用 SVM 基于标记数据来识别驾驶风格。在文献［51］中，作者通过有监督的机器学习方法设计了一种驾驶风格分类器。该分类器可用于在线识别驾驶员的驾驶风格。在文献［144］中，作者收集驾驶数据，包括速度、加速度和加速踏板开度，并提取了 44 个特征量来表征驾驶风格。基于特征量，将模糊 c 均值（FCM）聚类算法与 SVM 相结合，来识别不同类型的驾驶风格。文献［12］通过学习智能手机传感器数据，使用集成学习方法，利用 SVM、多层感知器和 KNN 对驾驶风格进行分类。基于脑电图（EEG）等生理信号，出现了一种两层学习方法，利用 K-means、SVM 和 KNN 分类器进行驾驶行为识别[260]。在文献［246］中，作者提出了三种驾驶风格，即保守型、冷静型和激进型。将三种聚类方法，即 K-means 聚类、层次聚类和基于 PCA 的降维聚类应用于驾驶风格的识别。对于驾驶风格识别，文献［25］递归图（Recurrence Plot，RP）将顺序数据转换为图像，转换后的图像由 CNN 处理为驾驶风格，驾驶风格识别的结果用于行驶轨迹预测。文献［32］基于将无监督聚类方法和数据驱动的极限学习机（ELM）算法相结合提出了一种混合机器学习方法。该方法将分层聚类应用于驾驶风格分类和识别，综合考虑了驾驶安全性、燃油效率和乘坐舒适性。在文献［173］中，作者将无监督学习用于基于数据库的驾驶风格识别，该数据库中存储了 2736 名驾驶员的信息，每个驾驶员具有 200 条不定长度的驾驶轨迹。考虑到现有的聚类和浅层学习无法准确识别异常驾驶行为的类型，文献［100］提出了一种基于长短期记忆网络和卷积神经网络（LSTM-CNN）的识别模型，该模型表现出比传统聚类和浅层学习方法更好的性能。

与基于学习的方法相比，基于规则的方法和基于模型的方法不需要大量数据进行训练，并且具有更高的计算效率。但是，基于规则的方法在驾驶风格识别的准确性方面却低于基于学习的方法。基于在线学习的方法需要大量的硬件资源用于计算与推理。因此，计算效率和准确性之间的平衡是驾驶风格识别算法的关键。

2.2.3 类人驾驶不同驾驶风格的特征分析

为了实现自动驾驶汽车的类人驾驶和决策，业界基于真实的驾驶数据集（即 NGSIM 数据集），尝试分析人类驾驶员的驾驶行为。NGSIM 中的车辆数据是在不同时段从不同地区收集的，反映了不同的交通场景[245]。在本节中，使用了 NGSIM 数据集的两组驾驶数据，即 I-80 和 US-101 高速公路子数据集，来分析人类驾驶员的驾驶行为。

驾驶安全性、乘坐舒适性和行驶效率是驾驶行为分析中的三个关键性能。在本研究中，车头时距用于反映驾驶安全性，车辆加速度用于描述乘坐舒适性，车辆速度用于评估行驶效率。性能指标的平均值和标准差（STD）如图 2.1 所示。可以发现，在三种驾驶风格中，攻击型（C）驾驶风格具有最大的速度和加速度，这表明攻击型驾驶员更重视行驶效率，而不是乘坐舒适性和驾驶安全性。此外，在三种驾驶方式中，保守型（A）驾驶方式的车头时距最大，速度和加速度最小，这意味着保守型驾驶风格更倾向于更高的驾驶安全性和乘坐舒适性。正常型（B）驾驶风格介于上述两种驾驶风格之间，在不同的驾驶表现之间找到了良好的平衡。上述分析结果可应用于自动驾驶汽车的类人决策成本函数设计。

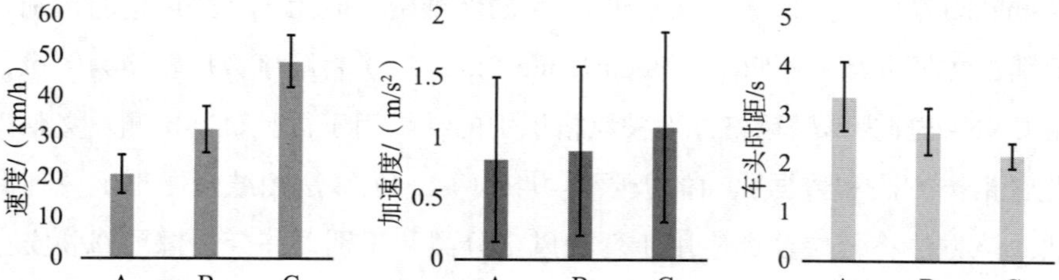

a）速度　b）加速度　c）车头时距

图 2.1 基于 NGSIM 数据集的不同驾驶风格特征分析

2.3 驾驶攻击性

2.3.1 驾驶攻击性的定义

业界对于驾驶攻击性没有明确的定义，许多关于驾驶攻击性的定义仍然较为模糊。驾驶攻击性可以被定义为危及或倾向于危及人身和财产安全的驾驶行为，还可以被定义为可能增加碰撞风险或试图追求高行驶效率的驾驶行为。当下普遍认为，攻击型驾驶与以下驾驶行为有关：超速、频繁或突然变道、异常加速和减速、不当超车等[152]。从上述共识中可以发现，驾驶攻击性与纵向驾驶行为（即加速和减速）和横向驾驶行为（例如转向）直接相关。车辆的一些运动状态可以用来反映驾驶攻击性，例如纵向和横向加速度、速度、偏航角速率、侧滑角等。一般来说，驾驶攻击性可以通过主观评估和客观评估获得。主观评估是对驾驶员进行问卷调查，客观评估是通过构建一些可以评估驾驶攻击性水平的指标，用数据分析的方法来评估。主观评估方法通常反映驾驶员的主观观点，而不是驾驶员在道路上的实际表现。因此，基于数据的评估方法被广泛应用于驾驶攻击性评估。

2.3.2 驾驶攻击性的评估方法

基于数据的驾驶攻击性评估方法主要分为三种，即统计回归方法、时间序列分析方法和机器学习方法。

统计回归方法和时间序列分析方法已被广泛用于评估驾驶攻击性[151]。基于远程（Long Range，LoRa）通信网络，通过对车辆运动状态和操作信息数据进行分析，设计了一种攻击型驾驶检测系统，该系统可持续分析快速加速、快速启动、突然减速、突然停止和突然转弯等危险驾驶行为。此外，怠速时间、里程、行驶时间和最高速度等额外的驾驶信息也被用于驾驶攻击性检测[96]。在文献［134］中，作者假设只通过关注四种驾驶行为来确定驾驶攻击性，即转向、加速、减速以及加速和减速之间的交替，使用多元线性回归对四种驾驶行为进行积分，用总体攻击性得分来估算总体攻击性水平。在文献［117］中，作者提出了一种仅使用前方摄像头提供的视觉信息的驾驶攻击性检测方法，该方法基于道路标线和道路上车辆的检测，并提取与道路偏离率、车辆速度和可能的前方碰撞时间相关的信息。利用这些提取的特征，应用分类器进行驾驶攻击性评估。在文献［120］中，通过从可穿戴电子设备获得驾驶员、心率、方向盘运动和车辆运动信息，作者设计了一种用于驾驶攻击性评估的分类模型。然而，这项研究的局限性体现在，研究所使用的样本数据集相对较小。在文献［116］中，当驾驶员分别操作加速踏板和制动踏板时，作者设计了两个冲击度（加速度对时间的导数，可视为加速度的变化率）指标来评估驾驶攻击性，一个是正冲击度，另一个是负冲击度。这项研究表明，如果驾驶员跟车行驶，通过大量的负冲击度可以加强对攻击型驾驶的识别；如果驾驶员被归类为违法者，通过大量的正冲击度也可以加强识别。然而，本研究仅考虑了纵向驾驶行为，忽略了转向行为。在文献［121］中，基于车内传感器的数据，作者设计了一个框架来分析大规模驾驶记录数据，并建立可用于识别潜在攻击型驾驶行为的框架集群。

此外，机器学习方法在驾驶攻击性评估方面显示出不错的效果。为了提高整体交通安全性，迭代 DBSCAN（Iterative DBSCAN，I-DBSCAN）算法（一种 DBSCAN 的扩展算法）被用作机器学习分析策略的一部分，用于在大型未标记真实世界数据集中识别攻击型驾驶行为［155］。在文献［166］中，作者使用长短期记忆完全卷积网络（Long Short Term Memory Fully Convolutional Network，LTSM-FCN）来检测驾驶攻击性，该方法在 F 度量分数上的表现优于其他方法。在基于强化学习的决策系统（ReDS）中，文献［111］使用基于混合密度网络的攻击型驾驶行为检测方法来检测周围车辆之间可能存在的攻击型驾驶行为，包括突然减速、突然加速、突然向左或向右变道。随后，在奖励函数中考虑攻击型驾驶行为检测结果。在文献［95］中，作者使用随机森林的机器学习方法，将一组与运动相关的度量作为特征，开发了一种攻击性识别模型，该模型使用车道偏离时间（TLC，是表征攻击型 / 危险驾驶的值）进行分类。在文献［118］中，作者基于视觉和传感器特征的融合来表征相关驾驶会话，并确定该会话是否涉及攻击型驾驶行为，使用 SVM 分类器对特征向量进行分类，以便进行攻击性判别。

在文献［152］中，作者基于安装在车辆上的智能手机的加速计和陀螺仪收集的运动数据，对高斯混合模型（GMM）、偏最小二乘回归（PLSR）、小波变换和支持向量回归（SVR）进行了比较研究。实验结果表明，GMM、PLSR 和 SVR 是一些有前途的攻击型驾驶识别方法。当仅使用单一源数据集时，GMM 和 SVR 优于 PLSR；当使用多源数据集时，PLSR 表现最好。GMM 和 SVR 对超参数具有更强的鲁棒性。此外，整合多源数据集有助于提高攻击型驾驶行为识别的准确性。在文献［55］中，作者对三类算法进行了比较研究，即基于异常检测的算法、基于阈值的算法和基于机器学习的算法。结果表明，基于机器学习的方法能够以较短的计算时间获得最佳性能（尤其是 SVM，其次是 RF、CNN 和 MLP）。

为了实现类人驾驶，驾驶攻击性的评估结果通常用于自动驾驶汽车的类人决策和运动规划的算法设计[6]。

2.3.3 类人驾驶攻击性评估模型

为了实现车辆的驾驶攻击性评估，首先基于 INTERACTION 数据集[275]对人类驾驶员的驾驶行为进行了分析。INTERACTION 数据集包含各种交通参与者的自然运动数据。在本节中，分析了三种并线和变道情况下人类驾驶车辆的运动数据。对于人类驾驶的车辆，纵向攻击性通常由行驶速度体现，横向攻击性通常通过偏航角速率来体现。这里对车辆速度和偏航角速率进行了分析，三种情况的分析结果如图 2.2 所示。

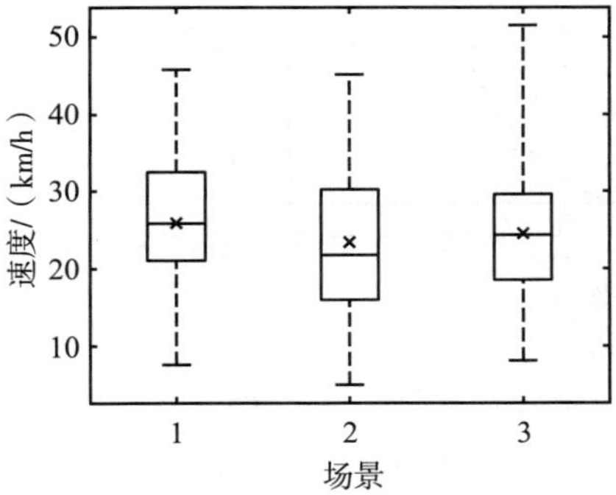

a）速度

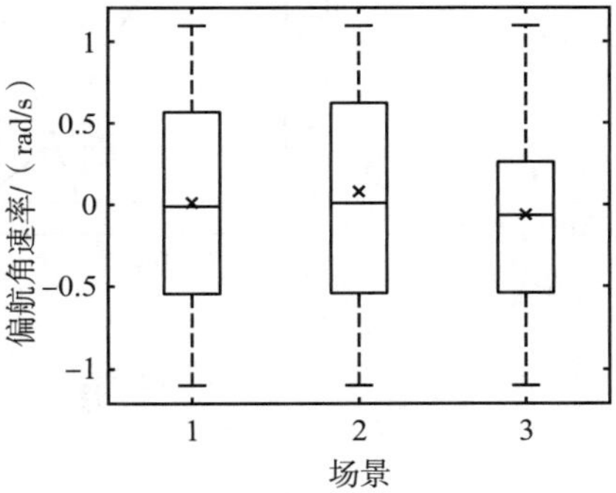

b）偏航角速率

图 2.2　基于 INTERACTION 数据集的驾驶员驾驶行为分析

在本研究中，将模糊推理方法应用于车辆的驾驶攻击性评估。速度和偏航角速率是模糊推理系统的输入，驾驶攻击性是输出。模糊推理系统由三个关键组件组成，即模糊化、规则评估和去模糊化[88]。首先是模糊化，根据隶属函数将车辆运动状态连续值转换为模糊值。如图 2.3 所示，使用了 Z 形和三角形隶属函数。速度和偏航角速率被模糊为非常小（VS）、小（S）、中间（M）、大（L）和非常大（VL）。此外，攻击性的模糊值分为保守型（C）、正常型（N）和攻击型（A）。速度和偏航角速率的模糊化过程完成后，可根据表 2.1 中的模糊逻辑规则推断出驾驶攻击性的模糊值。一旦模糊推理过程完成，将进行去模糊化以获得攻击性 k, $k \in [0,1]$ 的真实值。最后，进行驾驶攻击性评估。攻击性与速度和偏航角速率的关系如图 2.4 所示。我们可以发现，速度和偏航角速率越大，驾驶攻击性越高。如果速度或偏航角速率超过最大值，则 k=1。

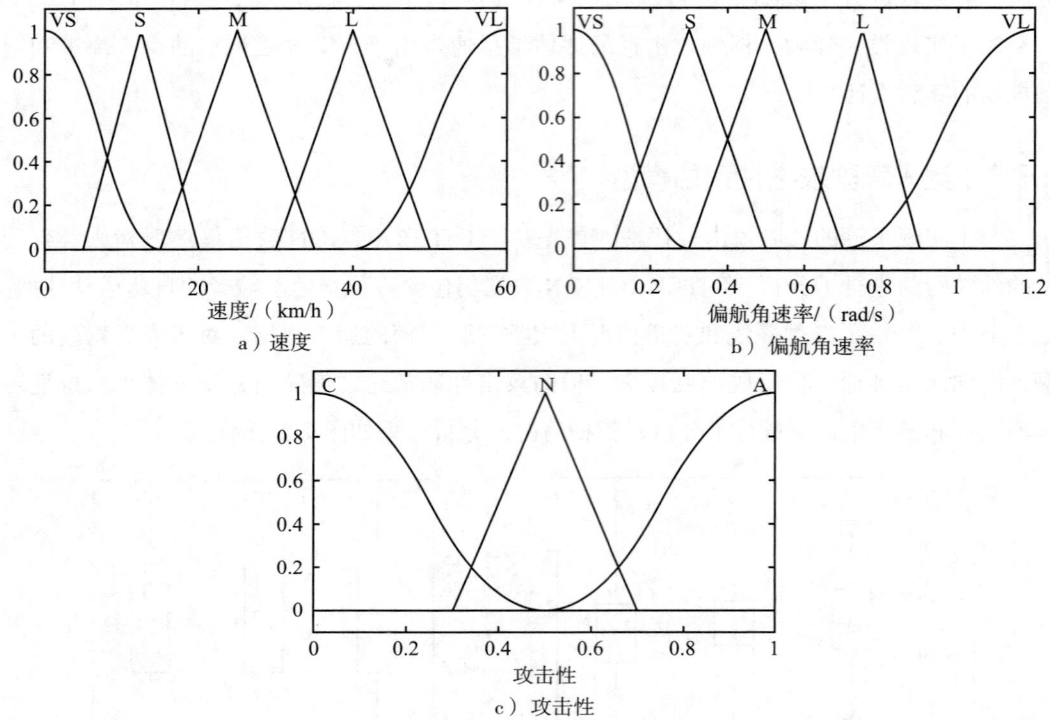

图 2.3　隶属函数

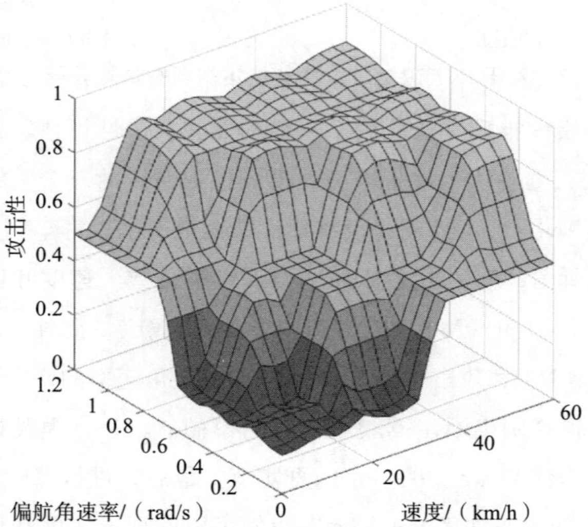

图 2.4　攻击性 MAP

表 2.1　攻击性评估的模糊逻辑

速度	偏航角速率				
	VS	S	M	L	VL
VS	C	C	C	N	N
S	C	C	N	N	A
M	C	N	N	A	A
L	N	N	A	A	A
VL	N	A	A	A	A

2.4　结论

在本章中，为了更好地表征驾驶特征，提出了驾驶风格和驾驶攻击性的概念。其中，驾驶风格有不同的分类方法。驾驶风格的典型分类是攻击型、正常型和保守型。本章介绍并讨论了三种驾驶风格识别方法，包括基于规则的方法、基于模型的方法和基于学习的方法。为了分析和提取人类驾驶风格的特征，使用了一个真实世界的驾驶数据集，即 NGSIM。提取出的人类驾驶风格特征可以在自动驾驶汽车类人决策的成本函数设计中使用。

除了驾驶风格，驾驶攻击性可以更准确地表示驾驶特征。本章研究并比较了三种典型的驾驶攻击性评估方法，即统计回归方法、时间序列分析方法和机器学习方法。基于 INTERACTION 数据集对人类驾驶员的驾驶行为进行分析，将模糊推理方法应用于周围车辆的攻击性估计。自动驾驶汽车的类人决策算法可使用此方法来估计驾驶攻击性。

Chapter 3 第 3 章

自动驾驶汽车决策和控制的系统建模

3.1 背景

前面阐述了用于决策、运动规划和运动控制的不同车辆模型。一般来说，这些车辆模型可以分为两种类型，即运动学模型和动力学模型。运动学模型主要描述车辆的速度、加速度、位置和其他运动状态之间的关系，包括方向和尺寸。质量、惯性矩、力和扭矩不包含在运动学模型中。为了推导运动学模型，通常将车辆抽象为一个质点或一个特定的几何形状。在本书中，提出了两种车辆运动学模型，即质点运动学模型和自行车运动学模型。

整体而言，车辆运动学模型侧重于车辆的运动描述。而在车辆动力学模型中，除了描述车辆的运动外，还引入了车辆运动的原因和来源。所以，在车辆动力学模型中考虑了力和扭矩。因此，除了运动学模型中考虑的车辆结构参数外，车辆动力学模型中还需要考虑质量、惯性矩和其他与力和扭矩相关的参数。由此，车辆动力学模型比车辆运动学模型更为复杂。

车辆运动学模型和车辆动力学模型通常应用于不同的条件下。由于车辆运动学模型结构简单、计算量小，通常将其应用于决策、运动预测和运动规划算法中。此外，它对低速运动控制也是适用的。车辆动力学模型能够处理决策、运动预测和运动规划等问题，但会增加计算量。因此，车辆动力学模型通常用于自动驾驶汽车的运动控制算法设计，尤其是用于高速运动控制。

驾驶员模型可以有效地模拟人类驾驶员的驾驶特征和行为。通过在驾驶员模型中设置不同的参数，可以为自动驾驶汽车描述不同的驾驶风格，从而实现类人的驾驶行为。

3.2　用于决策和控制的车辆模型

在本节中，建立了两种车辆运动学模型和两种车辆动力学模型，用于自动驾驶汽车的决策和控制算法设计。此外，我们还建立了驾驶员模型，并将其与车辆模型相结合，以实现自动驾驶汽车的类人驾驶。

3.2.1　车辆运动学模型

1. 质点运动学模型

质点运动学模型通常用于路径规划。在这个模型中，自动驾驶汽车被抽象为一个质点。如图 3.1 所示，一个质点 P 以恒定的速度沿着从起点 S 到终点 F 的路径运行，质点在由 X-Y 坐标轴描述的惯性坐标系中运动。

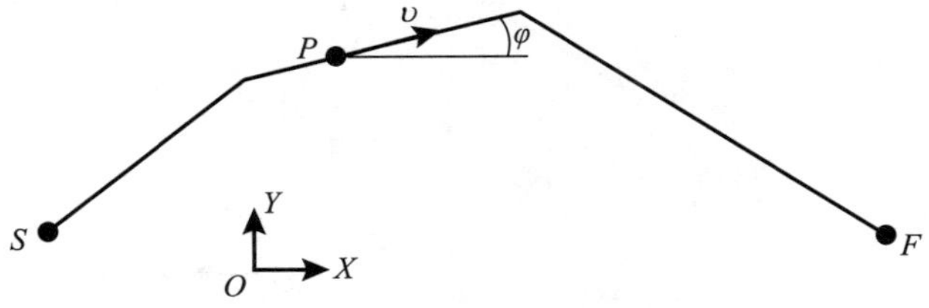

图 3.1　质点运动学模型

式（3.1）给出了质点运动学模型的数学描述：

$$\begin{cases} \dot{\varphi} = a_y / \upsilon \\ \dot{X} = \upsilon \cos\varphi \\ \dot{Y} = \upsilon \sin\varphi \end{cases} \tag{3.1}$$

式中，υ 和 a_y 分别是质点的速度和横向加速度，φ 是质点的偏航角，X 和 Y 是质点的坐标位置。

此外，式（3.1）可以重写为状态空间形式：

$$\begin{cases}\dot{x}=f[x(t),u(t)]\\ \dot{y}=g[x(t),u(t)]\end{cases} \tag{3.2}$$

式中，状态向量$\boldsymbol{x}=[\varphi,X,Y]^{\mathrm{T}}$，控制输入向量$\boldsymbol{u}=a_y$，测量输出向量$\boldsymbol{y}=[X,Y]^{\mathrm{T}}$且

$$f[x(t),u(t)]=\begin{bmatrix}a_y/\upsilon\\ \upsilon\cos\varphi\\ \upsilon\sin\varphi\end{bmatrix} \tag{3.3}$$

$$g[x(t),u(t)]=\begin{bmatrix}0&1&0\\0&0&1\end{bmatrix}x(t) \tag{3.4}$$

自动驾驶汽车的路径规划中应用了上述质点运动学模型。

2. 自行车运动学模型

为了降低计算复杂度，车辆运动学模型已被广泛应用于决策算法设计[75]。在自行车运动学模型中，自动驾驶汽车被抽象为一辆两轮自行车。如图 3.2 所示，自行车运动学模型推导如下。

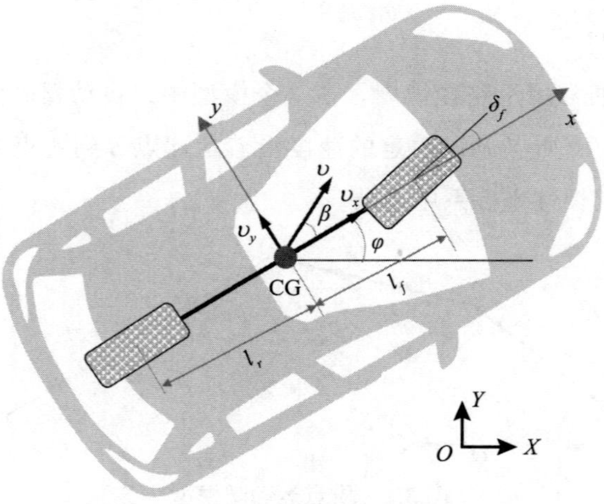

图 3.2　自行车运动学模型

$$\dot{x}(t)=f\left[x(t),u(t)\right] \tag{3.5}$$

$$f\left[x(t),u(t)\right]=\begin{bmatrix}a_x\\ \upsilon_x\tan\beta/l_r\\ \upsilon_x\cos\Phi/\cos\beta\\ \upsilon_x\sin\Phi/\cos\beta\end{bmatrix} \tag{3.6}$$

$$\beta = \arctan\left(l_r / \left(l_f + l_r\right) \tan \delta_f\right) \tag{3.7}$$

式中，自动驾驶汽车的状态向量和控制向量分别用 $\boldsymbol{x} = \left[\upsilon_x, \varphi, X_g, Y_g\right]^{\mathrm{T}}$ 和 $\boldsymbol{u} = \left[a_x,\ \delta_f\right]^{\mathrm{T}}$ 表示。υ_x、φ 和 Φ 分别表示自动驾驶汽车的纵向速度、偏航角和航向角。$\left(X_g, Y_g\right)$是质心（CG）的坐标位置。a_x 和 δ_f 表示自动驾驶汽车的纵向加速度和前轮转向角。β 表示自动驾驶汽车的侧滑角。l_f 和 l_r 是自动驾驶汽车的前后轮轴距。

$$\Phi = \varphi + \beta \tag{3.8}$$

3.2.2 车辆动力学模型

1. 非线性车辆动力学模型

在路径跟踪控制器的设计中，采用了 3 自由度（DoF）车辆动力学模型，包括横向、偏航和侧倾运动。3 自由度车辆动力学模型如图 3.3 所示。在图 3.3 的基础上，3 自由度汽车模型推导如下。

$$m\upsilon_x(\dot{\beta} + r) + m_s h_s \ddot{\phi} = \sum F_y \tag{3.9}$$

$$I_z \dot{r} - I_{xz} \ddot{\phi} = \sum M_z \tag{3.10}$$

$$I_x \ddot{\phi} - I_{xz} \dot{r} = \sum L_x \tag{3.11}$$

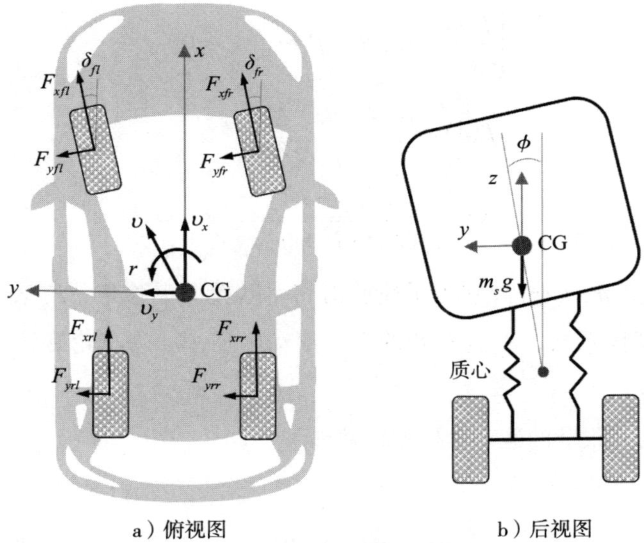

a）俯视图　　b）后视图

图 3.3　3 自由度车辆动力学模型

式中，r 和 ϕ 表示偏航率和侧倾角。m、m_s 和 h_s 表示车辆质量、车辆簧载质量和簧载质量高度。I_z、I_{xz} 和 I_x 分别表示偏航惯性矩、惯性乘积和侧倾惯性矩。此外，$\sum F_y$、$\sum M_z$ 和 $\sum L_x$ 表示作用在车辆上的总横向轮胎力、偏航力矩和侧倾力矩，可以表示如下。

$$\sum F_y = F_{xfl}\sin\delta_{fl} + F_{xfr}\sin\delta_{fr} + F_{yfl}\cos\delta_{fl} + F_{yfr}\cos\delta_{fr} + F_{yrl} + F_{yrr} \tag{3.12}$$

$$\begin{aligned}\sum M_z =& \left[F_{xfl}\sin\delta_{fl} + F_{xfr}\sin\delta_{fr} + F_{yfl}\cos\delta_{fl} + F_{yfr}\cos\delta_{fr}\right]l_f - \\ & \left[F_{yrl} + F_{yrr}\right]l_r + \left[F_{yfl}\sin\delta_{fl} - F_{yfr}\sin\delta_{fr}\right]B/2\end{aligned} \tag{3.13}$$

$$\sum L_x = m_s g h_s \phi - b_\phi \dot{\phi} - k_\phi \phi \tag{3.14}$$

式中，$\delta_i(i = fl, fr, rl, rr)$ 表示每个车轮的转向角，F_{xi} 和 $F_{yi}(i = fl, fr, rl, rr)$ 分别表示每个轮胎的纵向力和横向力。此外，b_ϕ 和 k_ϕ 分别表示车辆悬架的侧倾阻尼和悬架的侧倾刚度。B 表示车辆轮距。

前面已经提出了多种轮胎模型来描述轮胎与道路的接触力。考虑到 Dugoff 轮胎模型可以用较少的参数准确地描述轮胎与道路的接触力，因此将其应用于本研究，可以表示为：

$$F_{xi} = \frac{C_i s_i f(\lambda)}{1 - s_i},\quad F_{yi} = \frac{k_i \tan\alpha_i f(\lambda)}{1 - s_i} \tag{3.15}$$

$$s_i = \begin{cases} 1 - \dfrac{u_i}{R_\omega \omega_i}, & u_i < R_\omega \omega_i,\quad \omega_i \neq 0 \\ \dfrac{R_\omega \omega_i}{u_i} - 1, & u_i > R_\omega \omega_i,\quad u_i \neq 0 \end{cases} \tag{3.16}$$

$$f(\lambda) = \begin{cases} \lambda(2-\mu) & \lambda < 1 \\ 1 & \lambda \geqslant 1 \end{cases} \tag{3.17}$$

$$\lambda = \frac{\mu F_{zi}\left(1 - s_i\right)}{2\sqrt{C^2 s_i^2 + k_i^2 \tan^2\alpha_i}} \tag{3.18}$$

式中，s_i 和 $\alpha_i(i = fl, fr, rl, rr)$ 分别表示轮胎滑移率和轮胎滑移角，F_{zi} 表示垂直轮胎力，μ 为轮胎与道路的摩擦系数，R_ω 为车轮的有效滚动半径，ω_i 为车轮旋转角度，u_i 为每个车轮中心的纵向速度。

此外，用于路径跟踪的运动学模型构建如下。

$$\dot{\varphi} = r \tag{3.19}$$

$$\dot{X} = \upsilon_x \cos\varphi - \upsilon_y \sin\varphi \tag{3.20}$$

$$\dot{Y} = \upsilon_x \sin\varphi + \upsilon_y \cos\varphi \tag{3.21}$$

2. 线性单轨道模型

为了降低运动预测中的模型复杂度，将四轮车模型简化为自行车模型。如图 3.4 所示，假设前轮的转向角 δ_f 较小，则得出$\sin\delta_f \approx 0$。然后，为运动预测而建立的单轨道自行车模型可以表示如下[73, 221, 184]。

$$\dot{x}(t) = \Gamma[x(t), u(t)] \tag{3.22}$$

$$\Gamma[x(t),u(t)] = \begin{bmatrix} \upsilon_y r + F_{xf}\cos\delta_f / m + F_{xr} / m \\ -\upsilon_x r + F_{yf}\cos\delta_f / m + F_{yr} / m \\ l_f F_{yf}\cos\delta_f / I_z - l_r F_{yr} / I_z \\ r \\ \upsilon_x \cos\varphi - \upsilon_y \sin\varphi \\ \upsilon_x \sin\varphi + \upsilon_y \cos\varphi \end{bmatrix} \tag{3.23}$$

式中，状态向量 $\boldsymbol{x} = \left[\upsilon_x, \upsilon_y, r, \varphi, X, Y\right]^{\mathrm{T}}$，以及控制向量 $\boldsymbol{u} = \left[a_x, \delta_f\right]^{\mathrm{T}}$。$\upsilon_x$ 和 υ_y 分别为纵向和横向速度。r 和 φ 分别是偏航率和偏航角。(X,Y) 是车辆的坐标位置。$F_{xi}(i=f,r)$ 和 $F_{yi}(i=f,r)$ 是前轮和后轮的纵向和横向轮胎力。l_f 和 l_r 分别是从质心到前轴和后轴的距离。m 是车辆质量，I_z 是偏航惯性矩。

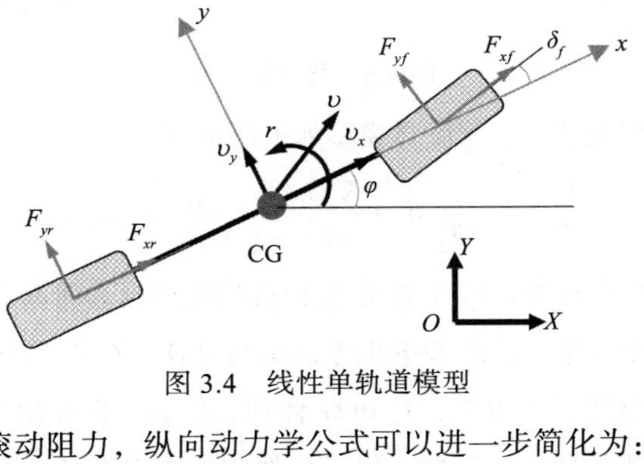

图 3.4 线性单轨道模型

忽略空气阻力和滚动阻力，纵向动力学公式可以进一步简化为：

$$a_x = F_{xf}\cos\delta_f / m + F_{xr} / m \tag{3.24}$$

在假设轮胎滑移角较小的情况下，可以得到轮胎侧向力与轮胎滑移角之间的线性关系。

$$F_{yf} = -C_f \alpha_f,\quad F_{yr} = -C_r \alpha_r \tag{3.25}$$

式中，C_f 和 C_r 分别为前轮胎和后轮胎的侧偏刚度。此外，前后轮胎的滑移角 α_f 和 α_r 可以表示为：

$$\alpha_f = -\delta_f + \left(\upsilon_y + l_f r\right)/\upsilon_x,\quad \alpha_r = \left(\upsilon_y - l_r r\right)/\upsilon_x \tag{3.26}$$

3.3 驾驶员模型

为了实现类人驾驶和决策，本节提出了一种单点预览驾驶员模型。如图 3.5 所示，E 点是驾驶员的当前位置。M 是车辆沿当前移动方向的未来预测点，由驾驶员的大脑根据车辆状态和位置进行预测。P 是由驾驶员的眼睛创建的预览点，连续的预览点构成规划路径。驾驶员的目标是将预测点和预览点之间的距离最小化。最后，通过控制前轮的转向角来实现这一目标。上述内容描述了驾驶员模型的基本工作原理。

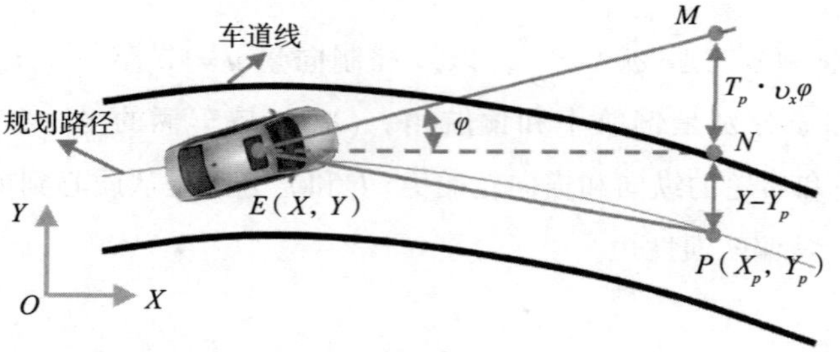

图 3.5 驾驶员模型

考虑到驾驶员的驾驶特征，驾驶员模型如下所示[279]。

$$\ddot{\delta}_f = -\frac{1}{aT_d}\dot{\delta}_f - \frac{1}{aT_d^2}\delta_f + \frac{K_s G_s}{aT_d^2}\left[Y_p - \left(Y + T_p \cdot \upsilon_x \varphi\right)\right] \tag{3.27}$$

式中，a 与模型的阻尼率有关，T_d 和 T_p 是驾驶员的物理延迟时间和预测时间，Y 和 Y_p 是车辆和预览点的横向坐标位置，K_s 是转向系统的传动比，G_s 是转向比例增益。

驾驶员的驾驶风格或特征由 T_d、T_p 和 G_s 体现。例如，保守型的驾驶员需要更多的时间来处理心理信号和激活肌肉。因此，保守型驾驶员的 T_d 较大。而攻击型驾驶员会有相反的反应[241]。

参考文献［224，291，197］，表 3.1 中列出了不同驾驶风格的参数。

为了分析不同驾驶风格的驾驶员模型的特征，预测点 M 和预览点 P 之间的距离误差用 ΔY 表示，即 $\Delta Y = Y_p - \left(Y + T_p \cdot \upsilon_x \varphi\right)$。则从 ΔY 到 δ_f 的传递函数为：

表 3.1　不同驾驶风格的参数

参数	攻击型	正常型	保守型	参数	攻击型	正常型	保守型
T_d	0.14	0.18	0.24	G_s	0.84	0.75	0.62
T_p	1.02	0.94	0.83	a	0.24	0.23	0.22

$$\delta_f(s)=\frac{K_sG_s}{aT_d^2s^2+T_ds+1}\Delta Y(s) \tag{3.28}$$

根据式（3.28），图 3.6 显示了驾驶员模型在三种不同驾驶风格下的阶跃响应结果。可以看出，攻击型风格具有最快的响应速度和最大的稳定增益。相比之下，保守型具有最长的响应时间和最小的稳定增益。正常型的响应结果介于上述两种驾驶风格之间。从上述分析可以得出结论，攻击型驾驶员通常比较大的幅度和较高的频率控制方向盘，而保守型驾驶员表现出相反的行为。

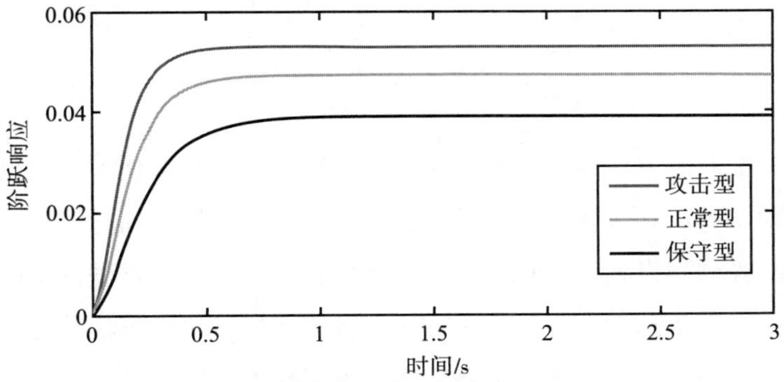

图 3.6　三种驾驶风格下驾驶员模型的阶跃响应结果

3.4　类人驾驶综合模型

将驾驶员模型和车辆 – 道路模型相结合，得到了类人驾驶的综合模型。如图 3.7 所示，综合模型有两个输入变量，即 a_x 和 Y_p。a_x 是车辆 – 道路模型的输入变量，Y_p 是驾驶员模型的输入变量。综合模型的输出变量是车辆状态和位置，用于进行决策和运动规划。

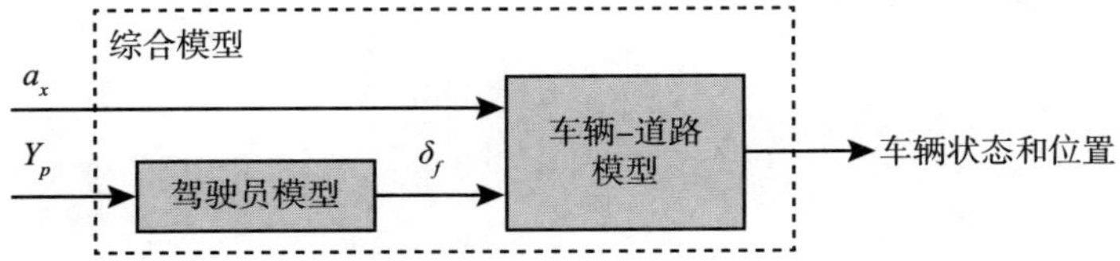

图 3.7　综合模型

基于线性单轨道模型和驾驶员模型，类人驾驶的综合模型表示为：

$$\dot{x}(t)=f[x(t),u(t)] \tag{3.29}$$

$$f\left[x(t),u(t)\right]=\begin{bmatrix} \upsilon_y r+a_x \\ -\upsilon_x r+F_{yf}\cos\delta_f/m+F_{yr}/m \\ l_f F_{yf}\cos\delta_f/I_z-l_r F_{yr}/I_z \\ r \\ \upsilon_x\cos\varphi-\upsilon_y\sin\varphi \\ \upsilon_x\sin\varphi+\upsilon_y\cos\varphi \\ \dot{\delta}_f \\ -\dfrac{1}{aT_d}\dot{\delta}_f-\dfrac{1}{aT_d^2}\delta_f+\dfrac{K_s G_s}{aT_d^2}\left[Y_p-\left(Y+T_p\cdot\upsilon_x\varphi\right)\right] \end{bmatrix} \tag{3.30}$$

式中，状态向量 $\boldsymbol{x}=\left[\upsilon_x,\upsilon_y,r,\varphi,X,Y,\delta_f,\dot{\delta}_f\right]^{\mathrm{T}}$，控制向量 $\boldsymbol{u}=Y_p$。

3.5 结论

在本章中，针对决策、运动预测、规划和控制进行了系统建模。提出了两种车辆模型，即车辆运动学模型和车辆动力学模型。一方面，在车辆运动学模型的构建中，为自动驾驶汽车的路径规划设计了简化的质点运动学模型，为自动驾驶汽车的运动预测和决策设计了简化自行车运动学模型。另一方面，将非线性和线性车辆动力学模型用于自动驾驶汽车的运动控制器设计。此外，将车辆 - 道路模型与驾驶员模型相结合，形成了一个类人驾驶的综合模型。我们可以在驾驶员模型中设置不同的参数，以便综合模型可以实现不同的驾驶风格和个性化决策。

第 4 章 Chapter 4

自动驾驶汽车的运动规划和跟踪控制

4.1 背景

自动驾驶汽车的运动规划可以分为纵向规划和横向规划。具体来说，纵向规划是对于纵向速度或加速度的规划，本书介绍的决策模块中有相关的应用和讨论。横向规划则是指轨迹规划或路径规划，两者不同之处在于，路径规划只与位置坐标有关，而轨迹规划还与时间有关。一般情况下，轨迹规划通常用于处理局部规划，特别是避免移动障碍物的碰撞。路径规划通常用于全局规划，特别是避免静态障碍物的碰撞。尽管自动驾驶汽车的运动规划中使用了各种算法，但对类人驾驶特性仍缺乏考虑。自动驾驶汽车的类人运动规划有利于减少人类驾驶员的误解。在本章中，将介绍在自动驾驶汽车的运动规划充分考虑周围交通参与者的社会行为的情况下，将人工势场（APF）方法与 MPC 相结合，实现类人轨迹规划。此外，为了处理自动驾驶汽车在非结构化道路上的路径规划，将可视图法与 NMPC 相结合，实现静态和移动障碍物的防撞规划。

对于自动驾驶汽车的运动控制问题，路径跟踪控制是主要的控制手段。如第 1 章所述，不同的控制算法已被应用于自动驾驶汽车的路径跟踪控制。大多数控制算法在正常情况下都能实现良好的路径跟踪。但随着车速的增加，主动安全问题也会变得越来越重要。除了路径跟踪问题外，有关操纵稳定性和防侧翻的问题也非常关键。在路径跟踪性能和其他主动安全性能之间找到一个良好的平衡已然成为一项挑战，多目标协调控制是解决这一问题的有效方法。此外，所设计的控制器也需要有很强的鲁棒性来应对极端驾驶条件，例如道路低摩擦系数和大曲率路径跟踪条件。考虑到多目标和多约束优化领域的优势，本章将 LTV MPC 方法应用于自动驾驶汽车的运动控制器设计。

4.2 高速公路上自动驾驶汽车的类人轨迹规划

本节将介绍在对高速公路上的自动驾驶汽车进行运动规划时，如何考虑周围交通参与者的社会行为，以及如何通过驾驶风格和周围车辆的意图，在建模过程中考虑社会行为。本节的运动规划模型采用 APF 方法，使用不同的势函数来描述具有不同行为和道路约束的周围车辆。最后，MPC 会被用于运动预测和解决自动驾驶汽车的运动规划问题。

4.2.1 人工势场模型

1. 车辆 APF 模型

APF 模型的优点在于，它使用 APF 值及其分布情况来描述障碍车辆的大小和风险，通常最优规划路径或轨迹具有最小的 APF 值。在本节中，将 APF 模型与 MPC 优化相结合，用于自动驾驶汽车的轨迹规划。

对于障碍车辆，位置 (X,Y) 处的 APF 分布 $P^{ov}(X,Y)$ 可以用以下方程[215]来描述：

$$P^{ov}(X,Y)=a^{ov}e^{\eta} \tag{4.1}$$

$$\eta=-\left[\frac{\widehat{X}^2}{2\rho_X^2}+\frac{\widehat{Y}^2}{2\rho_Y^2}\right]^b+cv_x ov\xi \tag{4.2}$$

$$\xi=k^{ov}\frac{\dfrac{\widehat{X}^2}{2\rho_X^2}}{\sqrt{\dfrac{\widehat{X}^2}{2\rho_X^2}+\dfrac{\widehat{Y}^2}{2\rho_Y^2}}} \tag{4.3}$$

$$k^{ov}=\begin{cases}-1, & \widehat{X}<0\\ 1, & \widehat{X}\geqslant 0\end{cases} \tag{4.4}$$

$$\begin{bmatrix} \widehat{X} \\ \widehat{Y} \end{bmatrix} = \begin{bmatrix} \cos\varphi^{ov} & \sin\varphi^{ov} \\ -\sin\varphi^{ov} & \cos\varphi^{ov} \end{bmatrix} \begin{bmatrix} X - X^{ov} \\ Y - Y^{ov} \end{bmatrix} \tag{4.5}$$

基于上述方程，障碍车辆的 APF 模型 3D 图如图 4.1 所示，较大的 APF 值对于轨迹规划来说更危险，较低的 APF 值对于轨迹规划来说更安全。

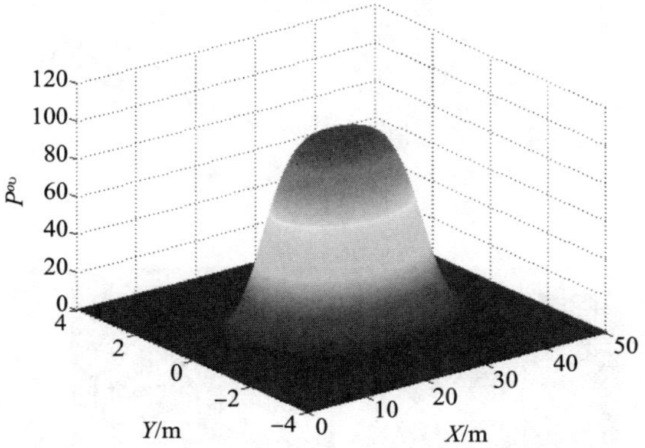

图 4.1　障碍车辆的 APF 模型 3D 图

2. 道路 APF 模型

除用于车辆外，APF 模型也可应用于道路，表达式如下：

$$P^r(X,Y) = a^r e^{-d+d^r+0.5W} \tag{4.6}$$

式中，a^r 表示道路 APF 分布的最大值，d 表示从位置 (X,Y) 到车道标记的最小距离，d^r 表示安全系数，W 表示车辆宽度。

根据上述方程，三车道道路的 APF 模型 3D 图如图 4.2 所示。

3. 轨迹规划综合 APF 模型

将所有障碍车辆和道路的 APF 模型组合就可以得到综合 APF 模型，其推导如下：

$$P^c(X,Y) = \sum_{i=1}^{m} P_i^{ov}(X,Y) + \sum_{j=1}^{n} P_j^r(X,Y) \tag{4.7}$$

式中，m 和 n 分别表示所有障碍车辆的数量和车道线的数量。

以三车道高速公路上的三辆车为例，综合 APF 模型如图 4.3 所示。从图 4.3 中可以发现，自由空间具有较低的 APF 值，这表明这些区域对于轨迹规划更安全。

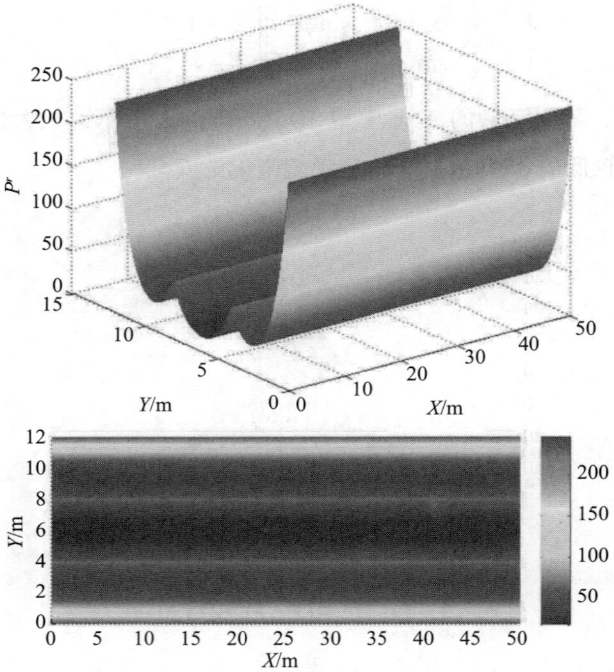

图 4.2　三车道道路的 APF 模型 3D 图

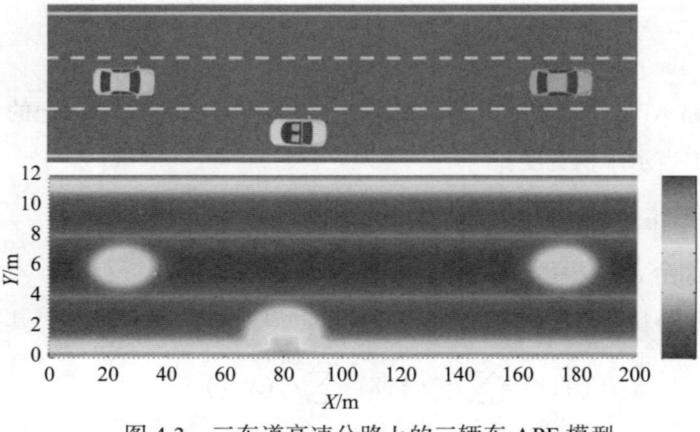

图 4.3　三车道高速公路上的三辆车 APF 模型

4.2.2　考虑障碍车辆不同社会行为的轨迹规划

如第 2 章所述，不同的障碍车辆会带来不同的驾驶障碍。为了使轨迹规划算法适应不同的驾驶风格，本书给出了用于轨迹规划的自适应 APF 模型，如图 4.4 所示。从图 4.4

中可以发现，三种不同的驾驶风格具有不同的 APF 分布。攻击型驾驶在行驶方向上具有最宽的 APF 分布，这表明应该考虑更大的安全余量来避免被攻击型车辆碰撞。然而，保守型驾驶在行驶方向上具有最小的 APF 分布，这表明在面对保守型障碍车辆时，使用轨迹规划更安全。

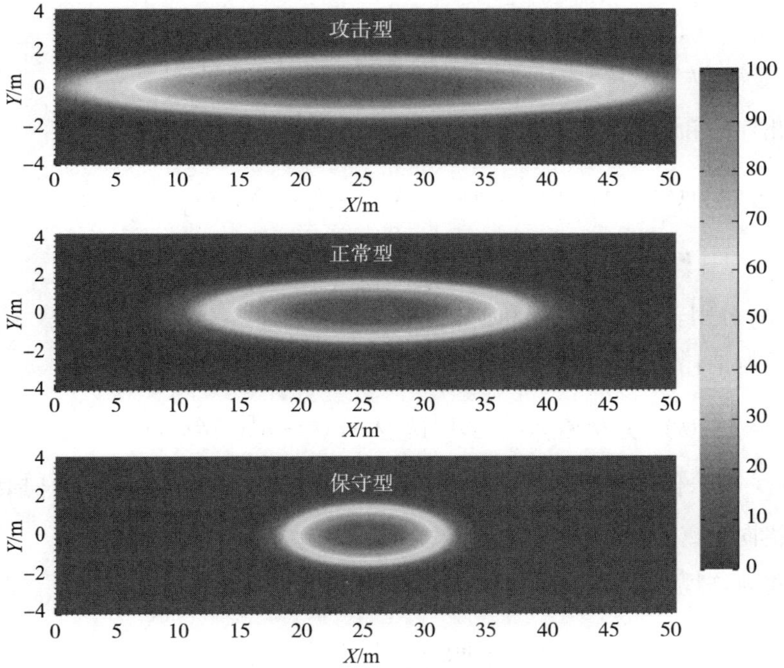

图 4.4　自适应 APF 模型

4.2.3　考虑轨迹预测的 APF 轨迹规划

下面将介绍如何将质点运动学模型式（3.2）用于轨迹规划之中。对于主车辆（HV），状态向量表示为 $\boldsymbol{x}=\left[\upsilon_x^{h\upsilon},\varphi^{h\upsilon},X^{h\upsilon},Y^{h\upsilon}\right]^{\mathrm{T}}$，控制向量表示为 $\boldsymbol{u}=a_y^{h\upsilon}$。

对于轨迹规划，将式（3.2）重写为离散化系统：

$$x(k+1)=x(k)+F[x(k),y(k)] \tag{4.8}$$

另外，将输出向量 $\boldsymbol{y}$ 用综合 APF 模型表示：

$$\boldsymbol{y}(k)=g[x(k),u(k)]=P^c\left(X^{h\upsilon}(k),Y^{h\upsilon}(k)\right) \tag{4.9}$$

进一步，将 MPC 方法应用于输出预测。时间步长 k 处的预测输出如下：

$$
\begin{aligned}
& y(k+1|k)=g[x(k+1|k),u(k|k)] \\
& y(k+2|k)=g[x(k+2|k),u(k+1|k)] \\
& \quad\vdots \qquad\qquad\quad \vdots \\
& y\left(k+N_c|k\right)=g\left[x\left(k+N_c|k\right),u\left(k+N_c-1|k\right)\right] \\
& y\left(k+N_c+1|k\right)=g\left[x\left(k+N_c+1|k\right),u\left(k+N_c-1|k\right)\right] \\
& \quad\vdots \qquad\qquad\quad \vdots \\
& y\left(k+N_p|k\right)=g\left[x\left(k+N_p|k\right),u\left(k+N_c-1|k\right)\right]
\end{aligned} \tag{4.10}
$$

定义输出序列和控制序列：

$$
\boldsymbol{y}(k)=\left[y(k+1|k),y(k+2|k),\cdots,y\left(k+N_p|k\right)\right]^{\mathrm{T}} \tag{4.11}
$$

$$
\boldsymbol{u}(k)=\left[u(k|k),u(k+1|k),\cdots,u\left(k+N_c-1|k\right)\right]^{\mathrm{T}} \tag{4.12}
$$

式中，N_p 和 N_c 分别表示预测范围和控制范围，$N_p > N_c$。

考虑到控制消耗和性能指标，构建轨迹规划的成本函数如下：

$$
J^p(k)=\boldsymbol{y}^{\mathrm{T}}(k)\boldsymbol{Q}_1\boldsymbol{y}(k)+\Delta\boldsymbol{Y}^{\mathrm{T}}(k)\boldsymbol{Q}_2\Delta\boldsymbol{Y}(k)+\boldsymbol{u}^{\mathrm{T}}(k)\boldsymbol{R}\boldsymbol{u}(k) \tag{4.13}
$$

式中，$\boldsymbol{Q}_1$ 和 $\boldsymbol{Q}_2$ 表示性能加权矩阵，$\boldsymbol{R}$ 表示控制消耗加权矩阵，$\Delta\boldsymbol{Y}$ 表示计划轨迹和车道中心之间的横向距离误差序列。

然后，将轨迹规划问题转化为具有多个约束的优化问题：

$$
\boldsymbol{u}(k)=\arg\min_{\boldsymbol{u}(k)} J^p(k) \tag{4.14}
$$

最后，可以得出最优控制序列：

$$
\boldsymbol{u}^*(k)=\left[u^*(k|k),u^*(k+1|k),\cdots,{}^*u\left(k+N_c-1|k\right)\right]^{\mathrm{T}} \tag{4.15}
$$

4.2.4 仿真和讨论

为了验证基于 APF 的类人轨迹规划算法，考虑到周围障碍车辆的不同驾驶风格，本书设计并执行了三个测试用例，详细设计方式如图 4.5 所示。为了便于轨迹规划验证，使用 Stackelberg 博弈论方法进行了研究，这将在第 5 章中介绍。从图 4.5 中可以发现，测试场景的复杂性从用例 1 到用例 3 逐渐递增，这有利于评估轨迹规划算法在不同场景中的普适性。算法验证是在 Matlab Simulink 平台上进行的，所有车辆的初始速度和位置如图 4.5 所示。

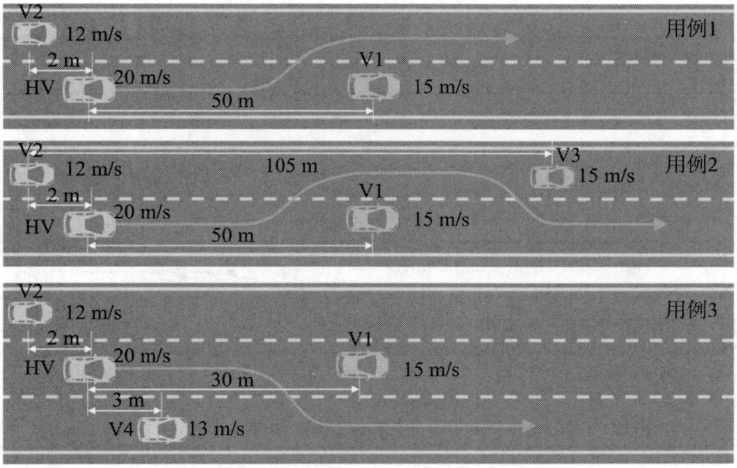

图 4.5　三个用于决策和运动规划的测试用例

1. 测试用例 1

测试用例 1 中，在双车道高速公路上设计了一个单车道变道场景。主车辆（HV）和车辆 1（V1）在右侧车道上行驶，车辆 2（V2）在左侧车道上行驶。对于 HV，V1 是引导车辆，V2 是障碍车辆。由于 V1 的低速驾驶行为，HV 必须做出决策，是减速并跟随领先车辆还是变道超车。如果进行变道，HV 必然会与 V2 产生交互，因此 V2 的驾驶行为和驾驶风格对 HV 的决策结果有显著影响。在这种情况下，V2 可能具有三种驾驶风格，即攻击型、正常型和保守型。为了简化测试场景，假设 V1 以恒定速度移动。测试结果如图 4.6 ～图 4.8 所示。

从测试结果可以发现，V2 的不同驾驶风格会导致 HV 的不同决策和规划结果。如果 V2 驾驶员是攻击型的驾驶风格，那么 V2 会尽可能争夺通行权，而不会为 HV 让路。

因此，V2 选择了突然加速的行为，而 HV 放弃了超车并不得不减速来保持与 V1 之间的安全距离。从图 4.8a 中可以发现，HV 在第六秒之后有明显的减速。然而，如果 V2 是正常型驾驶风格，则会导致 HV 采取不同决策和轨迹规划，HV 很有可能会进行加速和超车的行为，此时 V1 决定减速，并在第四秒后让路给 HV。如果 V1 的驾驶风格是保守型的，则会获得类似的测试结果：V1 减速并让路给 HV，HV 加速并完成超车任务。不同之处在于，与第二种情况相比，HV 的变道开始时间会提前，V1 的减速行为更加明显，V1 和 HV 之间的距离会变大，HV 的变道过程更加安全。

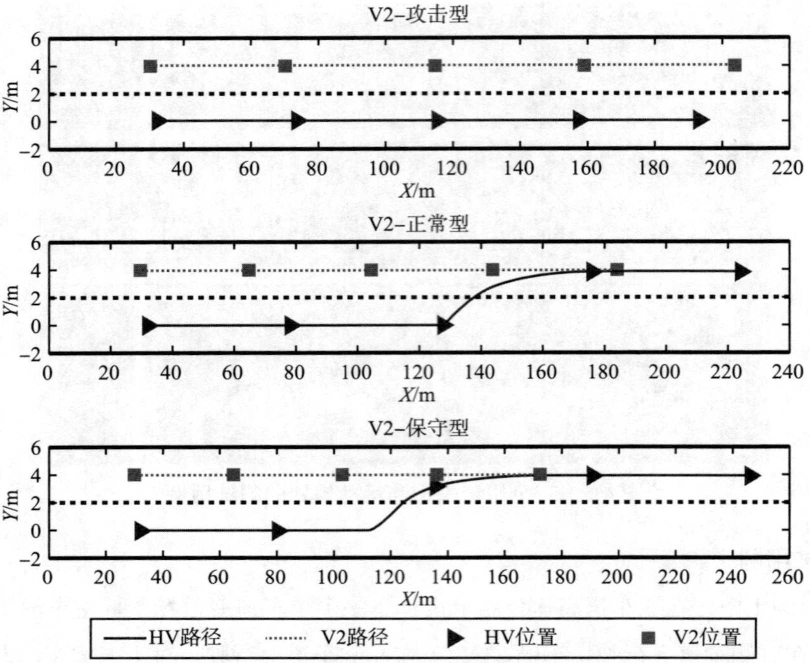

图 4.6　测试用例 1，考虑障碍车辆不同驾驶风格的决策与轨迹规划结果

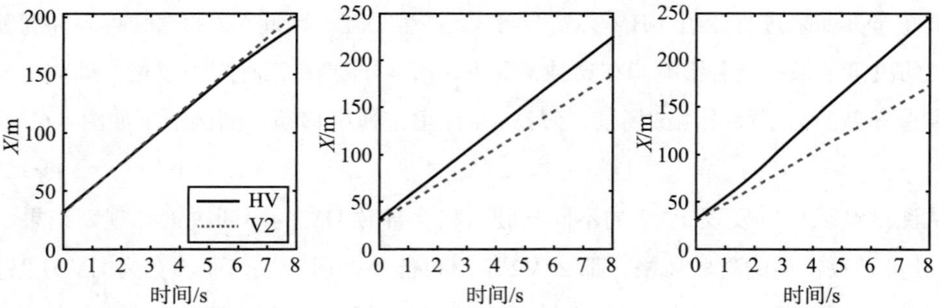

a）V2攻击型　　b）V2正常型　　c）V2保守型

图 4.7　测试用例 1 中车辆纵向位置测试结果

2. 测试用例 2

本测试用例模拟了双车道高速公路上的双车道变道场景，本测试用例是对测试用例 1 的改进。在本用例中，HV 和 V1 首先在右侧车道上行驶，V2 和 V3 在左侧车道上行驶。我们假设 V2 正常行驶，并且 HV 已经完成了超车行为。HV 变道后，V3 成为 HV 的前方车辆。然而，由于 V3 的低速行驶，HV 必须做出减速并跟随 V3 的决定，或者加速并

再次进行变道。如果再次超车，V1 将成为 HV 的障碍车辆。HV 必须与 V1 产生交互，V1 的驾驶行为将对 HV 的决策和轨迹规划结果产生较大影响。在这种情况下，假设 V3 以 15m/s 的恒定速度向前行驶。针对 V1 的，攻击型、正常型和保守型驾驶风格，测试结果如图 4.9 ～图 4.11 所示。

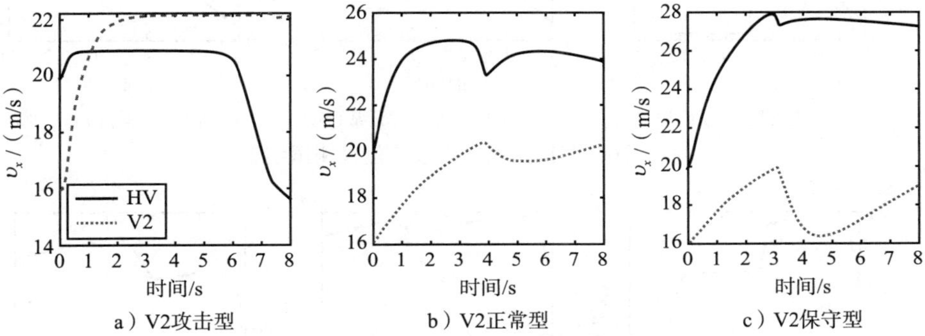

图 4.8　测试用例 1 中车辆速度测试结果

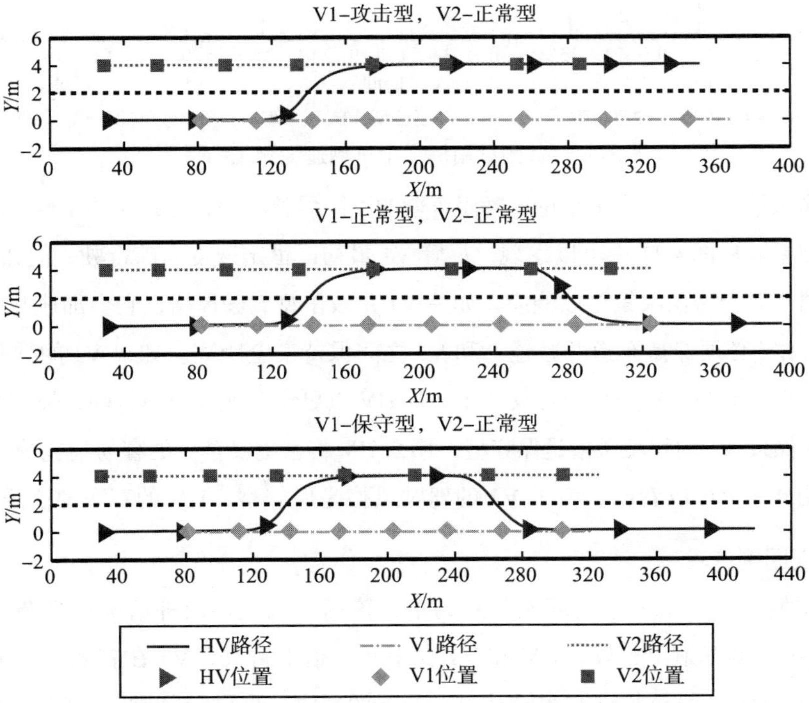

图 4.9　测试用例 2，考虑障碍车辆不同驾驶风格的决策和轨迹规划结果

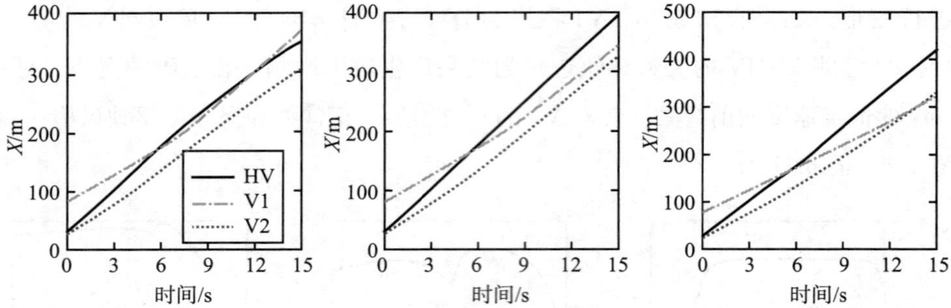

a）V1攻击型，V2正常型　　b）V1正常型，V2正常型　　c）V1保守型，V2正常型

图 4.10　测试用例 2 中车辆位置测试结果

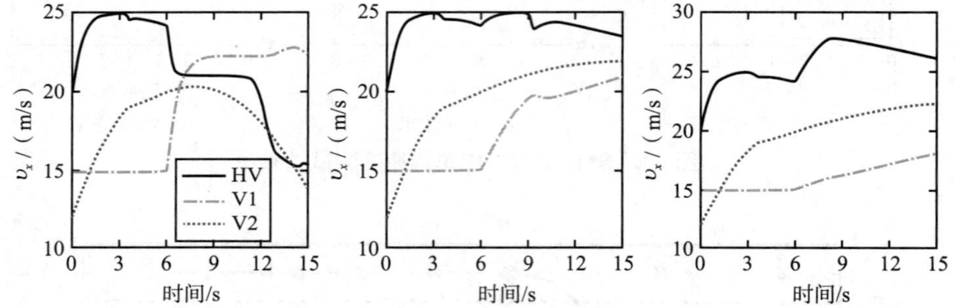

a）V1攻击型，V2正常型　　b）V1正常型，V2正常型　　c）V1保守型，V2正常型

图 4.11　测试用例 2 中车辆速度测试结果

根据测试结果，可以得出结论：障碍车辆的不同驾驶风格会导致相邻车辆不同的决策和轨迹规划结果。从图 4.11 中可以发现，尽管 V1 最初以恒定速度向前行驶，但如果发现 HV 有变道意图，它会做出决策予以响应。如果 V1 是攻击型驾驶风格，它会加速并抢占前进道路。因此，HV 必须保持车道并减速，和 V3 之间保持安全距离。如果 V1 的驾驶风格是正常型，那它将不会与 HV 争夺通行权。而一旦 HV 以更快的速度向前行驶，那它很容易完成安全超车。如果 V1 的驾驶风格是保守型，那么 HV 将会更安全、更容易地完成双车道变道行为。从图 4.9 中可以看出，由于 V1 的驾驶风格是保守型，HV 的双车道变道空间较小。

3. 测试用例 3

测试用例 3 是一个三车道高速公路场景，该场景比上述两种情况更复杂。在这种情况下，V2 在左侧车道上行驶，HV 和 V1 在中间车道上行驶，V4 在右侧车道上行驶。对于 HV 来说，V1 是引导车辆，假设其以 15m/s 的恒定速度向前行驶，V2 和 V4 是障碍车辆。由于 V1 的低速驾驶行为，HV 必须做出决定，即减速并跟随 V1，或加速并变道超车。如果改变车道，HV 必须做出向左或向右变道的决定，但它必须考虑 V2 和 V4 的驾驶行为。也就是说，V2 和 V4 的驾驶风格对 HV 的决策和轨迹规划结果有显著影响。为此，在这种情况下，为 V2 和 V4 设置了不同的驾驶风格。测试结果如图 4.12 ～图 4.14 所示。

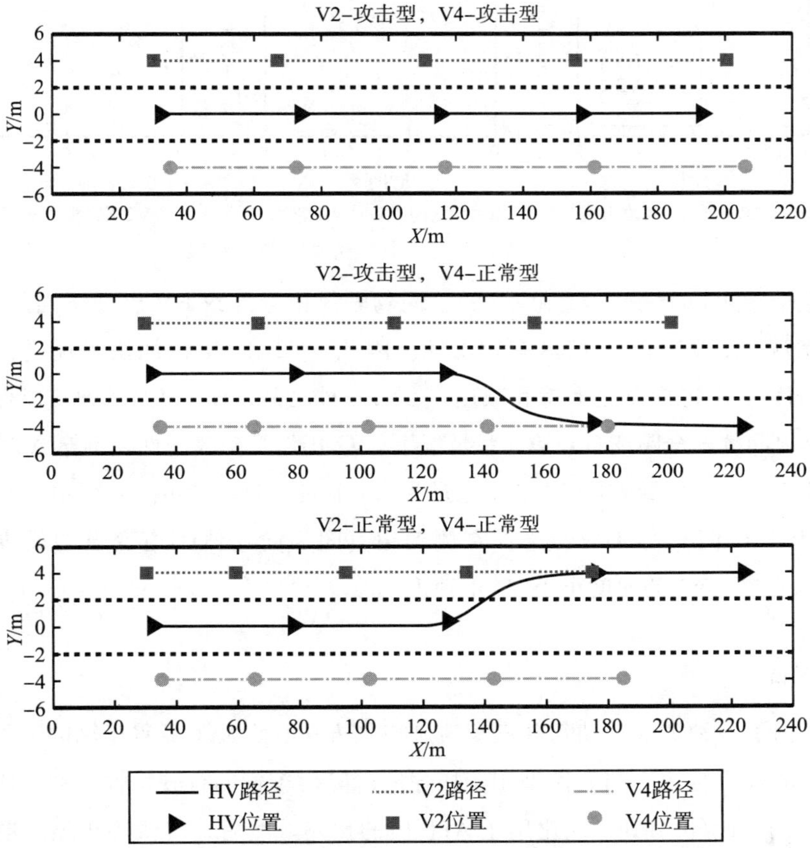

图 4.12　测试用例 3，考虑障碍车辆不同驾驶风格的决策和轨迹规划结果

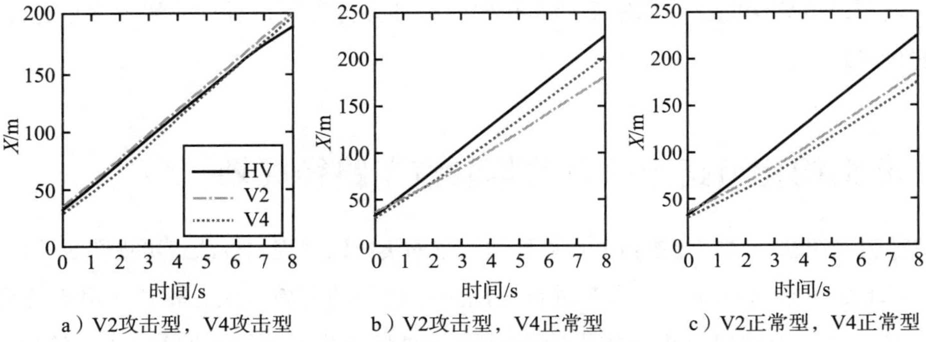

图 4.13　测试用例 3 中车辆位置测试结果

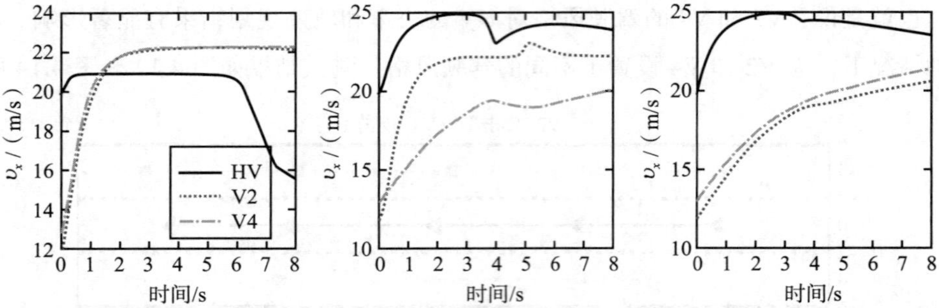

a）V2攻击型，V4攻击型　b）V2攻击型，V4正常型　c）V2正常型，V4正常型

图 4.14　测试用例 3 中车辆速度测试结果

从以上结果可以发现，V2 和 V4 的不同驾驶风格会导致 HV 出现不同的测试结果。在第一种情况下，V2 和 V4 都具有攻击性。因此，V2 和 V4 都加快了速度，不愿意为 HV 让路。HV 必须选择车道保持和减速。在第六秒之后，HV 突然减速，以保持其自身与引导车辆之间的安全距离。在第二种情况下，V2 仍然具备攻击性，不愿意为 HV 让路。然而，由于 V4 的正常驾驶风格，V4 选择为 HV 让路，HV 成功向右变道。在第三种情况下，V2 和 V4 都正常。HV 会选择左侧换道，因为向左侧车道变道的成本较小。从图 4.14 可以看出，V2 的速度小于 V4 的速度。

4.2.5　小结

本节介绍了一种类人自动驾驶汽车轨迹规划方法。定义了障碍车辆的三种不同驾驶风格所反映的社会行为。APF 模型用于描述周围障碍车辆的行驶特性，并应用于自动车辆的轨迹规划。此外，MPC 优化用于 APF 值的预测。然后，将轨迹规划问题转化为具有多个约束的闭环交互式优化问题。最后，三个测试用例验证了类人轨迹规划算法。测试结果表明，该算法能够在周围障碍车辆的各种社会行为下，对自动驾驶汽车进行合理、安全的轨迹规划。

4.3　非结构化道路上的自动驾驶汽车路径规划

本节将介绍在非结构化道路上自动驾驶汽车的集成路径规划算法。可视图法（Visibility Graph Method）是对自动驾驶汽车进行全局路径规划的有效方法，常用于静态障碍物的防撞。然而，由于转弯位置处的大曲率，规划的路径并不适用于路径跟踪控制。此外，可视图法不能处理移动的障碍物。为了解决上述问题，利用 NMPC 进行第二次规划，考虑各种约束，例如最小转弯半径、安全距离、控制约束、跟踪误差等。此外，还将使用多项式拟合方法来预测移动障碍物的移动轨迹。最后，通过三个测试用例对所提出的规划算法的性能进行评估，验证该算法在不同驾驶条件下的可行性和有效性。

4.3.1　问题描述

如果 S 点和 F 点分别表示自动驾驶汽车的起点和终点，则路径规划问题可以描述为找到从 S 点到 F 点的最短安全路径。安全性和效率是路径规划算法的两个关键性能指标。在路径规划过程中，自动驾驶汽车通常面临两种障碍，即静态障碍和移动障碍。由于位置固定，现有的规划算法很容易实现静态障碍物的防撞。与静态障碍物的防撞相比，考虑到移动障碍物的运动不确定性，实现对运动障碍物的防撞则更加困难。由于单一规划算法的局限性，通常使用由多个规划算法组合的综合规划算法来进行静态和移动障碍物的混合防撞。此外，在低速行驶条件和高速行驶条件下，路径规划存在明显差异。在高速行驶条件下，必须考虑自动驾驶汽车的横向稳定性问题。例如，如果规划路径在转弯位置有较大的曲率，将导致较大的横向加速度，这对驾驶安全是不利的，车辆可能会失去稳定性。此外，移动障碍物的运动不确定性是自动驾驶汽车动态规划的另一个挑战。

为了解决上述问题，将利用可视图法来规划静态障碍物驾驶环境中的全局路径。为了进一步提高规划路径的质量，在 NMPC 的第二次规划过程中考虑了各种约束，如最小转弯半径、安全距离和控制约束。为了实现对移动障碍物的动态规划，考虑到运动的不确定性，使用多项式拟合方法来预测运动障碍物的运动轨迹。然后，将预测的轨迹输出到路径规划器，以提高规划精度。最后，将可视图法和 NMPC 相结合的综合路径规划算法能够进行静态和动态路径规划。

4.3.2　静态障碍物的路径规划

1. 驾驶场景的预处理

考虑到车身尺寸和最小转弯半径的限制，自动驾驶汽车无法在狭窄的空间内通过或转弯。因此，在进行规划过程之前，有必要对驾驶场景进行预处理，例如将障碍物合并在一起。如图 4.15 所示，汽车（自动驾驶汽车）正准备进入障碍物 O_1 和 O_2 之间的狭窄间隙。自动驾驶汽车能否通过间隙取决于多种因素，包括车身尺寸、最小转弯

半径 R_{min}、狭窄间隙 W 的宽度、自动驾驶汽车的移动方向和初始位置等。为了简化问题，自动驾驶汽车被简化为沿 x 轴移动的粒子 P。在图 4.15 中，D 表示从 P 到障碍物 O_1 的距离。O_{11} 和 O_{21} 分别表示障碍 O_1 和 O_2 的顶点。点 O_{11} 和 O_{21} 的坐标分别被定义为 $(0,D)$ 和 (W,D)。

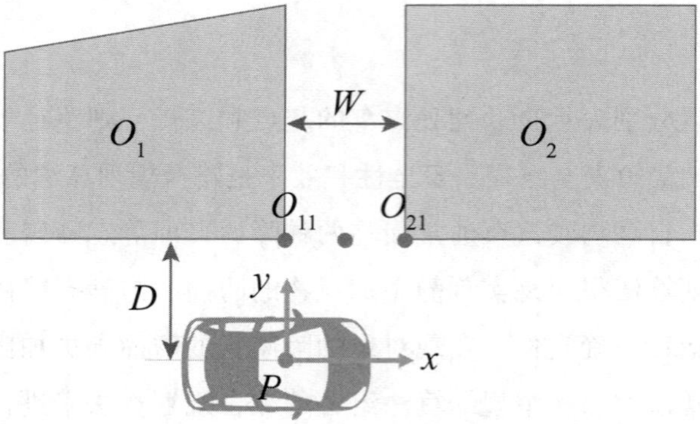

图 4.15 合并障碍物

假设自动驾驶汽车在转向点之前没有改变其移动方向，则以下结论是有效的：（1）当 $D \geqslant R_{min}$，自动驾驶汽车可以安全地进入狭窄的间隙，并且转向点是 (x_t, y_t)，其中 $x_t \in (-R_{min}, W-R_{min})$ 和 $y_t = 0$。（2）当 $D < R_{min}$ 且 $W > R_{min}$，自动驾驶汽车可以安全地进入狭窄的间隙，并且转向点是 (x_t, y_t)，其中 $x_t \in \left(-\sqrt{R_{min}^2 - (R_{min}-D)^2},\ W-R_{min}\right)$ 和 $y_t = 0$。（3）当 $D < R_{min}$ 且 $R_{min} - \sqrt{R_{min}^2 - (R_{min}-D)^2} < W \leqslant R_{min}$，自动驾驶汽车可以安全地进入狭窄的间隙，并且转向点是 (x_t, y_t)，其中 $x_t \in \left[-\sqrt{R_{min}^2 - (R_{min}-D)^2},\ -(R_{min}-W)\right]$ 和 $y_t = 0$。（4）当 $D < R_{min}$ 且 $W < R_{min} - \sqrt{R_{min}^2 - (R_{min}-D)^2}$，自动驾驶汽车不能进入狭窄的间隙。因此，在进行路径规划之前，应将这两个障碍合并为一个障碍。

为了进一步提高路径规划过程中的安全性，自动驾驶汽车和障碍物之间保持安全距离是非常必要的。因此，通常会采取扩展障碍物边界的方式来进行路径规划。如图 4.16 所示，障碍物 O_1 的边界延伸了一个安全距离 Δ。在扩展边界之前，将检测所有顶点 $O_{11}, O_{12}, \cdots, O_{1N}$。然后，就可以计算出障碍物 O_1 的原始边界，即 $O_{11}, O_{12}, \cdots, O_{1N-1}, O_{1N}$。基于扩展距离 Δ，可以获得新的边界。最后，所有新边界的交点，即 $\widehat{O}_{11}, \widehat{O}_{12}, \cdots, \widehat{O}_{1N}$，都是新的顶点，用于自动驾驶汽车的路径规划。

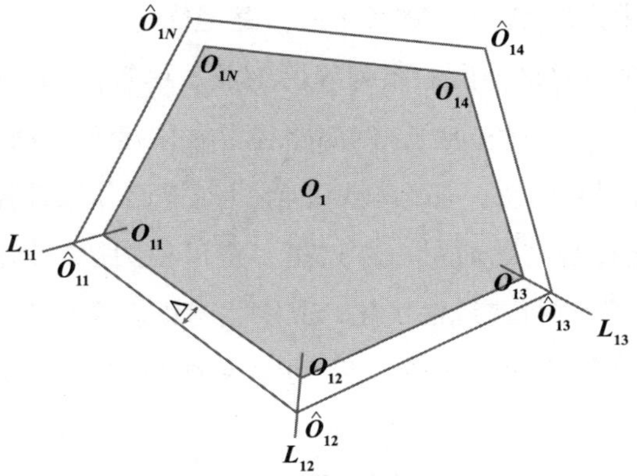

图 4.16　为障碍物扩展边界

2. 采用可视图法进行路径规划

在完成静态障碍物的预处理后，使用可视图法来规划全局路径。如图 4.17 所示，存在四个障碍，即 O_1、O_2、O_3 和 O_4。自动驾驶汽车想要从起点 S 移动到终点 F。它必须绕过四个障碍。可以看到，这四个障碍的边界已经扩大。所有障碍物都被转换为具有扩展边界的多边形障碍物，并被视为图形。在图中绘制了顶点之间的所有可行路径，从而产生了可行路径网络。可视图法旨在找到图中从起点 S 到终点 F 的最短路径。可视图法可以描述为 $\langle \Xi_s, \Xi_{init}, \Xi_{goal}, \Xi_{obst} \rangle$，其中，$\Xi_s$ 是给定的搜索空间，Ξ_{init} 是初始位置，$\Xi_{init} \in \Xi_s$，Ξ_{goal} 是目标位置 $\Xi_{goal} \in \Xi_s$，并且 Ξ_{obst} 是障碍物集合，$\Xi_{obst} \in \Xi_s$。如果路径序列 $S = [S_1, S_2, \cdots, S_k]$ 是图中的可行路径，则得出 $S_1 = \Xi_{init}$、$S_k = \Xi_{goat}$ 和 $S \cap \Xi_{obst} = 0$。在图 4.17 中，$[S, \hat{O}_{41}, \hat{O}_{45}, \hat{O}_{31}, F]$ 是该问题的可行路径序列，粗线路径是使用可视图法的最短路径。

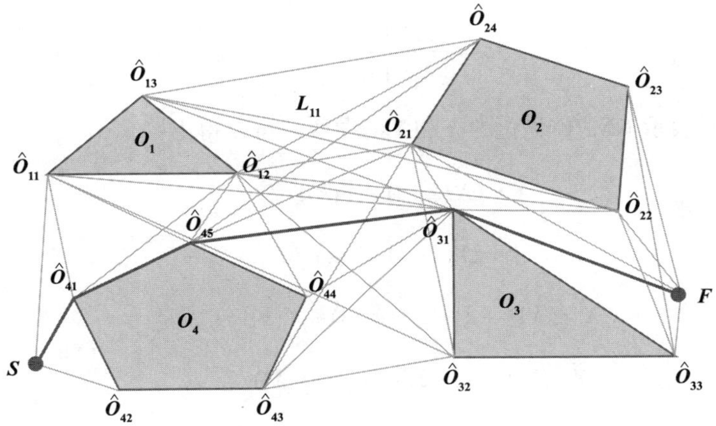

图 4.17　可视图法

3. 采用非线性模型预测控制（NMPC）进行路径优化

如图 4.17 所示，规划的路径由一系列线段组成。尽管使用可视图法规划的路径是最短的安全路径，但也忽略了一些问题，例如路径的平滑度和自动驾驶汽车的最小转弯半径。如果这些问题没有得到解决，那么规划的路径对于路径跟踪控制来说是不可接受的。为此，应进一步提高路径规划的质量。在这里，将可视图法规划路径的第二个问题转化为优化问题，使用 NMPC 进行非线性优化，其中会考虑多个约束。

为了进行第二次规划，这里使用质点运动学模型式（3.2）。式（3.2）以离散形式重写为：

$$\begin{cases} x(k+1) = x(k) + F[x(k), u(k)] \\ y(k) = g[x(k), u(k)] \end{cases} \tag{4.16}$$

u 的控制边界表示如下：

$$u_{min} \leqslant u \leqslant u_{max} \tag{4.17}$$

式中，u_{min} 和 u_{max} 分别表示 u 的最大值和最小值。

此外，误差边界定义如下：

$$\Delta y_{min} \leqslant y - y_{ref} \leqslant \Delta y_{max} \tag{4.18}$$

式中，y_{ref} 表示由可视图法规划的参考路径，Δy_{min} 和 Δy_{max} 分别表示最小和最大跟踪误差，这些误差是根据驾驶环境决定的。例如，在转弯点，跟踪误差应该增加。

此外，自动驾驶汽车的横向稳定性由横向加速度反映，横向加速度直接受最小转弯半径的影响。因此，在路径优化过程中有必要考虑最小转弯半径。路径曲率 ϱ 表示如下。

$$\varrho = \frac{|\dot{X}\ddot{Y} - \ddot{X}\dot{Y}|}{(\dot{X}^2 + \dot{Y}^2)^{3/2}} \tag{4.19}$$

用离散形式表示 NMPC 优化的 X 和 Y 的导数，可以得出：

$$\dot{X} = (X(k+1) - X(k)) / T \tag{4.20}$$

$$\dot{Y} = (Y(k+1) - Y(k)) / T \tag{4.21}$$

$$\ddot{X} = (X(k+2) - 2X(k+1) + X(k)) / T^2 \tag{4.22}$$

$$\ddot{Y} = (Y(k+2) - 2Y(k+1) + Y(k)) / T^2 \tag{4.23}$$

然后，最小转弯半径的约束定义如下。

$$\varrho \leqslant \frac{1}{R_{min}} \tag{4.24}$$

式中，R_{min} 表示最小转弯半径。

自动驾驶汽车和障碍物之间的安全距离约束可以表示为：

$$\left(X - X_{obs}\right)^2 + \left(Y - Y_{obs}\right)^2 < d_{obs}^2 \tag{4.25}$$

式中，$\left(X_{obs}, Y_{obs}\right)$ 表示障碍物的位置坐标，d_{obs} 表示最小安全距离。

此外，预测输出如下：

$$\begin{aligned}
&y(k+1) = g[x(k+1), u(k+1)] \\
&y(k+2) = g[x(k+2), u(k+2)] \\
&\quad\vdots \qquad\qquad \vdots \\
&y(k+N_c) = g[x(k+N_c), u(k+N_c)] \\
&y(k+N_c+1) = g[x(k+N_c+1), u(k+N_c)] \\
&\quad\vdots \qquad\qquad \vdots \\
&y(k+N_p) = g[x(k+N_p), u(k+N_c)]
\end{aligned} \tag{4.26}$$

然后，得到输出序列和控制序列如下：

$$\boldsymbol{y}(k+1) = \left[y(k+1), y(k+2), \cdots, y\left(k+N_p\right)\right]^{\mathrm{T}} \tag{4.27}$$

$$\boldsymbol{u}(k+1) = \left[u(k+1), u(k+2), \cdots, u\left(k+N_c\right)\right]^{\mathrm{T}} \tag{4.28}$$

在优化过程中，NMPC 专注于跟踪参考序列，该序列表示为：

$$\boldsymbol{y}_{ref}(k+1) = \left[y_{ref}(k+1), y_{ref}(k+2), \cdots, y_{ref}\left(k+N_p\right)\right]^{\mathrm{T}} \tag{4.29}$$

对于路径优化，它旨在最大限度地减少参考值和实际输出之间的跟踪误差：

$$\min \| \boldsymbol{y}(k+1) - \boldsymbol{y}_{ref}(k+1) \| \tag{4.30}$$

综合考虑自动驾驶汽车的跟踪误差和控制能量，时间步长 k 处的路径优化成本函数如下：

$$\begin{aligned}
\Upsilon_{static}(k) = &\sum_{i=1}^{N_p}\left\{\left[y(k+i|k) - y_{ref}(k+i|k)\right]^{\mathrm{T}} \boldsymbol{Q}\left[y(k+i|k) - y_{ref}(k+i|k)\right]\right\} + \\
&\sum_{i=1}^{N_c}\{u(k+i|k)^{\mathrm{T}} \boldsymbol{R} u(k+i|k)\}
\end{aligned} \tag{4.31}$$

式中，$\boldsymbol{Q}$ 和 $\boldsymbol{R}$ 是加权矩阵。$\boldsymbol{Q}$ 是跟踪误差 $y(k+i|k)-y_{ref}(k+i|k)$ 的加权。$\boldsymbol{R}$ 是控制序列 $u(k+i|k)$ 的加权。$\boldsymbol{Q}$ 和 $\boldsymbol{R}$ 都是对角矩阵。

基于构建的成本函数，NMPC 的路径优化问题可以描述为：

$$\min_{\boldsymbol{u}(k)} \Upsilon_{satic}(k) \tag{4.32}$$

此外，式（4.32）需要满足以下多个约束条件：

$$x(k+i|k)=x(k+i-1|k)+F[x(k+i-1|k),u(k+i-1|k)] \tag{4.33}$$

$$y(k+i-1|k)=g[x(k+i-1|k),u(k+i-1|k)] \tag{4.34}$$

$$u_{min} \leqslant u(k+i|k) \leqslant u_{max} \tag{4.35}$$

$$\Delta y_{min} \leqslant y(k+i|k)-y_{ref}(k+i|k) \leqslant \Delta y_{max} \tag{4.36}$$

$$\varrho(k+i|k) \leqslant 1/R_{min} \tag{4.37}$$

$$\left(X_{predict}(i)-X_{obs}(i)\right)^2+\left(Y_{predict}(i)-Y_{obs}(i)\right)^2 < d_{obs}^2 \tag{4.38}$$

通过在时间步长 k 处解决上述优化问题，可以得出最优控制序列：

$$\boldsymbol{u}(k+1|k)=\left[u(k+1|k),u(k+2|k),\cdots,u\left(k+N_c|k\right)\right]^{\mathrm{T}} \tag{4.39}$$

可以看出，$\boldsymbol{u}(k+1|k)$ 包含 N_c 个控制向量。通常使用 $\boldsymbol{u}(k+1|k)$ 来计算规划路径。

上述优化问题在时间步长 k 处进行。下一步是在时间步长 $k+1$ 处进行路径优化，其具有类似的求解过程。由于优化问题是一个具有多约束的非线性优化问题，因此使用 Matlab 软件[15]中的序列二次规划（SQP）算法。

由于在优化问题中考虑了过多的约束，可能会导致无解现象。我们定义以下规则。第一步是扩大跟踪误差的边界。如果不起作用，那么采取第二步，降低速度 υ。通过以上两个步骤，我们可以找到这个优化问题的可行解决方案。

4.3.3 移动障碍物的路径规划

1. 移动障碍物的轨迹预测

由于移动障碍物的运动通常具有不确定性，这给动态路径规划带来了挑战。运动障碍物的精确运动预测有利于动态路径规划算法的性能提升。在这里，通过多项式拟合提出了一种数据驱动的预测算法。

移动障碍物的轨迹可以通过传感器（如摄像头、GPS、雷达等）获取。假设采样时间

为 T_{obs}，在时间步长 k 处使用 N 个采样点进行轨迹预测。然后，这 N 个采样点的位置坐标表示为：

$$\boldsymbol{X}_{obs}(k)=\left[X_{obs}(k-N+1),X_{obs}(k-N+2),\cdots,X_{obs}(k)\right]^{\mathrm{T}} \tag{4.40}$$

$$\boldsymbol{Y}_{obs}(k)=\left[Y_{obs}(k-N+1),Y_{obs}(k-N+2),\cdots,Y_{obs}(k)\right]^{\mathrm{T}} \tag{4.41}$$

考虑到预测路径的平滑性，这里使用五次多项式来预测障碍物车辆的运动轨迹，拟合轨迹可以写成如下形式：

$$Y_{obs}^{fit}=\alpha_0+\alpha_1X_{obs}+\alpha_2X_{obs}^2+\alpha_3X_{obs}^3+\alpha_4X_{obs}^4+\alpha_5X_{obs}^5 \tag{4.42}$$

其中，$\alpha_i(i=0,1,2,3,4,5)$ 表示五次多项式的多项式系数。

$$\min\|\boldsymbol{\Lambda}(k)\alpha(k)-\boldsymbol{Y}_{obs}(k)\|_2^2 \tag{4.43}$$

式中，拟合系数矩阵 $\boldsymbol{\Lambda}(k)$ 和多项式系数向量 $\boldsymbol{\alpha}(k)$ 由下推导得出：

$$\boldsymbol{\Lambda}(k)=\begin{bmatrix}1 & X_{obs}(k-N+1) & \cdots & X_{obs}(k-N+1)^5\\ 1 & X_{obs}(k-N+2) & \cdots & X_{obs}(k-N+2)^5\\ \vdots & \vdots & \vdots & \vdots\\ 1 & X_{obs}(k) & \cdots & X_{obs}(k)^5\end{bmatrix}_{N\times 6} \tag{4.44}$$

$$\boldsymbol{\alpha}(k)=\left[\alpha_0(k),\alpha_1(k),\alpha_2(k),\alpha_3(k),\alpha_4(k),\alpha_5(k)\right]^{\mathrm{T}} \tag{4.45}$$

通过求解二次规划问题，可以求出多项式系数向量 $\boldsymbol{\alpha}(k)$。然后，拟合的五次多项式函数可以应用于轨迹预测。

基于式（4.42），推导出位置 $X_{obs}(k)$ 处的五次多项式的斜率为：

$$\begin{gathered}K(k)=\alpha_1(k)+2\alpha_2(k)X_{obs}(k)+3\alpha_3(k)X_{obs}^2(k)+\\ 4\alpha_4(k)X_{obs}^3(k)+5\alpha_5(k)X_{obs}^4(k)\end{gathered} \tag{4.46}$$

此外，障碍物车辆在位置 $X_{obs}(k)$ 处的横摆角导出为：

$$\varphi_{obs}(k)=\arctan K(k) \tag{4.47}$$

并且，障碍物车辆的速度被简化为采样周期内的平均速度。

$$\upsilon_{obs}(k)=\sqrt{\left(X_{obs}(k)-X_{obs}(k-1)\right)^2+\left(Y_{obs}(k)-Y_{obs}(k-1)\right)^2}\,/\,T_{obs} \tag{4.48}$$

最后一步是计算预测位置，假设障碍物车辆在预测范围 N_{obsp} 内速度恒定，则障碍物车辆的预测位置推导如下：

$$X_{obs}(k+1|k)=X_{obs}(k)+T_{obs}\upsilon_{obs}(k)\cos\varphi_{obs}(k) \tag{4.49}$$

$$\begin{aligned}Y_{obs}(k+1|k)=&\alpha_0(k)+\alpha_1(k)X_{obs}(k+1|k)+\alpha_2(k)X_{obs}^2(k+1|k)+\\&\alpha_3(k)X_{obs}^3(k+1|k)+\alpha_4(k)X_{obs}^4(k+1|k)+\alpha_5(k)X_{obs}^5(k+1|k)\end{aligned} \tag{4.50}$$

在下一时间步长 $k+1$ 处的轨迹预测具有类似的求解过程。

2. 用于路径优化的 NMPC

基于障碍车辆的轨迹预测，这里构建了如下成本函数用于动态路径规划，以避开移动的障碍物。

$$\Upsilon_{moving}(k)=\sum_{i=1}^{N_p}\left\{D(k+i|k)^{\mathrm{T}}QD(k+i|k)\right\}+\sum_{i=1}^{N_c}\left\{u(k+i|k)^{\mathrm{T}}Ru(k+i|k)\right\} \tag{4.51}$$

式中，$D\left(k+i|k\right)$ 表示自动驾驶汽车的计划路径和障碍物的预测轨迹之间的距离。

结合静态路径规划和动态路径规划，集成路径规划问题可以描述为：

$$\min_{\boldsymbol{u}(k)}\left[\Upsilon_{static}(k)+\sum_{i=1}^{n}\Upsilon_{moving}^{i}(k)\right] \tag{4.52}$$

式中，$\Upsilon_{moving}^{i}(k)$ 表示第 i 个移动障碍物的成本函数。

集成优化问题应受到以下约束条件限制：

$$x(k+i|k)=x(k+i-1|k)+F[x(k+i-1|k),u(k+i-1|k)] \tag{4.53}$$

$$y(k+i-1|k)=g[x(k+i-1|k),u(k+i-1|k)] \tag{4.54}$$

$$u_{min}\leqslant u(k+i|k)\leqslant u_{max} \tag{4.55}$$

$$\Delta y_{min}\leqslant y(k+i|k)-y_{ref}(k+i|k)\leqslant \Delta y_{max} \tag{4.56}$$

$$\varrho(k+i|k)\leqslant 1/R_{min} \tag{4.57}$$

$$\left[X_{predict}(i)-X_{obs}(i)\right]^2+\left[Y_{predict}(i)-Y_{obs}(i)\right]^2<d_{obs}^2 \tag{4.58}$$

最后，就可以使用控制向量 $\boldsymbol{u}(k+1|k)$ 计算规划路径，且综合考虑静态和动态规划。

4.3.4 仿真和验证

为了评估所设计的路径规划算法的性能，这里设计了三个测试用例，并在 Matlab 软件中进行仿真测试。仿真例中同时考虑了静态和动态障碍物。由于仿真场景是高速驾驶条件，因此设置了相对较大的安全距离，以保证防撞时的安全性。如果驾驶场景是低速状态，则可以减小安全距离。

1. 测试用例 1

第一个测试用例旨在验证针对静态障碍物的路径规划算法的性能。起点 S 和终点 F 的位置坐标分别设置为 (0,0) 和 (600,0)。在封闭区域中存在 11 个静态障碍物，自动驾驶汽车必须从起点 S 穿过这些障碍物到达终点 F。

测试结果如图 4.18 所示。图 4.18a 显示了路径规划结果。我们可以发现，第一条规划路径由一系列线段组成，这是通过可视图法规划的。虽然这是从起点 S 到终点 F 的最短路径，但由于转弯处的曲率较大，这对于路径跟踪控制来说并不适用。在大曲率道路上高速行驶容易导致车辆失去稳定性，对行车安全不利。我们可以发现，NMPC 的第二条规划路径比可视图法的第一条规划路径更平滑。同时，可以保证自动驾驶汽车和静态障碍物之间的安全距离。第二条规划路径和第一条规划路径之间的误差如图 4.18b 所示。

由于转弯半径的增大，转弯点附近通常存在较大的误差。此外，图 4.18c 显示了 NMPC 情况下第二条规划路径的曲率变化。我们可以发现，路径曲率总是在控制边界内。也就是说，车辆的最小转弯半径被限制在 80m 以内。基于上述分析，可以得出结论，这里所提出的路径规划算法对于实现多个静态障碍物的防撞是有效的。在路径规划过程中考虑了安全性和出行效率。

2. 测试用例 2

第二个测试用例旨在评估针对移动障碍物的路径规划算法的性能。这里将自动驾驶汽车的起点 S 和终点 F 的位置坐标分别设置为 (0,0) 和 (300,300)。另外两辆移动障碍车来自两个不同的方向。自动驾驶汽车的速度和路径未知。

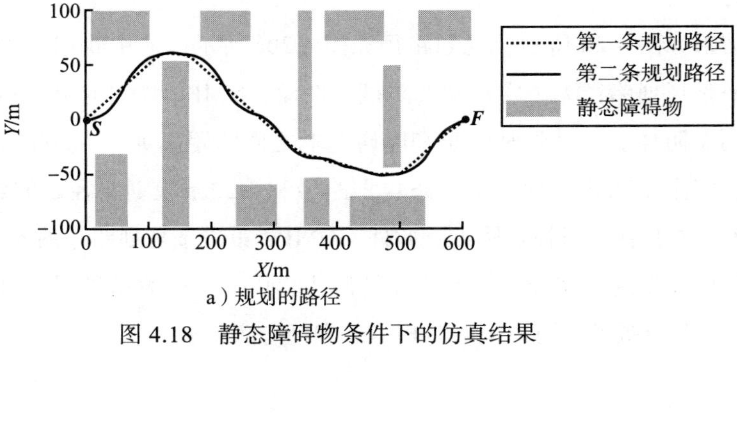

a）规划的路径

图 4.18　静态障碍物条件下的仿真结果

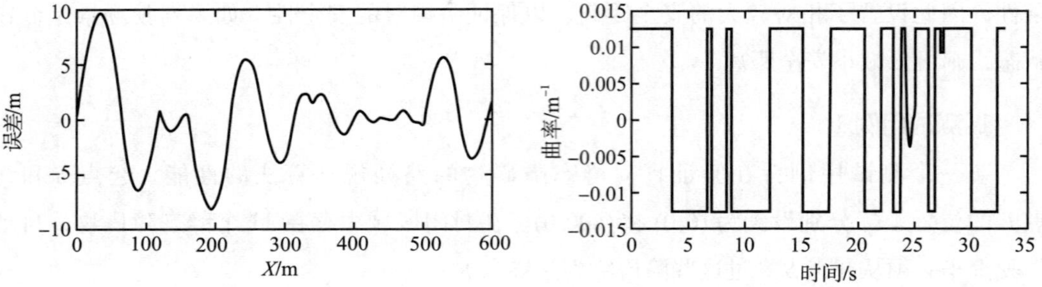

b）误差　　c）曲率

图 4.18　静态障碍物条件下的仿真结果（续）

仿真结果如图 4.19 所示。图 4.19a 显示了路径规划的结果。我们可以发现，规划的路径在冲突点附近具有较小的曲率，这旨在扩大自动驾驶汽车和障碍车辆之间的安全距离。此外，预测的路径与实际轨迹具有高度一致性，这表明轨迹预测算法具有高预测精度，且有利于避免移动障碍物的碰撞。为了进一步分析规划路径的质量，自动驾驶汽车和障碍物之间的相对距离如图 4.19b 所示。可以发现，最小安全距离约为 20m，在控制边界内，这意味着规划路径非常安全。自动驾驶汽车与障碍车辆 1 之间的预测碰撞点如图 4.19c 所示，自动驾驶汽车与障碍车 2 之间的预测碰撞点如图 4.19d 所示。随着车辆位置的变化，预测碰撞点并不固定。预测碰撞点用于提高路径规划算法的准确性。仿真结果表明，该路径规划算法可以实现多个移动障碍物的防撞。

3. 测试用例 3

在第三个测试用例中，设计了一个混合规划场景，其中包括静态和移动障碍物。它旨在验证同时避开静态和移动障碍物的路径规划能力。将自动驾驶汽车的起点 S 和终点 F 的位置坐标分别设置为 (0,0) 和 (600,0)。障碍车辆的速度和路径对于自动驾驶汽车来说是未知的。

测试结果如图 4.20 所示。规划路径如图 4.20a 所示，从中我们可以发现，通过可视图法的第一条规划路径无法实现动态防撞。然而，NMPC 规划的第二条路径可以同时实现静态和动态防撞。自动驾驶汽车和障碍车辆之间的距离如图 4.20b 所示。最小距离大于 25m，在安全距离边界内。第一条规划路径和第二条规划路径之间的误差如图 4.20c 所示。最大误差存在于碰撞点附近。此外，NMPC 第二条规划路径的曲率变化如图 4.20d 所示。我们可以发现，路径曲率始终在控制边界内。基于测试结果，可以得出结论，该路径规划算法是有效的，可以同时实现静态和动态防撞。

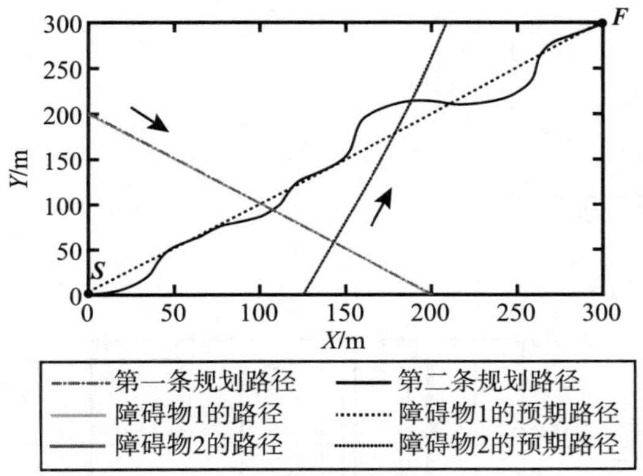

a）规划的路径

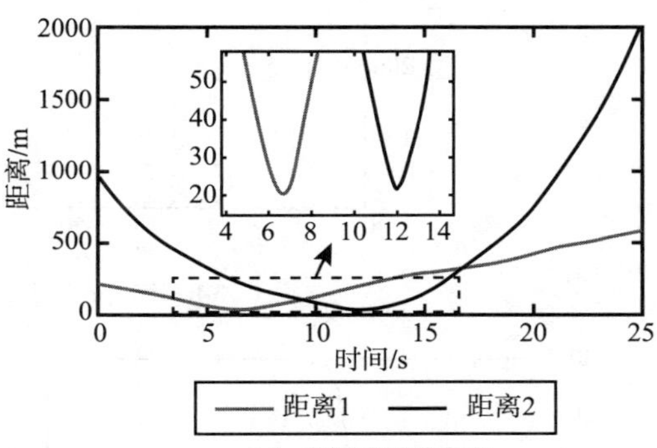

b）车辆之间的距离

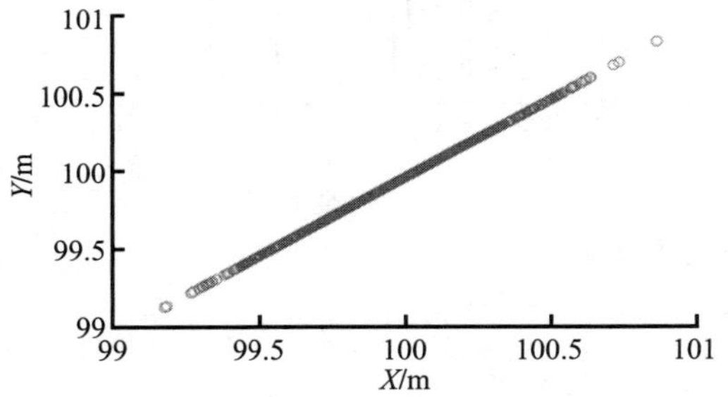

c）预测碰撞点1

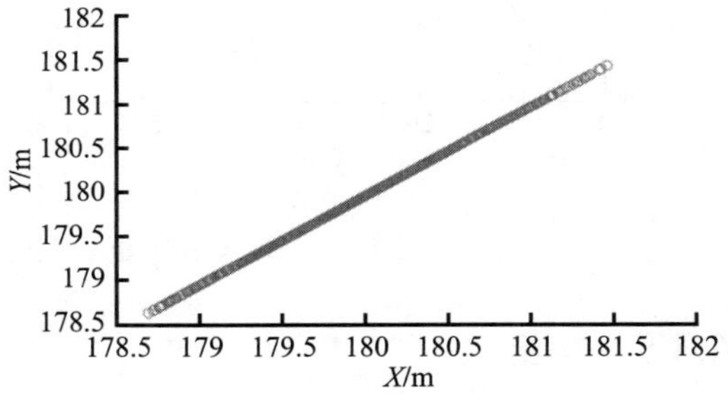

d）预测碰撞点2

图 4.19　移动障碍物条件下的仿真结果

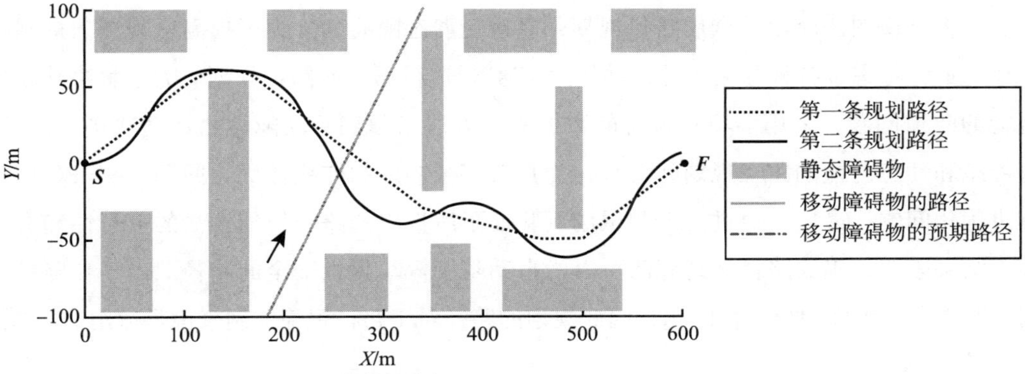

a）规划的路径

图 4.20　混合条件下的仿真结果

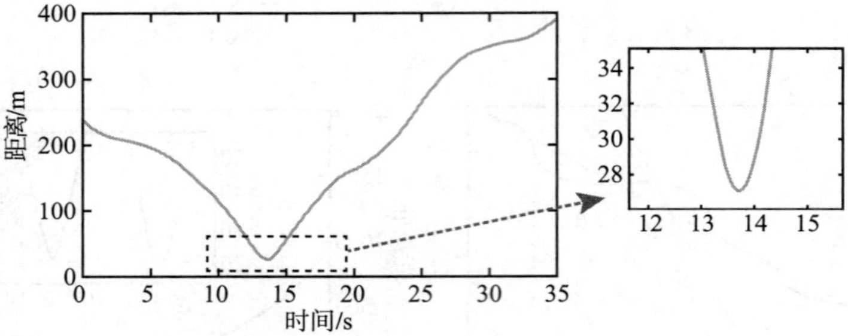

b）车辆之间的距离

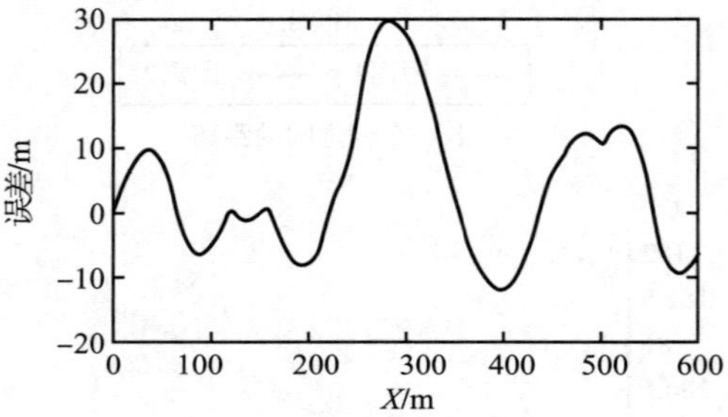

c）误差

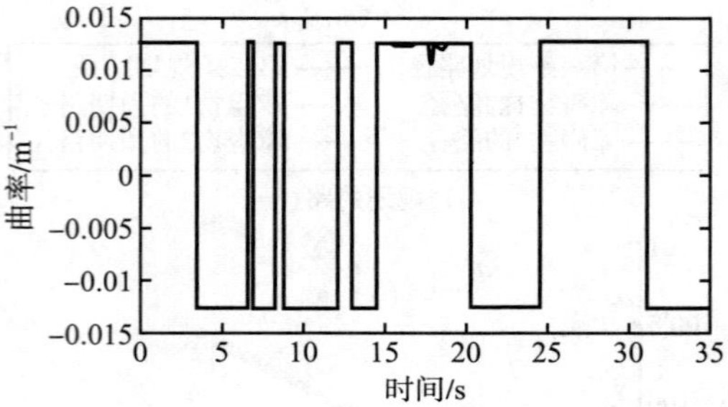

d）曲率

图 4.20　混合条件下的仿真结果（续）

4.3.5 小结

在本节中，设计了一种集成路径规划算法，该算法可以实现静态和动态防撞。在设计路径规划算法之前，对驾驶场景进行预处理，例如合并障碍物和扩展障碍物的边界。然后，将可视图法应用于全局路径规划，以避免静态障碍物。为了提高可视图法规划的路径质量，考虑了各种约束条件，并使用 NMPC 进行第二次路径规划。为了解决移动障碍物的防撞问题，采用多项式拟合的数据驱动方法来预测移动障碍物运动轨迹。此外，将静态和动态防撞的路径规划问题转化为具有多个约束的非线性优化问题。NMPC 用于解决优化问题。最后，通过三个测试用例验证了所提出的路径规划算法的可行性和有效性。结果表明，集成路径规划算法可以为自动驾驶汽车提供安全的路径。由于在路径规划问题中考虑了横向稳定性问题，因此规划的路径对于路径跟踪控制来说是适用的。

4.4 自动驾驶汽车的路径跟踪控制

本节将介绍自动驾驶汽车的路径跟踪控制器设计。在 LTV（线性时变）车辆模型的基础上，将 LTV-MPC 应用于集成控制器设计，以提升操纵稳定性和路径跟踪性能。考虑到各种约束条件，包括控制向量约束、横向稳定性约束、防侧翻约束和路径跟踪误差约束，通过求解多约束优化问题，设计并实现了集成控制器。最后为了评估集成控制器的性能，将进行双车道变换操作和正弦路径操作。

4.4.1　路径跟踪控制的线性化和离散化模型

为了实现基于 LTV-MPC 方法的路径跟踪控制，将 3 自由度车辆动力学模型重写为：

$$\dot{\beta} = -r - \frac{m_s h_s}{m\upsilon_x}\ddot{\phi} + \frac{1}{m\upsilon_x}\Sigma F_y \tag{4.59}$$

$$\dot{r} = \frac{I_{xz}}{I_z}\ddot{\phi} + \frac{1}{I_z}\Sigma M_z \tag{4.60}$$

$$\dot{\varphi} = r \tag{4.61}$$

$$\ddot{\phi} = \frac{I_{xz}}{I_x}\dot{r} + \frac{1}{I_x}\Sigma L_x \tag{4.62}$$

$$\dot{Y} = \upsilon_x \sin\varphi + \upsilon_y \cos\varphi \tag{4.63}$$

为了简化控制器的设计过程，可以假设两个前轮和两个后轮分别集中在前轴和后轴的中心。因此，四轮车模型可以被简化为单轨道模型。

此外，将式（4.59）～式（4.63）写成状态空间形式，状态向量和控制向量分别定义为 $\boldsymbol{x} = [\beta, r, \varphi, \phi, \dot{\phi}, Y]^{\mathrm{T}}$ 和 $\boldsymbol{u} = \delta_f$。

$$\dot{x}(t) = f(x(t), u(t)) \tag{4.64}$$

在点 (x_t, u_t) 处进行泰勒展开，式（4.64）可以用近似的 LTV 系统来表示：

$$\dot{x}(t) = \boldsymbol{A}_t x(t) + \boldsymbol{B}_t u(t) + d_t \tag{4.65}$$

式中，d_t 表示线性化残差项，时变系数矩阵 $\boldsymbol{A}_t$ 和 $\boldsymbol{B}_t$ 由下式给出：

$$\boldsymbol{A}_t = \left.\frac{\partial f}{\partial x}\right|_{x_t, u_t}, \quad \boldsymbol{B}_t = \left.\frac{\partial f}{\partial u}\right|_{x_t, u_t} \tag{4.66}$$

为了设计控制器，将式（4.65）离散化为：

$$\begin{cases} x(k+1)=\boldsymbol{A}(k)x(k)+\boldsymbol{B}(k)u(k)+d(k) \\ y(k)=\boldsymbol{C}(k)x(k) \\ u(k)=u(k-1)+\Delta u(k) \end{cases} \tag{4.67}$$

式中，$\boldsymbol{A}(k)=I+A_tT,\boldsymbol{B}(k)=B_tT,\boldsymbol{C}(k)=I_6\in I^{6\times 6},d(k)=d_tT$，$T$ 为采样时间。

4.4.2 集成控制器设计

1. 控制系统框架

自动驾驶汽车集成控制框架如图 4.21 所示。从图中可以看出，控制系统框架主要由集成控制器和纵向运动控制器组成。纵向运动控制算法并非本研究的重点，因此本节将不对其进行介绍。本研究主要关注集成控制器的设计，包括路径跟踪控制、操纵稳定性控制和防侧翻控制。转向角分配算法是基于阿克曼转向几何设计的。误差生成器的目的是计算实际值与参考值之间的跟踪误差。期望的侧偏角 β_d 和期望的偏航率 r_d 来自参考模型。此外，期望的 Y_d 和 φ_d 由目标路径提供。

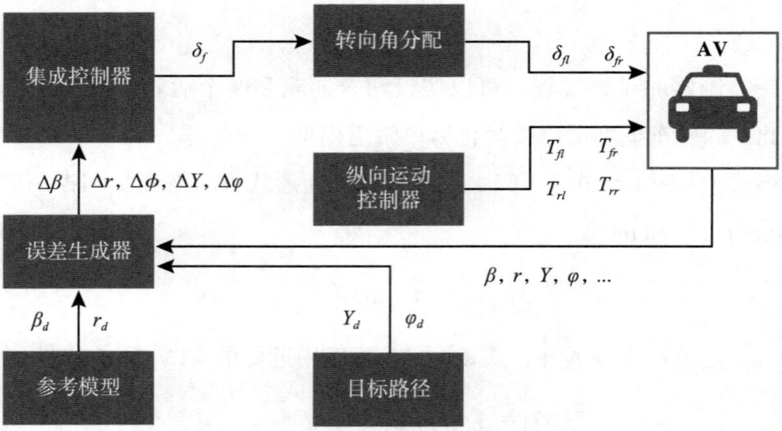

图 4.21 自动驾驶汽车集成控制框架

2. 操纵稳定性提升

横摆角速度反映了车辆的操纵性能。所需横摆角速度与前转向角有关，可表示为[72]：

$$\hat{r}_d=\frac{K_r}{1+\tau_r s}\delta_f \tag{4.68}$$

$$K_r=\frac{\upsilon_x}{l\left(1+\zeta\upsilon_x^2\right)} \tag{4.69}$$

$$\zeta = \frac{m}{l^2}\left(\frac{l_f}{K_r} - \frac{l_r}{K_f}\right) \tag{4.70}$$

式中，τ_r 是时间常数，K_r 是期望横摆角速度相对于前轮转向角的增益。

假设横摆角速度的极限是与最大轮胎横向力相关的稳态横摆角速度，因此，横摆角速率极限可以定义为[11]：

$$r_{max} = \begin{cases} \dfrac{1+l_r/l_f}{m\upsilon_x}F_{yrmax}, & F_{yfmax} \geqslant \dfrac{l_r}{l_f}F_{yrmax} \\ \dfrac{1+l_f/l_r}{m\upsilon_x}F_{yfmax}, & F_{yfmax} < \dfrac{l_r}{l_f}F_{yrmax} \end{cases} \tag{4.71}$$

式中，F_{yfmax} 和 F_{yrmax} 是前轴和后轴上的最大横向力，可以表示为：

$$F_{yfmax} = \frac{l_r}{l}mg\mu_y \tag{4.72}$$

$$F_{yrmax} = \frac{l_f}{l}mg\mu_y \tag{4.73}$$

式中，μ_y 为横向摩擦系数。

将式（4.73）代入式（4.72）可得出以下偏航率极限值：

$$|r| \leqslant r_{max} = \frac{g\mu_y}{\upsilon_x} \tag{4.74}$$

考虑到横摆角速度的限制，所需横摆角速度重新表示为：

$$r_d = \text{sign}\left(\delta_f\right)\cdot\min\left(r_{max}, |\hat{r}_d|\right) \tag{4.75}$$

车辆的横向稳定性通常由侧滑角来反映。侧滑角越小，横向稳定性越好。因此通常将期望的侧滑角设定为零。

$$\beta_d = 0 \tag{4.76}$$

侧滑角受到轮胎地面附着力条件的约束，使用以下实验公式[273]：

$$|\beta| \leqslant \arctan(0.02\mu g) \tag{4.77}$$

此外，通常使用 $\beta-\dot{\beta}$ 相平面来描述车辆的横向稳定性，即：

$$\left|\beta + B_1\dot{\beta}\right| \leqslant B_2 \tag{4.78}$$

3. 防侧翻控制

通常使用侧倾角及其相对时间的导数来评估防侧翻性能。所需的侧倾角及其导数由下式给出：

$$\phi_d = 0, \quad \dot{\phi}_d = 0 \tag{4.79}$$

侧倾角的边界用以下经验公式[8]表示：

$$|\phi| \leqslant \phi_{max} = \frac{Bm_s}{2\left(k_\phi - m_s g h_s\right)} \tag{4.80}$$

为了防止侧翻，再次使用相平面法，其定义如下[8]：

$$\left|C_1\phi + C_2\dot{\phi}\right| \leqslant C_3 \tag{4.81}$$

式中，C_1 和 C_2 与车辆参数有关，C_3 是可接受区域内的侧翻指数。

4. 路径跟踪性能

自动驾驶汽车的路径跟踪性能可以根据横向偏移 ΔY 和偏航角误差 $\Delta\varphi$ 进行评估。所需的横向偏移和偏航角误差由下式给出：

$$\Delta Y_d = 0, \quad \Delta\varphi_d = 0 \tag{4.82}$$

横向偏移 ΔY 的控制边界写为：

$$|\Delta Y| < 0.5W_{road} - 0.5W_{AV} \tag{4.83}$$

式中，W_{road} 是道路的宽度，W_{AV} 是自动驾驶汽车的宽度。

此外，偏航角误差 $\Delta\varphi$ 的控制边界定义为：

$$|\Delta\varphi| < \Delta\varphi_{max} \tag{4.84}$$

式中，$\Delta\varphi_{\max}$ 表示最大偏航角误差。

5. 集成控制的 LTV-MPC

对于 LTV-MPC 的设计来说，这里定义了一个新的状态向量，包括原始状态向量和控制向量。

$$\boldsymbol{\xi}(k) = [x(k), u(k-1)]^{\mathrm{T}} \tag{4.85}$$

此外，可以推导出式（4.67）的一种新的离散状态空间形式为：

$$\begin{cases}\boldsymbol{\xi}(k+1)=\widetilde{\boldsymbol{A}}_k\boldsymbol{\xi}(k)+\widetilde{\boldsymbol{B}}_k\Delta\boldsymbol{u}(k)+\widetilde{\boldsymbol{D}}_k\boldsymbol{d}(k)\\ y(k)=\widetilde{\boldsymbol{C}}_k\boldsymbol{\xi}(k)\end{cases}\tag{4.86}$$

式中，$\widetilde{\boldsymbol{A}}_k=\begin{bmatrix}A(k) & B(k)\\ 0_{1\times 6} & I\end{bmatrix},\widetilde{\boldsymbol{B}}_k=\begin{bmatrix}B(k)\\ I\end{bmatrix},\widetilde{\boldsymbol{C}}_k=\begin{bmatrix}I_6\\ 0_{1\times 6}\end{bmatrix}^{\mathrm{T}}$ 和 $\widetilde{\boldsymbol{D}}=\begin{bmatrix}I_6 & 0_{6\times 1}\end{bmatrix}^{\mathrm{T}}$

定义预测范围 N_p 和控制范围 N_c，且 $N_p\geqslant N_c$。在时间步长 k 处，预测范围内的状态向量可以表示为：

$$\boldsymbol{\xi}(k+1|k),\boldsymbol{\xi}(k+2|k),\cdots,\boldsymbol{\xi}\left(k+N_p|k\right)\tag{4.87}$$

此外，控制范围内的控制向量可以写成：

$$\Delta\boldsymbol{u}(k|k),\Delta\boldsymbol{u}(k+1|k),\cdots,\Delta\boldsymbol{u}\left(k+N_c-1|k\right)\tag{4.88}$$

在时间步长 k 处，设定状态向量 $\boldsymbol{\xi}(k)$、控制向量 $\Delta\boldsymbol{u}(k)$ 和系数矩阵，即 $\widetilde{\boldsymbol{A}}_{p,k}$、$\widetilde{\boldsymbol{B}}_{p,k}$、$\widetilde{\boldsymbol{C}}_{p,k}$ 和 $\widetilde{\boldsymbol{D}}_{p,k}$ 是已知的，则预测的状态向量可以推导出如下：

$$\begin{cases}\boldsymbol{\xi}(p+1|k)=\widetilde{\boldsymbol{A}}_{p,k}\boldsymbol{\xi}(p|k)+\widetilde{\boldsymbol{B}}_{p,k}\Delta\boldsymbol{u}(p|k)+\widetilde{\boldsymbol{D}}_{p,k}\boldsymbol{d}(p|k)\\ \boldsymbol{y}(p|k)=\widetilde{\boldsymbol{C}}_{p,k}\boldsymbol{\xi}(p|k)\end{cases}\tag{4.89}$$

式中，$p=k,k+1,\cdots,k+N_p-1$。

为了简化 LTV-MPC 的设计，假设 $\widetilde{\boldsymbol{A}}_{p,k}=\widetilde{\boldsymbol{A}}_k$、$\widetilde{\boldsymbol{B}}_{p,k}=\widetilde{\boldsymbol{B}}_k$、$\widetilde{\boldsymbol{C}}_{p,k}=\widetilde{\boldsymbol{C}}_k$ 和 $\widetilde{\boldsymbol{D}}_{p,k}=\widetilde{\boldsymbol{D}}_k$，得出：

$$\begin{aligned}
\boldsymbol{\xi}(k+1|k)&=\widetilde{\boldsymbol{A}}_k\boldsymbol{\xi}(k|k)+\widetilde{\boldsymbol{B}}_k\Delta\boldsymbol{u}(k|k)+\widetilde{\boldsymbol{D}}_k\boldsymbol{d}(k|k)\\
\boldsymbol{\xi}(k+2|k)&=\widetilde{\boldsymbol{A}}_k^2\boldsymbol{\xi}(k|k)+\widetilde{\boldsymbol{A}}_k\widetilde{\boldsymbol{B}}_k\Delta\boldsymbol{u}(k|k)+\widetilde{\boldsymbol{B}}_k\Delta\boldsymbol{u}(k+1|k)+\\
&\quad\widetilde{\boldsymbol{A}}_k\widetilde{\boldsymbol{D}}_k\boldsymbol{d}(k|k)+\widetilde{\boldsymbol{D}}_k\boldsymbol{d}(k+1|k)\\
&\vdots\\
\boldsymbol{\xi}(k+N_c|k)&=\widetilde{\boldsymbol{A}}_k^{N_c}\boldsymbol{\xi}(k|k)+\widetilde{\boldsymbol{A}}_k^{N_c-1}\widetilde{\boldsymbol{B}}_k\Delta\boldsymbol{u}(k|k)+\cdots+\\
&\quad\widetilde{\boldsymbol{B}}_k\Delta\boldsymbol{u}\left(k+N_c-1|k\right)+\widetilde{\boldsymbol{A}}_k^{N_c-1}\widetilde{\boldsymbol{D}}_k\boldsymbol{d}(k|k)+\cdots+\\
&\quad\widetilde{\boldsymbol{D}}_k\boldsymbol{d}(k+N_c-1|k)\\
&\vdots\\
\boldsymbol{\xi}(k+N_p|k)&=\widetilde{\boldsymbol{A}}_k^{N_p}\boldsymbol{\xi}(k|k)+\widetilde{\boldsymbol{A}}_k^{N_p-1}\widetilde{\boldsymbol{B}}_k\Delta\boldsymbol{u}(k|k)+\cdots+\\
&\quad\widetilde{\boldsymbol{A}}_k^{N_p-N_c}\widetilde{\boldsymbol{B}}_k\Delta\boldsymbol{u}\left(k+N_c-1|k\right)+\widetilde{\boldsymbol{A}}_k^{N_p-1}\widetilde{\boldsymbol{D}}_k\boldsymbol{d}(k|k)+\cdots+\\
&\quad\widetilde{\boldsymbol{D}}_k\boldsymbol{d}(k+N_p-1|k)
\end{aligned}\tag{4.90}$$

组合从 $\boldsymbol{y}(k+1|k)$ 到 $\boldsymbol{y}\left(k+N_p|k\right)$ 的输出向量，从而产生输出向量序列：

$$\boldsymbol{\varUpsilon}(k)=\left[\boldsymbol{y}^{\mathrm{T}}(k+1|k),\boldsymbol{y}^{\mathrm{T}}(k+2|k),\cdots,\boldsymbol{y}^{\mathrm{T}}\left(k+N_p|k\right)\right]^{\mathrm{T}} \tag{4.91}$$

此外，还可以表示为：

$$\boldsymbol{\varUpsilon}(k)=\overline{C}\xi(k|k)+\overline{E}\Delta\boldsymbol{U}(k)+\overline{D}\boldsymbol{W}(k) \tag{4.92}$$

式中，

$$\Delta\boldsymbol{U}(k)=\left[\Delta\boldsymbol{u}^{\mathrm{T}}(k|k),\Delta\boldsymbol{u}^{\mathrm{T}}(k+1|k),\cdots,\Delta\boldsymbol{u}^{\mathrm{T}}\left(k+N_c-1|k\right)\right]^{\mathrm{T}} \tag{4.93}$$

$$\boldsymbol{W}(k)=\left[\boldsymbol{d}^{\mathrm{T}}(k|k),\boldsymbol{d}^{\mathrm{T}}(k+1|k),\cdots,\boldsymbol{d}^{\mathrm{T}}\left(k+N_p-1|k\right)\right]^{\mathrm{T}} \tag{4.94}$$

$$\overline{\boldsymbol{C}}=\left[\left(\tilde{\boldsymbol{C}}_k\tilde{\boldsymbol{A}}_k\right)^{\mathrm{T}},\left(\tilde{\boldsymbol{C}}_k\tilde{\boldsymbol{A}}_k^2\right)^{\mathrm{T}},\cdots,\left(\tilde{\boldsymbol{C}}_k\tilde{\boldsymbol{A}}_k^{N_p}\right)^{\mathrm{T}}\right]^{\mathrm{T}} \tag{4.95}$$

$$\overline{\boldsymbol{E}}=\begin{bmatrix}\tilde{\boldsymbol{C}}_k\tilde{\boldsymbol{B}}_k & 0 & 0 & 0\\ \vdots & \vdots & \vdots & \vdots\\ \tilde{\boldsymbol{C}}_k\tilde{\boldsymbol{A}}_k^{N_c-1}\tilde{\boldsymbol{B}}_k & \cdots & \tilde{\boldsymbol{C}}_k\tilde{\boldsymbol{A}}_k\tilde{\boldsymbol{B}}_k & \tilde{\boldsymbol{C}}_k\tilde{\boldsymbol{B}}_k\\ \vdots & \vdots & \vdots & \vdots\\ \tilde{\boldsymbol{C}}_k\tilde{\boldsymbol{A}}_k^{N_p-1}\tilde{\boldsymbol{B}}_k & \cdots & \tilde{\boldsymbol{C}}_k\tilde{\boldsymbol{A}}_k^{N_p-N_c+1}\tilde{\boldsymbol{B}}_k & \tilde{\boldsymbol{C}}_k\tilde{\boldsymbol{A}}_k^{N_p-N_c}\tilde{\boldsymbol{B}}_k\end{bmatrix} \tag{4.96}$$

$$\overline{\boldsymbol{D}}=\begin{bmatrix}\tilde{\boldsymbol{C}}_k\tilde{\boldsymbol{D}}_k & 0 & \cdots & 0 & 0\\ \vdots & \vdots & & \vdots & \vdots\\ \tilde{\boldsymbol{C}}_k\tilde{\boldsymbol{A}}_k^{N_c-1}\tilde{\boldsymbol{D}}_k & \tilde{\boldsymbol{C}}_k\tilde{\boldsymbol{A}}_k^{N_c-2}\tilde{\boldsymbol{D}}_k & \cdots & 0 & 0\\ \vdots & \vdots & & \vdots & \vdots\\ \tilde{\boldsymbol{C}}_k\tilde{\boldsymbol{A}}_k^{N_p-1}\tilde{\boldsymbol{D}}_k & \tilde{\boldsymbol{C}}_k\tilde{\boldsymbol{A}}_k^{N_p-2}\tilde{\boldsymbol{D}}_k & \cdots & \tilde{\boldsymbol{C}}_k\tilde{\boldsymbol{A}}_k\tilde{\boldsymbol{D}}_k & \tilde{\boldsymbol{C}}_k\tilde{\boldsymbol{D}}_k\end{bmatrix} \tag{4.97}$$

参考向量序列定义为：

$$\boldsymbol{\varUpsilon}_r(k)=\left[\boldsymbol{y}_r^{\mathrm{T}}(k+1|k),\boldsymbol{y}_r^{\mathrm{T}}(k+2|k),\cdots,\boldsymbol{y}_r^{\mathrm{T}}\left(k+N_p|k\right)\right]^{\mathrm{T}} \tag{4.98}$$

LTV-MPC 的设计可以被描述为一个一般的优化问题，其目标是找到最优控制向量序列 $\Delta\boldsymbol{U}$，以最小化预测输出向量序列和参考向量序列之间的误差。为此，系统成本函数定义为：

$$J=\left(\boldsymbol{\varUpsilon}(k)-\boldsymbol{\varUpsilon}_r(k)\right)^{\mathrm{T}}\boldsymbol{Q}\left(\boldsymbol{\varUpsilon}(k)-\boldsymbol{\varUpsilon}_r(k)\right)+\Delta\boldsymbol{U}(k)^{\mathrm{T}}\boldsymbol{R}\Delta\boldsymbol{U}(k) \tag{4.99}$$

式中，$\boldsymbol{Q}$ 和 $\boldsymbol{R}$ 分别是用于平衡跟踪精度和控制增量的对角加权矩阵。

因此，LTV-MPC 的优化可以表示为：

$$\min_{\Delta U(k)} J(k) \tag{4.100}$$

满足以下条件：

$$\boldsymbol{\xi}(p+1|k)=\bar{\boldsymbol{A}}_k\boldsymbol{\xi}(p|k)+\bar{\boldsymbol{B}}_k\Delta\boldsymbol{u}(p|k)+\bar{\boldsymbol{D}}_k\boldsymbol{d}(p|k) \tag{4.101}$$

$$\boldsymbol{y}(p+1|k)=\bar{\boldsymbol{C}}_k\boldsymbol{\xi}(p+1|k) \tag{4.102}$$

式中，$p=k,k+1,\cdots,k+N_p-1$。

同时，应考虑以下约束条件。

（1）控制向量约束。它们受到执行器极限的约束，描述为：

$$\Delta\boldsymbol{u}_{min}\leqslant\Delta\boldsymbol{u}(p|k)\leqslant\Delta\boldsymbol{u}_{max} \tag{4.103}$$

$$\boldsymbol{u}_{min}\leqslant\boldsymbol{u}(p|k)\leqslant\boldsymbol{u}_{max} \tag{4.104}$$

式中，$p=k,k+1,\cdots,k+N_c-1$。

（2）防侧翻约束，即式（4.80）和式（4.81）。

（3）操纵稳定性约束，即式（4.74）、式（4.77）和式（4.78）。

（4）路径跟踪约束，即式（4.83）和式（4.84）。

在求解上述多约束优化问题后，$\Delta\boldsymbol{U}(k)$ 的第一个元素将用于计算时间步长 k 处的控制器输出。

$$\boldsymbol{u}(k|k)=\boldsymbol{u}(k-1|k-1)+\Delta\boldsymbol{u}(k|k) \tag{4.105}$$

在下一个时间步长 $k+1$，将基于更新状态 $\xi(k+1)$ 再次求解新的优化问题，并将预测范围向前移动。

LTV-MPC 的求解过程中，由于多重约束，在任何时候都要找到可行的解决方案，这带来了挑战。为此，定义了约束的优先级，即，约束（1）> 约束（2）> 约束（3）> 约束（4）。与路径跟踪性能相比，防侧翻和操纵稳定性更为重要。因此，它们具有更高的优先级。如果这个问题没有找到解决方案，将采取以下两个步骤。第一步是在安全范围内将约束的边界从低优先级扩展到高优先级。如果在执行第一步之后仍然没有解决方案，则第二步是停止车辆。

6. 控制目标权重矩阵

考虑到自动驾驶汽车在不同条件下具有不同的控制重点，因此采用自适应加权矩阵进行主动安全控制。例如，在低速条件下，防侧翻和操纵稳定性不是很重要，自动驾驶汽车更关心路径跟踪性能。因此，应该考虑增加路径跟踪控制的权重。然而，在高速条件下，特别是在极端条件下，防侧翻和操纵稳定性对驾驶安全至关重要，应考虑增加侧翻预防和操纵稳定性控制的权重。

当侧滑角 β 在可接受的范围内时，侧滑角的权重为零，当 β 接近极限时，其权重是一个非常大的值。因此，侧滑角的权重由以下得出：

$$q_\beta = \vartheta_\beta \ \left(|\beta| + \left(1-\beta_{max}\right)\right)^{n_\beta} \tag{4.106}$$

式中，ϑ_β 是恒定的正值，n_β 是足够大的正值。

此外，侧倾角的权重由以下得出：

$$q_\phi = \vartheta_\phi \ \left(|\phi| + \left(1-\phi_{max}\right)\right)^{n_\phi} \tag{4.107}$$

式中，ϑ_ϕ 是恒定的正值，n_ϕ 是足够大的正值。

偏航率跟踪的权重设置为恒定正值 $q_r = \vartheta_r$。此外，偏航角误差和横向偏移的权重表示为 $q_\phi = \vartheta_\phi / \Delta\varphi_{max}$ 和 $q_Y = \vartheta_Y / \Delta Y_{max}$，其中 ϑ_ϕ 和 ϑ_Y 为恒定正值。

4.4.3 仿真和分析

为了验证所提出的路径跟踪控制器的性能，将进行两种测试操作，即双车道变换（DLC）操作和正弦路径操作。所有测试均使用 Matlab Simulink 软件进行。

1. 双车道变换操作

在这种测试情况下，自动驾驶汽车进行了 DLC 操作。DLC 测试通常用于评估操纵稳定性，尤其是在高速行驶时。对于自动驾驶汽车，DLC 路径跟踪测试不仅可以评估路径跟踪性能，还可以测试操纵稳定性。在这种情况下，纵向速度设置为 20m/s，道路摩擦系数设置为 0.35、0.55 和 0.85，以模拟雪地、湿路面和干路面。

路径跟踪测试结果如图 4.22 所示。可以发现，所设计的控制器在不同的道路上都表现出良好的路径跟踪性能。为了进行详细分析，路径跟踪误差如图 4.23 所示。在雪地道路上，最大横向偏移小于 0.06m。随着道路摩擦系数的增加，路径跟踪误差变小。由此可以得出结论，所设计的控制器对不同的道路摩擦系数都具有良好的鲁棒性。

此外，该测试情况下的侧滑角和偏航率分别如图 4.24 和图 4.25 所示。从图 4.24 中可以看出，即使在雪地上，所设计的控制器也可以实现较小的侧滑角，这表明自动驾驶汽车具有良好的操纵稳定性。此外，前轮转向角度如图 4.26 所示。可以看出，控制输出将随着道路摩擦系数的降低而增加。在低附着系数的道路上，为了保证横向稳定性，电动汽车需要更大的转向角，以提供有效的横向轮胎力。

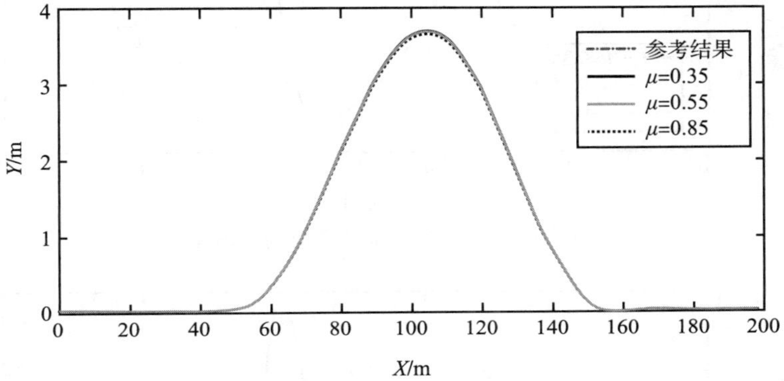

图 4.22　不同道路摩擦系数的路径跟踪测试结果

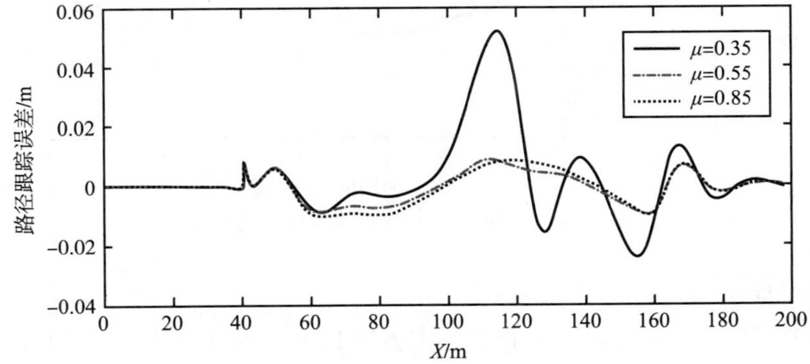

图 4.23　不同道路摩擦系数的路径跟踪误差

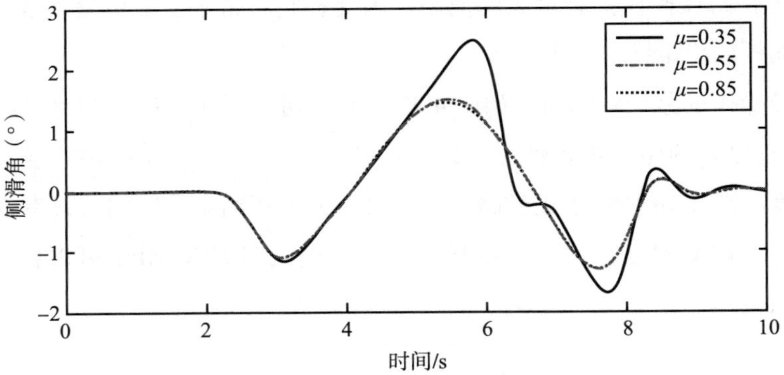

图 4.24　不同道路摩擦系数的侧滑角

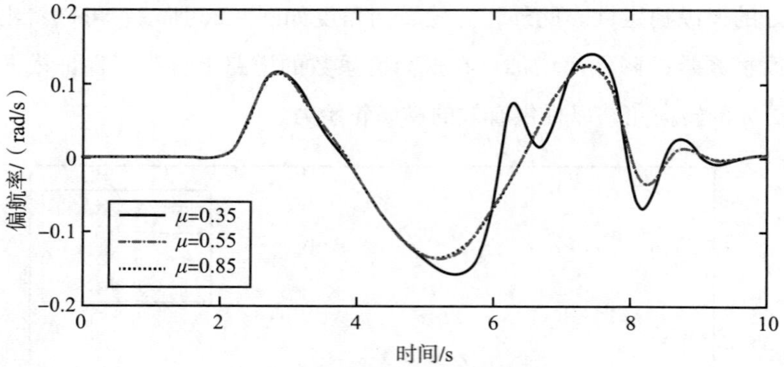

图 4.25　不同道路摩擦系数的偏航率

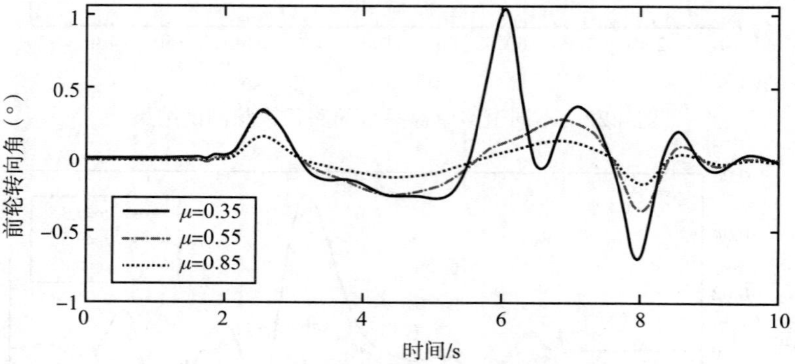

图 4.26　不同道路摩擦系数的前轮转向角

2. 正弦路径操作

第二个测试案例是正弦路径操作，旨在验证 LTV-MPC 与线性静态 MPC（LS-MPC）相比的优势[77]。本测试中，纵向速度设定为 12m/s，道路摩擦系数设定为 0.55。与 DLC 操作相比，正弦路径操作具有更大的曲率。因此，它将带来更大的横向加速度，这对自动驾驶汽车的横向稳定性是一个挑战。

正弦路径操作的路径跟踪结果如图 4.27 所示。可以看出，LTV-MPC 控制算法比 LS-MPC 算法具有更好的路径跟踪性能，跟踪误差更小。此外，LTV-MPC 控制算法具有更快的收敛速度。图 4.28 显示了正弦路径跟踪误差的分析结果。我们可以发现，LTV-MPC 算法总是比 LS-MPC 算法具有更小的横向偏移。这表明 LTV-MPC 可以更好地处理大曲率路径跟踪问题。

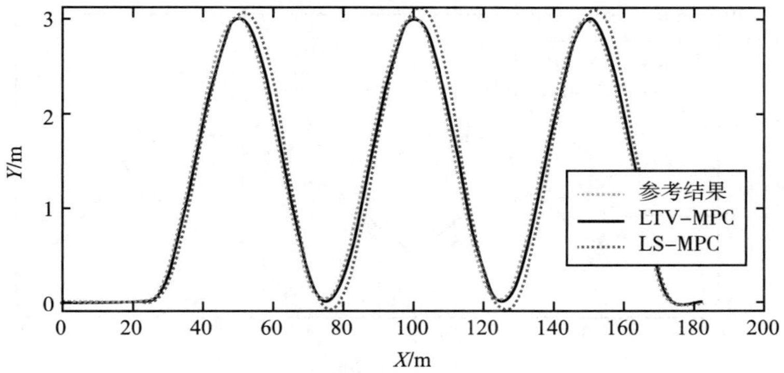

图 4.27　正弦路径操作的路径跟踪结果

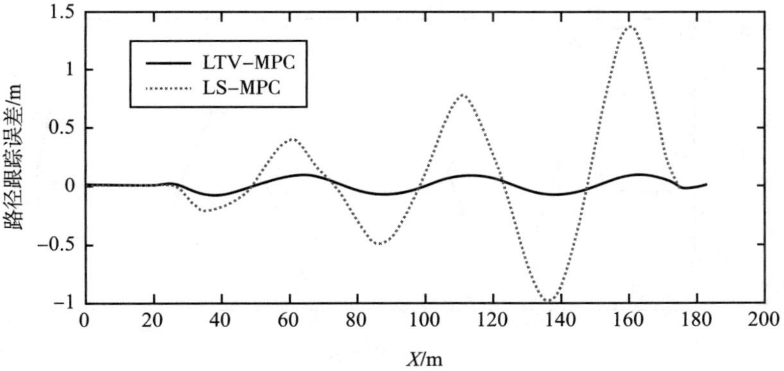

图 4.28　正弦路径操作的路径跟踪误差

对于操纵稳定性分析，两种控制算法的侧滑角和偏航率分别如图 4.29 和图 4.30 所示。由于正弦路径操作的曲率比 DLC 操作大得多，因此 LTV-MPC 控制算法和 LS-MPC 控制算法都表现出较大的侧滑角。相比之下，LTV-MPC 具有较小的侧滑角。对于偏航率，LTV-MPC 同样也具有较小的跟踪误差。从上述测试和分析结果可以得出结论，LTV-MPC 比 LS-MPC 能带来更好的操纵稳定性。

两种控制算法的前轮转向角如图 4.31 所示。可以发现，由于 LTV-MPC 的模型是时变的，并且比 LS-MPC 的模型更复杂，因此 LTV-MPC 可以在较小的控制输出下获得较小的前轮转向角。由于 LS-MPC 的模型较为简单，因此无法计算出精确的控制输出。

从正弦路径操作的测试结果可以得出结论，LTV-MPC 控制算法比 LS-MPC 控制算法具有更好的路径跟踪性能和操纵稳定性。此外，LTV-MPC 控制算法在处理大曲率路径跟踪条件时表现出良好的性能。

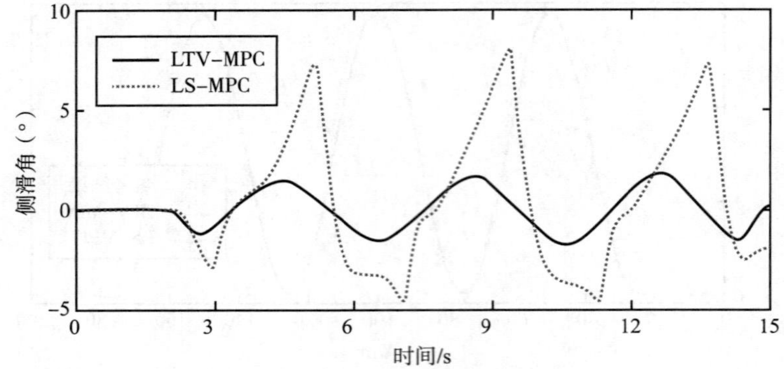

图 4.29　正弦路径操作的侧滑角

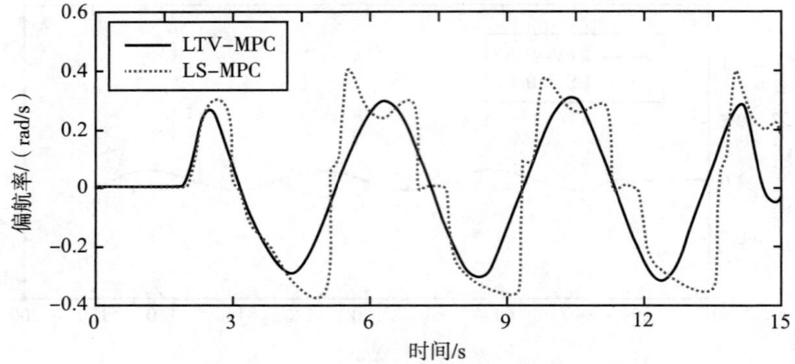

图 4.30　正弦路径操作的偏航率

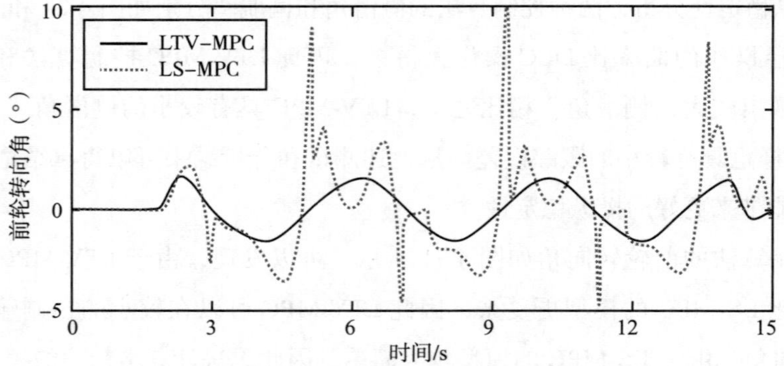

图 4.31　正弦路径操纵下的前轮转向角

从上述测试和分析结果可以得出结论，所设计的集成控制器可以很好地提高自动驾驶汽车的操纵稳定性和路径跟踪性能。同时，它在处理大曲率路径跟踪条件和低道路摩擦系数条件时表现出良好的鲁棒性能。

4.4.4 小结

在本节中，研究了自动驾驶汽车的路径跟踪控制问题和操纵稳定性控制问题。为了解决上述两个问题，设计了一种基于 LTV-MPC 控制算法的集成控制器。为了同时提高自动驾驶汽车的路径跟踪性能和操纵稳定性，应用了 LTV-MPC 控制算法。对于集成控制器的设计，建立了 3 自由度非线性车辆动力学模型，并对其进行了线性化和离散化分析。在 LTV-MPC 控制算法中，考虑了各种约束，包括控制向量约束、横向稳定性约束、防侧翻约束和路径跟踪误差约束。通过求解多约束优化问题，得到了集成控制器。为了验证设计的集成控制器的性能，做了两个相关测试。测试结果表明，LTV-MPC 控制器可以显著提高自动驾驶汽车的路径跟踪性能和操纵稳定性。此外，与传统的 LS-MPC 相比，LTV-MPC 表现出更好的控制性能。最后，可以得出结论，集成控制器可以同时提高自动驾驶汽车的路径跟踪性能和操纵稳定性。同时，它在处理低道路摩擦系数条件和大曲率路径跟踪条件时具有良好的鲁棒性能。

4.5 结论

本章旨在处理自动驾驶汽车的运动规划和控制问题。在运动规划部分，为自动驾驶汽车设计了一个类人规划器，以实现高速公路上的轨迹规划。将 APF 模型用于描述车辆的社会特征，并嵌入运动规划模块中。将 MPC 用于自动驾驶汽车的速度和路径预测。最后，将目标规划问题转化为具有多约束的闭环交互优化问题。通过三个测试用例验证了所提出的轨迹规划算法。测试结果表明，该轨迹规划算法能够规划高速公路上自动驾驶汽车的类人轨迹，并能适应周围车辆的不同驾驶方式。

此外，还为非结构化道路上的自动车辆设计了一个综合路径规划器，可以实现静态和移动障碍物的防撞。首先使用可视图法来规划穿过静态障碍物的全局冲突避免路径。然后，综合考虑移动障碍物的不确定性和横向稳定性、最小转弯半径、安全性等多重约束，利用 NMPC 对可视图法规划的路径进行优化。在优化过程中，利用基于模型的多项式拟合来预测不确定移动障碍物的运动轨迹。仿真结果表明，该路径规划算法可以很好地避开静态和移动障碍物。

最后，将 LTV-MPC 控制算法应用于自动驾驶汽车的路径跟踪控制。为了保证自动驾驶汽车在极端条件下的驾驶安全，在集成控制器设计中考虑了各种主动安全性能指标和约束条件，包括操纵稳定性、防侧翻、控制能力和路径跟踪误差。然后，将控制器的求解转化为具有多约束的优化问题。自适应加权有利于在多个性能指标之间取得平衡。测试结果表明，LTV-MPC 控制器比 LS-MPC 控制器具有更好的路径跟踪性能和处理稳定性。此外，所提出的控制器在极端条件下具有良好的鲁棒性，例如低道路摩擦系数条件和大曲率路径跟踪条件。

第 5 章 Chapter 5

基于非合作博弈论方法的自动驾驶汽车类人决策

5.1 背景

如第 1 章所述，未来，自动驾驶汽车会有不同的用途，例如自动驾驶校车、自动驾驶消防车、自动驾驶出租车等，这些车辆在驾驶安全性、乘坐舒适性和出行效率等不同驾驶性能上有着个性化驾驶需求。此外，不同乘客也有不同的出行需求。为此，我们提出了类人决策这一概念。与传统的基于模型方法和数据驱动方法相比，博弈论方法可以有效地制定类人互动和类人决策[286]。变道决策是自动驾驶汽车普遍面临的问题，现已得到广泛研究。然而，车辆变道过程的本质可以视为多车之间的博弈。非合作博弈论方法易于描述变道交互和决策过程，但由于参与车辆较少，变道场景的交互过程也比较简单。

通常情况下，研究人员会通过研究城市场景以进一步研究自动驾驶汽车在复杂驾驶环境中的类人决策，如无信号灯环岛等。在多车交互的情况下，无信号灯环岛通常比十字路口更加复杂，并且更具有挑战性[174.263.43]。环岛的定义是圆形交叉路口，所有车辆都以逆时针方向（靠右行驶）绕着中心的圆岛行驶[3]。与十字路口相比，环岛不需要信号灯来控制车流。因此，进入环岛的车辆不需要完全停止，这在一定程度上可以减少交通延误，提高交通容量[187]。一般情况下，环岛的交通规则定义如下：①循环车辆优先于进入和并线车辆；②离开车辆优先于进入车辆；③大型车辆优先于小型车辆。上述交通规则能够显著提高环岛的交通效率和交通安全[176]。虽然上述交通规则有助于减少交通冲突，但随着车流量的增加，特别是在出行高峰时段，由于出行目标不同，以及人类驾驶员驾驶特征和驾驶行为的不同，故交通拥堵和车辆冲突是无法避免的。因此，复杂且无信号灯的环岛城市场景对自动驾驶汽车来说无疑是一个巨大的挑战。而类人决策方法能够有效地处理复杂环境下自动驾驶系统的交互和决策问题。

本章采用非合作博弈论方法设计了类人决策算法，以变道和无信号灯环岛两种典型驾驶场景为研究对象，对算法进行验证。

5.2 自动驾驶汽车的类人变道

为进一步改进自动驾驶汽车的类人决策算法，首先对典型的驾驶风格进行了定义，以体现建模阶段不同的驾驶特征。在此基础上，本章运用博弈论对自动驾驶汽车的决策问题进行了阐述。采用纳什均衡和斯塔克尔伯格两种非合作博弈论方法来解决自动驾驶汽车的决策和交互问题。最后，通过模拟各种驾驶场景，对所设计的类人决策算法进行了测试和验证。

5.2.1 问题描述与类人决策框架

1. 类人变道问题

三车道高速公路上常见的变道场景如图 5.1 所示。在中间车道上行驶的自动驾驶汽车是自主车辆（EC)，以较低的速度在 EC 前面行驶的是引导车 2（LC2）。由于 LC2 的行驶速度较慢，因此 EC 不得不决定减速并跟随 LC2，或变道至左侧车道 / 右侧车道。EC 的决策结果直接受到周围车辆的运动状态和驾驶行为的影响，特别会受到相邻车辆 1（AC1）和相邻车辆（AC2）的影响。例如，如果相邻车辆（AC）比 EC 更具攻击性，那么 AC 不会让行 EC。因此。为保证行车安全，EC 必须退让和减速。此外，不同的驾驶风格或驾驶特征也会对决策结果产生影响。例如，如果 EC 的驾驶风格为保守型，那么 EC 可能更倾向于做出车道保持和减速的决策。但是，如果 EC 的驾驶风格非常具有攻击性，那么 EC 可能会选择频繁加速和变道。我们也可以在其他交通场景下得出类似结论。

因此，决策结果是 EC 与 AC 之间博弈之后达成的均衡结果，这与 EC 和 AC 的运动状态、驾驶行为和驾驶风格等多种因素有关。

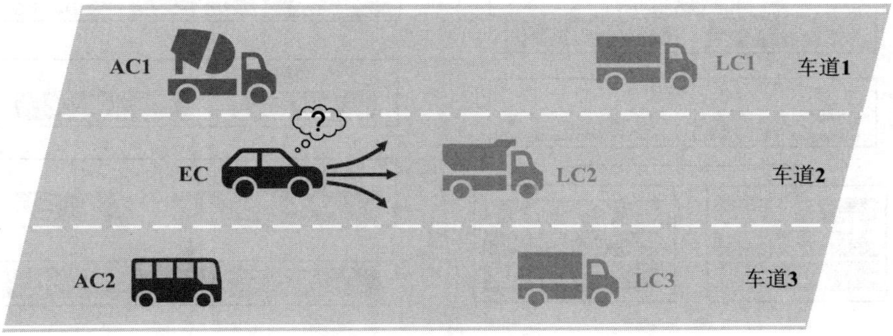

图 5.1　类人变道决策

2. 类人决策系统框架

自动驾驶汽车类人决策框架如图 5.2 所示。在建模部分，首先定义了三种不同的驾驶风格，即攻击型、正常型和保守型。随后，提出了一种结合驾驶员模型和车辆 – 路面模型的类人驾驶模式。由于类人驾驶模式涉及不同的驾驶风格，因此自动驾驶会体现出类人驾驶特征。此外，决策成本函数也考虑了不同的驾驶风格。具体来说，不同的驾驶风格在驾驶安全性、乘坐舒适性和出行效率等驾驶性能方面的权重也不同。决策成本函数需要获知周围障碍物车辆的实时状态和位置。基于所构建的决策成本函数和多种约束条件，将纳什均衡博弈方法（NE）和斯塔克尔伯格博弈方法（SE）用于自动驾驶汽车的类人决策中，以获取决策结果，包括变道结果，即左侧变道、车道保持和右侧变道，以及车速规划结果，即加速、巡航和减速。最后，将决策结果用于 APF 和 MPC 设计的运动预测和规划模块，该模块已在第 4 章中介绍，此处不再赘述。预测车辆运动状态和位置有利于自动驾驶汽车做出安全的决策。

本章将第 2 章中定义的三种驾驶风格用于自动驾驶汽车的类人决策，即攻击型、正常型和保守型驾驶风格[244, 225]。攻击型驾驶风格更注重出行效率，因此，这种驾驶风格更倾向于较快的行驶速度。相比之下，保守型驾驶风格更注重驾驶安全性和乘坐舒适性。因此，这种驾驶风格更倾向于较大的安全距离和更平稳的行驶。正常型驾驶风格介于以上两种风格之间，旨在在不同驾驶性能之间找到平衡[147, 157]。以上三种驾驶风格将在决策模块和轨迹规划模块的设计过程中得以体现。

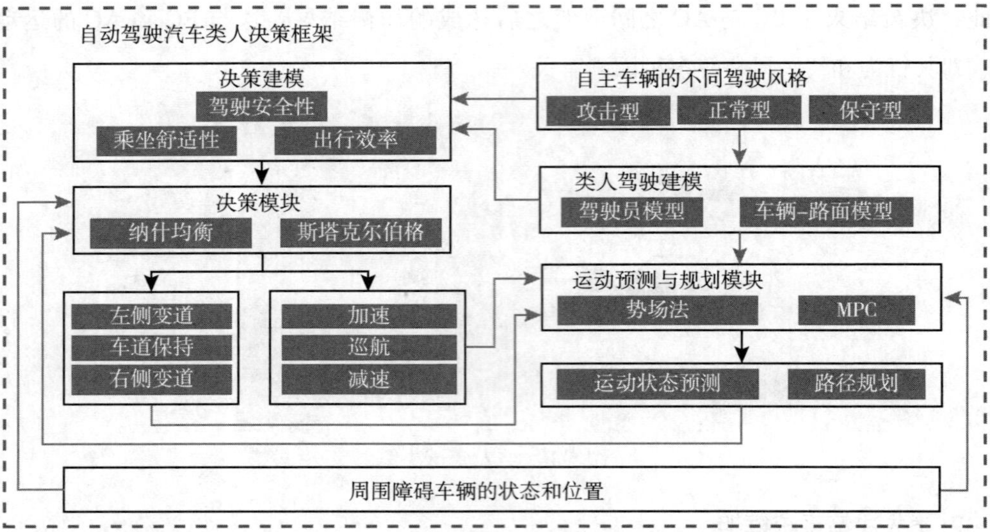

图 5.2　自动驾驶汽车的类人决策框架

此外，本章还采用了两种非合作博弈论方法，即纳什均衡和斯塔克尔伯格博弈论方法，来模拟自动驾驶系统的类人交互和决策过程。这两种博弈论方法的主要区别在于决策逻辑。在纳什均衡博弈法中，所有参与车辆都是平等的，且在同一时间做出决策。每辆自动驾驶汽车都是独立的，其目标是最小化其个人决策成本函数。然而，在斯塔克尔伯格博弈法中，存在一个引导车辆，其他参与车辆都是跟随车辆。我们将 EC 视为引导车辆，将周围的障碍物车辆视为跟随车辆。引导车辆首先做出决策，跟随车辆随后做出决策。引导车辆可以预测跟随车辆的决策，然后再做出最优决策。跟随车辆只有在获知引导车辆的决策结果后，才能最小化其决策成本函数。

5.2.2　基于非合作博弈论的类人决策

本章在综合考虑驾驶安全性、乘坐舒适性和出行效率的基础上，构建了决策成本函数。决策成本函数体现了不同的驾驶风格。在构建成本函数的基础上，本章采用纳什均衡和斯塔克尔伯格两种博弈论方法来解决自动驾驶汽车的类人决策问题。

1. 变道决策的成本函数

在构建决策成本函数时，考虑了驾驶安全性、乘坐舒适性和出行效率三种驾驶性能。以 EC 为例，其对应的决策成本函数 J^{EC} 构建如下：

$$J^{EC}=w_{ds}^{EC}J_{ds}^{EC}+w_{rc}^{EC}J_{rc}^{EC}+w_{te}^{EC}J_{te}^{EC} \tag{5.1}$$

式中，J_{ds}^{EC}、J_{rc}^{EC} 和 J_{te}^{EC} 分别为驾驶安全性、乘坐舒适性、出行效率的成本函数；w_{ds}^{EC}、w_{rc}^{EC} 和 w_{te}^{EC} 为加权系数。

EC 的行车安全成本函数由纵向行车安全成本和横向行车安全成本组成，分别受到 LC 和 AC 运动的影响。构建 EC 的驾驶安全成本函数 J_{ds}^{Ec} 如下：

$$J_{ds}^{EC}=\left(\sigma^2-1\right)^2 J_{ds-log}^{EC}+\sigma^2 J_{ds-lat}^{EC} \tag{5.2}$$

式中，J_{ds-log}^{EC} 和 J_{ds-lat}^{EC} 分别为纵向驾驶安全成本和横向驾驶安全成本。σ 为 EC 的变道行为，$\sigma\in\{-1,0,1\}\triangleq\{$ 左侧变道，车道保持，右侧变道 $\}$。

具体来说，纵向驾驶安全成本函数 J_{ds-log}^{EC} 是 AC 与 LC 之间的纵向间距和相对速度的函数，如下所示：

$$J_{ds-log}^{EC}=\kappa_{\upsilon-log}^{EC}\lambda_{\upsilon}^{EC}\left(\Delta\upsilon_{x,\upsilon}^{EC}\right)^2+\kappa_{s-log}^{EC}/\left[\left(\Delta s_{x,\upsilon}^{EC}\right)^2+\varepsilon\right] \tag{5.3}$$

$$\Delta\upsilon_{x,\upsilon}^{EC}=\upsilon_{x,\upsilon}^{LC}-\upsilon_{x,\upsilon}^{EC} \tag{5.4}$$

$$\Delta s_{x,\upsilon}^{EC}=\left[\left(X_{\upsilon}^{LC}-X_{\upsilon}^{EC}\right)^2+\left(Y_{\upsilon}^{LC}-Y_{\upsilon}^{EC}\right)^2\right]^{1/2}-l_{\upsilon} \tag{5.5}$$

$$\lambda_{\upsilon}^{EC}=\begin{cases}0, & \Delta\upsilon_{x,\upsilon}^{EC}\geqslant 0\\ 1, & \Delta\upsilon_{x,\upsilon}^{EC}<0\end{cases} \tag{5.6}$$

式中，$\upsilon_{x,\upsilon}^{LC}$ 和 $\upsilon_{x,\upsilon}^{EC}$ 分别为 LC 和 EC 的纵向速度。$\left(X_{\upsilon}^{LC},Y_{\upsilon}^{LC}\right)$ 和 $\left(X_{\upsilon}^{EC},Y_{\upsilon}^{EC}\right)$ 分别为 LC 和 EC 的位置。$\kappa_{\upsilon-log}^{EC}$ 和 κ_{s-log}^{EC} 为加权系数。ε 的取值非常小，以避免计算时分母为零。考虑到汽车的长度，l_{υ} 是一个安全系数；υ 代表车道号，$\upsilon\in\{1,2,3\}\triangleq\{$ 左车道，中车道，右车道 $\}$。

此外，横向驾驶安全成本函数 J_{ds-lat}^{EC} 是 EC 和 AC 之间纵向间距和相对速度的函数，如下所示：

$$J_{ds-lat}^{EC}=\kappa_{\upsilon-lat}^{EC}\lambda_{\upsilon+\sigma}^{EC}\left(\Delta\upsilon_{x,\upsilon+\sigma}^{EC}\right)^2+\kappa_{s-lat}^{EC}/\left[\left(\Delta s_{x,\upsilon+\sigma}^{EC}\right)^2+\varepsilon\right] \tag{5.7}$$

$$\Delta\upsilon_{x,\upsilon+\sigma}^{EC}=\upsilon_{x,\upsilon}^{EC}-\upsilon_{x,\upsilon+\sigma}^{AC} \tag{5.8}$$

$$\Delta s_{x,\upsilon+\sigma}^{EC}=\left[\left(X_{\upsilon+\sigma}^{AC}-X_{\upsilon}^{EC}\right)^2+\left(Y_{\upsilon+\sigma}^{AC}-Y_{\upsilon}^{EC}\right)^2\right]^{1/2}-l_{\upsilon} \tag{5.9}$$

$$\lambda_{\upsilon+\sigma}^{EC}=\begin{cases}0, & \Delta\upsilon_{x,\upsilon+\sigma}^{EC}\geqslant 0\\ 1, & \Delta\upsilon_{x,\upsilon+\sigma}^{EC}<0\end{cases} \tag{5.10}$$

式中，$\upsilon_{x,\upsilon+\sigma}^{AC}$ 为 AC 的纵向速度，$\left(X_{\upsilon+\sigma}^{AC},Y_{\upsilon+\sigma}^{AC}\right)$ 为 AC 的位置；$\kappa_{\upsilon-lat}^{EC}$ 和 κ_{s-lat}^{EC} 为加权系数。

此外，乘坐舒适性成本函数 J_{rc}^{EC} 为 EC 纵向加速度和横向加速度的函数，如下所示：

$$J_{rc}^{EC}=\kappa_{a_x}^{EC}\left(a_{x,\upsilon}^{EC}\right)^2+\sigma^2\kappa_{a_y}^{EC}\left(a_{y,\upsilon}^{EC}\right)^2 \tag{5.11}$$

式中，$a_{x,\upsilon}^{EC}$ 和 $a_{y,\upsilon}^{EC}$ 分别为 EC 的纵向加速度和横向加速度。$\kappa_{a_x}^{EC}$ 和 $\kappa_{a_y}^{EC}$ 为加权系数。

最后，出行效率成本函数 J_{te}^{EC} 与 EC 的纵向速度有关，如下所示：

$$J_{te}^{EC}=\left(\upsilon_{x,\upsilon}^{EC}-\hat{\upsilon}_{x,\upsilon}^{EC}\right)^2,\quad \hat{\upsilon}_{x,\upsilon}^{EC}=\min\left(\upsilon_{x,\upsilon}^{\max},\upsilon_{x,\upsilon}^{LC}\right) \tag{5.12}$$

式中，$\upsilon_{x,\upsilon}^{\max}$ 为车道 υ 上的最大行驶速度。

对于 AC 的决策成本函数，其表达式与 EC 相似，此处不再赘述。不同之处在于决策向量。本章没有考虑 AC 的变道行为，只考虑了纵向加速和减速行为。因此，AC 的乘坐舒适性成本函数仅与纵向加速度有关。为体现自动驾驶汽车决策问题中的类人特征，本章设置加权系数时考虑了攻击型、正常型和保守型三种驾驶风格，即 w_{ds}^{EC}、w_{rc}^{EC} 和 w_{te}^{Ec}。根据文献［147，157］的分析结果显示，对不同驾驶风格的加权系数设置如表 5.1 所示。

表 5.1 不同驾驶风格的加权系数

驾驶风格	加权系数		
	w_{ds}^{EC}	w_{rc}^{EC}	w_{te}^{EC}
攻击型	10%	10%	80%
正常型	50%	30%	20%
保守型	70%	20%	10%

2. 基于纳什均衡的非合作决策

如果 EC 周围只有一辆 AC，那么 EC 的变道决策问题可以转变为双车博弈问题。首先，本章采用纳什均衡博弈论方法来解决这一问题，如下所示：

$$\left(a_{x,\upsilon}^{EC*},\sigma^*\right)=\arg\max_{a_{x,\upsilon}^{EC},\sigma} J^{EC}\left(a_{x,\upsilon}^{EC},\sigma,a_{x,\upsilon+\sigma}^{AC}\right) \tag{5.13}$$

$$a_{x,\upsilon+\sigma}^{AC*}=\arg\max_{a_{x,\upsilon+\sigma}^{AC}} J^{AC}\left(a_{x,\upsilon}^{EC},\sigma,a_{x,\upsilon+\sigma}^{AC}\right) \tag{5.14}$$

$$\text{s.t. } \sigma\in\{-1,0,1\},a_{x,\upsilon}^{EC}\in\left[a_{x,\upsilon}^{\min},a_{x,\upsilon}^{\max}\right],a_{x,\upsilon+\sigma}^{AC}\in\left[a_{x,\upsilon+\sigma}^{\min},a_{x,\upsilon+\sigma}^{\max}\right],\upsilon_{x,\upsilon}^{EC}\in$$
$$\left[\upsilon_{x,\upsilon}^{\min},\upsilon_{x,\upsilon}^{\max}\right],\upsilon_{x,\upsilon+\sigma}^{AC}\in\left[\upsilon_{x,\upsilon+\sigma}^{\min},\upsilon_{x,\upsilon+\sigma}^{\max}\right]$$

式中，$a_{x,\upsilon}^{EC*}$ 和 $a_{x,\upsilon+\sigma}^{AC*}$ 为 EC 和 AC 的最优纵向加速度；σ^* 为 EC 的最优变道行为；$a_{x,i}^{\min}$ 和 $a_{x,i}^{\max}$ 为纵向加速度的最小和最大边界值；$\upsilon_{x,i}^{\min}$ 和 $\upsilon_{x,i}^{\max}$ 为纵向速度的最小和最大控制边界值。

如图 5.1 所示，如果 EC 的左右车道上存在两辆 AC，则式（5.13）和式（5.14）可以进一步扩展为：

$$\left(a_{x,\upsilon}^{EC*},\sigma^{*}\right)=\arg\max_{\left(a_{x,\upsilon}^{EC},\sigma\right)\in\Lambda}\left[J_1,J_2\right] \tag{5.15}$$

$$\Lambda=\left\{\left(a_{x,\upsilon,1}^{EC},\sigma_1\right),\left(a_{x,\upsilon,1}^{EC},\sigma_1\right)\right\} \tag{5.16}$$

$$J_1=\arg\max_{a_{x,\upsilon,1}^{EC},\sigma_1} J^{EC}\left(a_{x,\upsilon,1}^{EC},\sigma_1,a_{x,\upsilon+\sigma_1}^{AC1}\right) \tag{5.17}$$

$$J_2=\arg\max_{a_{x,\upsilon,2}^{EC},\sigma_2} J^{EC}\left(a_{x,\upsilon,2}^{EC},\sigma_2,a_{x,\upsilon+\sigma_2}^{AC2}\right) \tag{5.18}$$

$$a_{x,\upsilon+\sigma_1}^{AC1*}=\arg\max_{a_{x,\upsilon+\sigma_1}^{AC1}} J^{AC1}\left(a_{x,\upsilon,1}^{EC},\sigma_1,a_{x,\upsilon+\sigma_1}^{AC1}\right) \tag{5.19}$$

$$a_{x,\upsilon+\sigma_2}^{AC2*}=\arg\max_{a_{x,\upsilon+\sigma_2}^{AC2}} J^{AC2}\left(a_{x,\upsilon,2}^{EC},\sigma_2,a_{x,\upsilon+\sigma_2}^{AC2}\right) \tag{5.20}$$

3. 基于斯塔克尔伯格的非合作决策

除了纳什均衡，斯塔克尔伯格是另一种非合作博弈论方法 [168, 169]。在纳什均衡博弈理论中，所有参与车辆包括 EC 和 AC 都是平等且独立的。也就是说，所有参与车辆在同一时间独立地做出决策。所有参与车辆的目标都是最小化其个人决策成本函数。然而，在斯塔克尔伯格博弈理论中，存在一辆引导车辆，其他参与车辆都是跟随车辆。在变道决策问题中，EC 作为引导车辆，首先做出决策，其他 AC 作为跟随车辆，随后做出决策。在存在一辆引导车辆和一辆跟随车辆的情况下，变道决策的斯塔克尔伯格博弈论方法推导如下：

$$\left(a_{x,\upsilon}^{EC*},\sigma^{*}\right)=\arg\min_{a_{x,\upsilon}^{EC},\sigma}\left(\max_{a_{x,\upsilon+\sigma}^{AC}\in\gamma^2\left(a_{x,\upsilon}^{EC},\sigma\right)} J^{EC}\left(a_{x,\upsilon}^{EC},\sigma,a_{x,\upsilon+\sigma}^{AC}\right)\right) \tag{5.21}$$

$$\gamma^2\left(a_{x,\upsilon}^{EC},\sigma\right)=\left\{\zeta\in\Phi^2:J^{AC}\left(a_{x,\upsilon}^{EC},\sigma,\zeta\right)\leqslant J^{AC}\left(a_{x,\upsilon}^{EC},\sigma,a_{x,\upsilon+\sigma}^{AC}\right),\forall a_{x,\upsilon+\sigma}^{AC}\in\Phi^2\right\} \tag{5.22}$$

$\sigma\in\{-1,0,1\},a_{x,\upsilon}^{EC}\in\left[a_{x,\upsilon}^{\min},a_{x,\upsilon}^{\max}\right],a_{x,\upsilon+\sigma}^{AC}\in\left[a_{x,\upsilon+\sigma}^{\min},a_{x,\upsilon+\sigma}^{\max}\right],\upsilon_{x,\upsilon}^{EC}\in\left[\upsilon_{x,\upsilon}^{\min},\upsilon_{x,\upsilon}^{\max}\right]$，$\upsilon_{x,\upsilon+\sigma}^{AC}\in\left[\upsilon_{x,\upsilon+\sigma}^{\min},\upsilon_{x,\upsilon+\sigma}^{\max}\right]$。

对于图 5.1 中的情况，即一辆引导车辆和两辆跟随车辆，式（5.21）和式（5.22）可以进一步扩展为：

$$\left(a_{x,\upsilon}^{EC^*},\sigma^*\right)=\arg\max_{\left(a_{x,\upsilon}^{EC},\sigma\right)\in\Lambda}\left[J^{EC}\left(a_{x,\upsilon,1}^{EC},\sigma_1,a_{x,\upsilon+\sigma_1}^{AC1}\right),J^{EC}\left(a_{x,\upsilon,2}^{EC},\sigma_2,a_{x,\upsilon+\sigma_2}^{AC2}\right)\right] \tag{5.23}$$

$$\Lambda=\left\{\left(a_{x,\upsilon,1}^{EC},\sigma_1\right),\left(a_{x,\upsilon,1}^{EC},\sigma_1\right)\right\} \tag{5.24}$$

$$\left(a_{x,\upsilon,1}^{EC},\sigma_1\right)=\arg\min_{a_{x,\upsilon,1}^{EC},\sigma_1}\left(\max_{a_{x,\upsilon+\sigma_1}^{AC1}\in\gamma_1^2\left(a_{x,\upsilon,1}^{EC},\sigma_1\right)}J^{EC}\left(a_{x,\upsilon,1}^{EC},\sigma_1,a_{x,\upsilon+\sigma_1}^{AC1}\right)\right) \tag{5.25}$$

$$\gamma_1^2\left(a_{x,\upsilon,1}^{EC},\sigma_1\right)=\left\{\zeta_1\in\Phi_1^2:J^{AC1}\left(a_{x,\upsilon,1}^{EC},\sigma_1,\zeta_1\right)\leqslant J^{AC1}\left(a_{x,\upsilon,1}^{EC},\sigma_1,a_{x,\upsilon+\sigma_1}^{AC1}\right),\forall a_{x,\upsilon+\sigma_1}^{AC1}\in\Phi_1^2\right\} \tag{5.26}$$

$$\left(a_{x,\upsilon,2}^{EC},\sigma_2\right)=\arg\min_{a_{x,\upsilon,2}^{EC},\sigma_2}\left(\max_{a_{x,\upsilon+\sigma_2}^{AC2}\in\gamma_2^2\left(a_{x,\upsilon,2}^{EC},\sigma_2\right)}J^{EC}\left(a_{x,\upsilon,2}^{EC},\sigma_2,a_{x,\upsilon+\sigma_2}^{AC2}\right)\right) \tag{5.27}$$

$$\gamma_2^2\left(a_{x,\upsilon,2}^{EC},\sigma_2\right)=\left\{\zeta_2\in\Phi_2^2:J^{AC2}\left(a_{x,\upsilon,2}^{EC},\sigma_2,\zeta_2\right)\leqslant J^{AC2}\left(a_{x,\upsilon,2}^{EC},\sigma_2,a_{x,\upsilon+\sigma_2}^{AC2}\right),\forall a_{x,\upsilon+\sigma_2}^{AC1}\in\Phi_2^2\right\} \tag{5.28}$$

s.t. $\sigma_1,\sigma_2\in\{-1,0,1\},a_{x,\upsilon,1}^{EC},a_{x,\upsilon,2}^{EC}\in\left[a_{x,\upsilon}^{\min},a_{x,\upsilon}^{\max}\right],a_{x,\upsilon+\sigma_1}^{AC1}\in\left[a_{x,\upsilon+\sigma_1}^{\min},a_{x,\upsilon+\sigma_1}^{\max}\right],a_{x,\upsilon+\sigma_2}^{AC2}\in\left[a_{x,\upsilon+\sigma_2}^{\min},a_{x,\upsilon+\sigma_2}^{\max}\right],\upsilon_{x,\upsilon,1}^{EC},\upsilon_{x,\upsilon,2}^{EC}\in\left[\upsilon_{x,\upsilon}^{\min},\upsilon_{x,\upsilon}^{\max}\right],\upsilon_{x,\upsilon+\sigma_1}^{AC1}\in\left[\upsilon_{x,\upsilon+\sigma_1}^{\min},\upsilon_{x,\upsilon+\sigma_1}^{\max}\right],\upsilon_{x,\upsilon+\sigma_2}^{AC2}\in\left[\upsilon_{x,\upsilon+\sigma_2}^{\min},\upsilon_{x,\upsilon+\sigma_2}^{\max}\right]$

5.2.3 测试结果及性能评估

为了验证这两种博弈论的类人决策算法，我们在 MATLAB-Simulink 仿真平台上设计并实施了两种驾驶场景。

1. 场景 A

如图 5.3 所示，场景 A 是一种典型的并线案例。由于当前车道即将结束，因此 EC 必须并入主车道。如果 EC 做出变道决策，它必须与主干道上的 AC 互动。AC 的驾驶行为对 EC 的决策结果有很大影响。此外，EC 的驾驶风格是影响 EC 决策结果的另一因素。在这种情况下，EC 和 AC 的初始速度分别设定为 20m/s 和 15m/s，EC 和 AC 之间的初始差距为 2m（EC 在前）。测试结果如图 5.4 ～图 5.6 所示。

图 5.3　测试场景 A

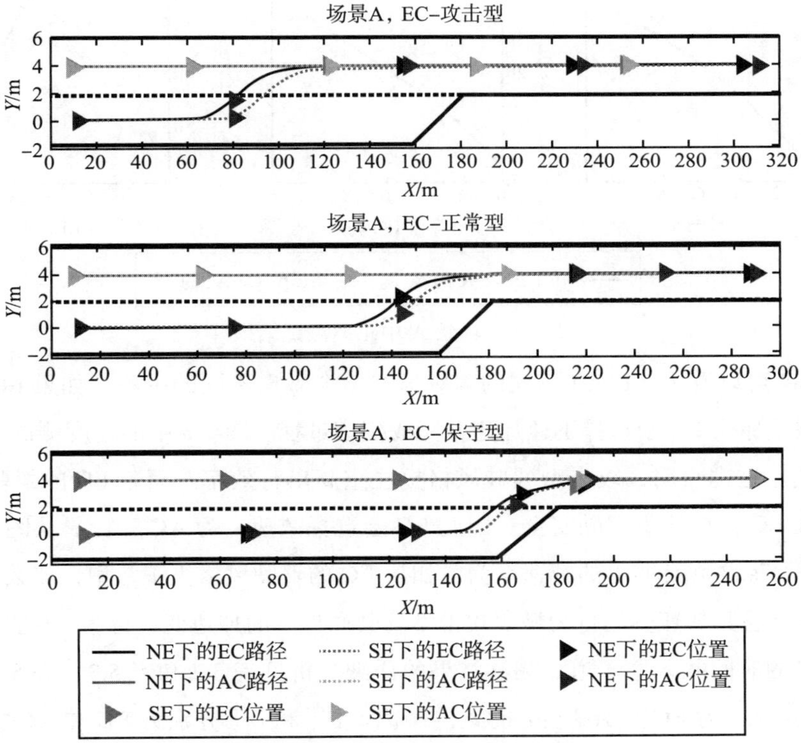

图 5.4　场景 A 中的决策结果

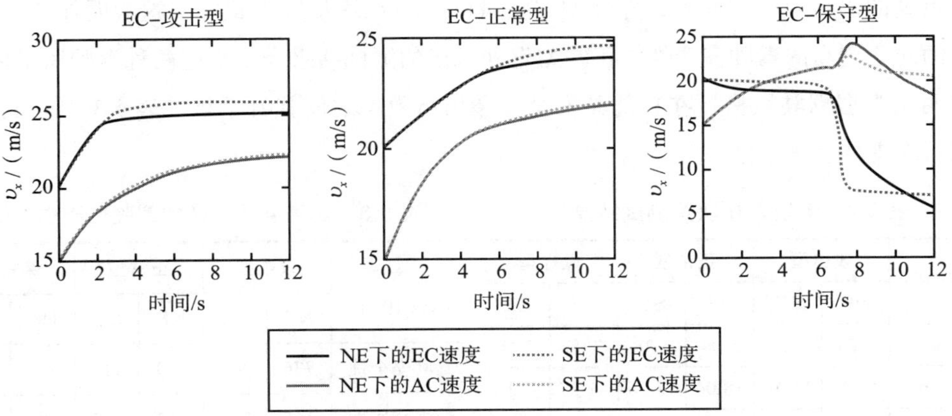

图 5.5　场景 A 中速度测试结果

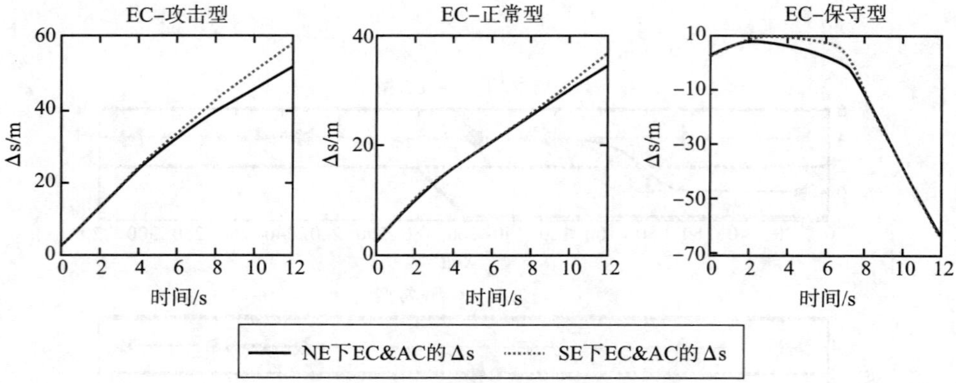

图 5.6　场景 A 中距离测试结果

从图 5.4 可以看出，EC 在不同的驾驶风格下会做出不同的决策。如果 EC 的驾驶风格为攻击型，那么 EC 会选择迅速加速并完成变道过程。图 5.5 中的速度测试结果可以支持这一结论。这也表明，攻击型驾驶风格更注重高出行效率。而若 EC 的驾驶风格为保守型，那么 EC 会更注重驾驶安全。因此 EC 会选择减速，为 AC 让行。从图 5.5 可以看出，EC 在第 7s 之后有明显的减速行为。如果 EC 的驾驶风格为正常型，那么 EC 可以完成变道过程，且其加速变道行为慢于攻击型驾驶风格下的加速变道行为。因此，EC 不得不花费更多的时间并入主干道。测试结果的详细分析见表 5.2 和表 5.3。表 5.2 中 t_c 为变道决策时间，Δs_{t_c} 为 EC 与 AC 在 t_c 时刻的距离。υ_{x,t_c}^{EC} 和 υ_{x,t_c}^{AC} 分别为 EC 和 AC 在 t_c 时刻的速度。我们可以发现，攻击型驾驶风格下的 t_c 最小，υ_{x,t_c}^{EC} 最大，这表明攻击型驾驶风格倾向于更高的出行效率。此外，保守型驾驶风格下的 t_c 最大，υ_{x,t_c}^{EC} 最小，这表明保守型驾驶风格倾向于更高的驾驶安全性。正常型驾驶风格的测试结果介于上述两种驾驶风格之间，这表明正常型驾驶风格旨在在驾驶安全性和出行效率之间找到平衡。表 5.3 中的成本值可以再次支持上述结论。

表 5.2　场景 A 中决策测试结果

测试参数	攻击型		正常型		保守型	
	NE	SE	NE	SE	NE	SE
t_c/s	2.24	2.72	5.04	5.36	7.00	7.18
Δs_{t_c} /m	13.77	16.46	18.06	18.86	−1.37	−1.99
υ_{x,t_c}^{EC} / (m/s)	24.15	24.83	23.25	23.40	17.03	11.07
υ_{x,t_c}^{AC} / (m/s)	18.66	19.17	20.76	20.91	21.49	21.52

表 5.3　场景 A 中 EC 的驾驶性能成本值

成本值 ($\times 10^5$)	攻击型		正常型		保守型	
	NE	SE	NE	SE	NE	SE
驾驶安全性	776	428	153	119	63	50
乘坐舒适性	365	231	183	147	105	104
出行效率	114	79	275	215	394	329

纳什均衡（NE）和斯塔克尔伯格（SE）这两种博弈论决策算法的测试结果虽然非常相似，但也存在一定差异。

从表 5.2 中可以看出，SE 下的 t_c、Δs_{t_c} 和 υ_{x,t_c}^{EC} 均大于 NE，这说明 SE 比 NE 具有更好的驾驶安全性和更高的出行效率，这要归功于引导车辆对跟随车辆的决策预测。表 5.3 中的成本值可以支持这一结论。我们可以清楚地发现，采用 SE 方法，驾驶安全性、乘坐舒适性和行驶效率这三种驾驶性能都得到了提高。以正常型驾驶风格为例，SE 的驾驶安全性成本值、乘坐舒适性成本值和出行效率成本值分别下降了 22%、20% 和 22%。

2. 场景 B

在场景 B 中，要在一条弯曲的三车道高速公路上进行超车操作，如图 5.7 所示。EC 和 LC 行驶在中间车道，AC1 和 AC2 分别在左侧、右侧车道上行驶。

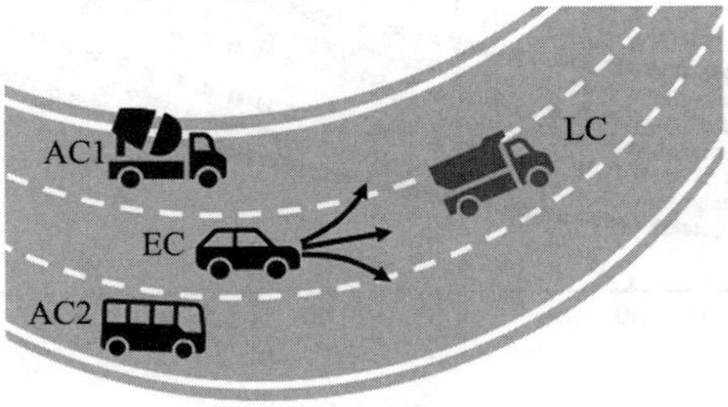

图 5.7　测试场景 B

由于 LC 的行驶速度较慢，因此 EC 必须做出决策，是选择保持车道并减速，以保持与 LC 之间的安全距离，还是选择变道然后超车。如果选择变道，EC 必须与 AC1 和 AC2 互动，然后做出最优的变道选择——是选择左侧变道还是右侧变道。在 EC 变道问题中，必须同时考虑两辆 AC 的驾驶行为。此外，EC 的驾驶风格对其决策结果也有很大影响。因此，我们考虑了 EC 的攻击型、正常型和保守型三种驾驶风格。在场景 B 下，LC、EC、AC1 和 AC2 的初始速度分别设置为 15m/s、20m/s、15m/s 和 13m/s。LC、EC、AC1 和 AC2 的初始位置分别设置为（62，0.95）、（12，0.04）、（10，4.03）和（15，-3.94）。测试结果如图 5.8 ～图 5.10 所示。

由图 5.8 我们可以发现，在不同的驾驶风格下，EC 会做出不同的决策。如果 EC 的驾驶风格为攻击型和正常型，那么 EC 会做出变道和超车的决策。而如果 EC 的驾驶风格为保守型，那么 EC 会做出车道保持的决策。

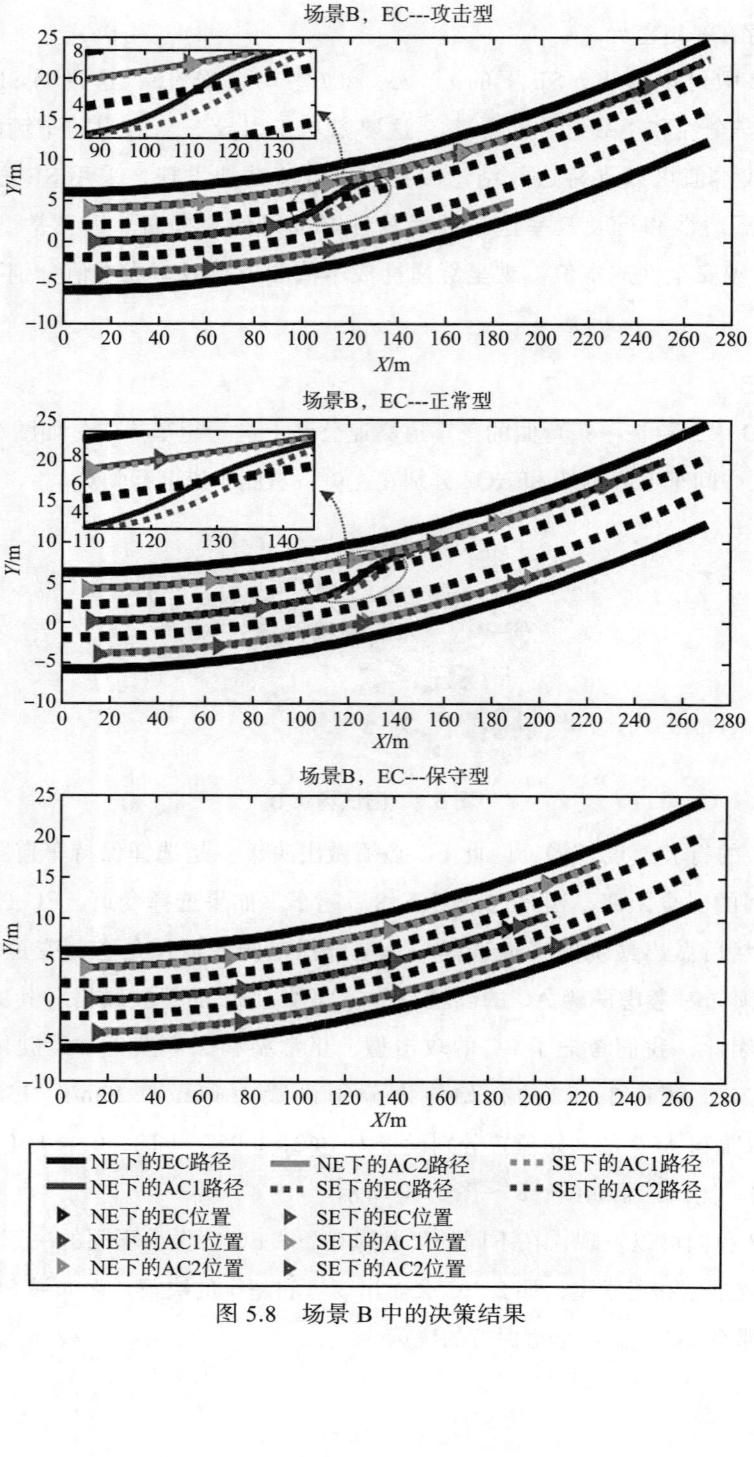

图 5.8 场景 B 中的决策结果

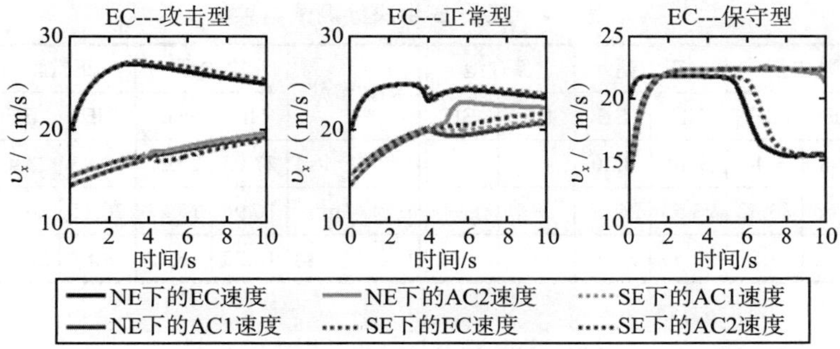

图 5.9　场景 B 中速度测试结果

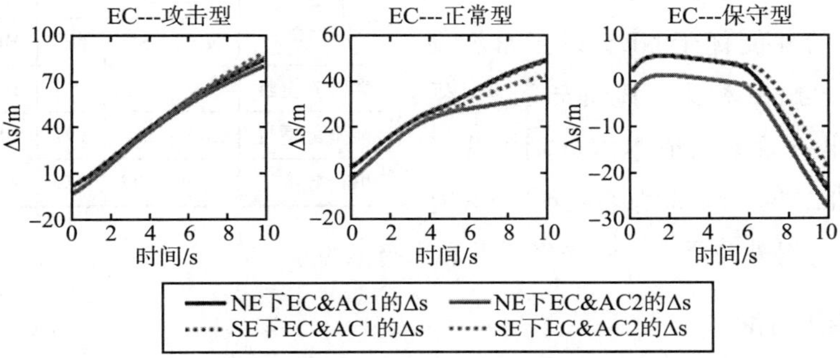

图 5.10　场景 B 中距离测试结果

根据图 5.9 的速度规划结果我们可以发现，如果 EC 的驾驶风格为攻击型，那么它可能会突然加速，也就是在最短的时间内达到最大车速，这表明攻击型的驾驶风格更倾向于更高的出行效率。但如果 EC 的驾驶风格为保守型，基于做出的车道保持决策，它必须在第 5s 后减速，以保证驾驶安全。

车辆之间的距离如图 5.10 所示。保守型驾驶风格车辆间的安全距离比攻击型驾驶风格车辆间的安全距离更大，这说明保守型驾驶风格更注重驾驶安全性。详细决策结果如表 5.4 所示，其中 t_c 为变道决策时间；$\Delta s_{t_c}^i\left(i=1,2\right)$ 为 t_c 时刻 EC 与 ACi 的距离。υ_{x,t_c}^{EC} 和 $\upsilon_{x,t_c}^{ACi}\left(i=1,\ 2\right)$ 为 EC 和 ACi 在时刻 t_c 的速度。我们可以发现，与正常型驾驶风格相比，攻击型驾驶风格下的 t_c 更小，而 υ_{x,t_c}^{EC} 更大，这进一步表明攻击型驾驶风格追求更高的出行效率。此外，表 5.5 为不同驾驶风格下不同驾驶性能的成本值。保守型驾驶风格的驾驶安全性和乘坐舒适性成本值最小，这说明保守型驾驶风格追求更高的驾驶安全性和乘坐舒适性。而攻击型驾驶风格的出行效率成本值最小，这说明攻击型驾驶风格追求更高的出行效率。

表 5.4　场景 B 中决策测试结果

测试参数	攻击型		正常型		保守型		测试参数	攻击型		正常型		保守型	
	NE	SE	NE	SE	NE	SE		NE	SE	NE	SE	NE	SE
t_c/s	2.98	3.44	3.90	4.20	—	—	υ_{x,t_c}^{EC} / (m/s)	27.03	27.22	23.43	23.44	—	—
$\Delta s_{t_c}^1$ /m	28.66	33.32	25.53	26.20	—	—	υ_{x,t_c}^{AC1} / (m/s)	16.96	17.22	20.11	20.31	—	—
$\Delta s_{t_c}^2$ /m	26.22	31.21	22.55	24.06	—	—	υ_{x,t_c}^{AC2} / (m/s)	16.23	16.52	19.82	20.04	—	—

此外，两种博弈论方法的决策结果也存在一定的差异。但可以得出大致一样的结论，即 SE 的性能优于 NE。以正常型驾驶风格为例，与 NE 相比，驾驶安全性、乘坐舒适性和出行效率的成本值分别下降了 31%、26% 和 27%。测试结果表明，SE 有利于提高 EC 的驾驶安全性、乘坐舒适性和出行效率。

表 5.5　场景 B 中 EC 驾驶性能的成本值

成本值（×10⁴）	攻击型		正常型		保守型	
	NE	SE	NE	SE	NE	SE
驾驶安全性	289	192	152	105	36	31
乘坐舒适性	280	269	191	142	61	53
出行效率	119	107	279	205	371	344

3. 测试结果讨论

我们通过设计两种不同的驾驶场景来验证所提出的类人决策算法。在测试中，我们考虑了 EC 不同的驾驶风格，并对两种博弈论方法进行了评估。从测试结果中可以看出，在不同的驾驶风格下，EC 会做出不同的决策。攻击型驾驶风格追求更高的出行效率，保守型驾驶风格更注重驾驶安全性和乘坐舒适性。此外，正常型驾驶风格旨在在不同的驾驶性能之间找到一个良好的平衡。此外，这两种博弈论方法都能帮助自动驾驶汽车做出安全合理的决策。与 NE 相比，由于跟随车辆对引导车辆的决策进行了预测，SE 更有利于提高 EC 的驾驶安全性、乘坐舒适性和出行效率。

5.2.4 小结

本章提出了一个自动驾驶类人决策框架。决策成本函数的设计过程考虑了不同的驾驶性能，包括驾驶安全性、乘坐舒适性和出行效率。基于构建的成本函数和多种约束条件，将纳什均衡和斯塔克尔伯格两种博弈论方法应用于自动驾驶汽车的类人决策。最后，设计并实施了两种驾驶场景来验证类人决策算法。测试结果表明，所提出的算法可以像人类驾驶员一样为自动驾驶汽车做出决策，以满足不同乘客的个性化决策需求。

5.3　自动驾驶汽车在无信号灯环岛的类人决策

在考虑个性化驾驶风格的基础上，我们设计了一个博弈论决策框架来解决自动驾驶汽车在无信号灯环岛的驾驶冲突。斯塔克尔伯格博弈论方法在自动驾驶系统的类人交互和决策方面具有优势。在 MPC 决策框架中，考虑了自动驾驶汽车的运动预测以提高决策的有效性，研究了不同驾驶风格下自动驾驶汽车的交互与决策，从驾驶安全性、乘坐舒适性和出行效率等方面为乘客提供个性化的驾驶体验。最后，设计并实施了三个测试案例，验证了所提出的类人决策算法的可行性、有效性和实时性。

5.3.1　问题描述与系统框架

1. 自动驾驶汽车在无信号灯环岛的决策

虽然自动驾驶汽车在无信号灯环岛的驾驶冲突解决方案已被广泛研究，但大多数研究通常将其简化为单车道环岛，对驾驶冲突的描述也非常简单，解决方法大多是优化通行顺序和车速，而无信号灯环岛的驾驶冲突是十分复杂的。无信号灯环岛多车之间的超车、变道、并线等交互行为应予以考虑。遗憾的是，大多数研究都忽略了这些交互行为。为此，本节提出了一个双车道无信号灯环岛场景，以研究自动驾驶汽车之间的交互和冲突解决。

此外，大多数研究认为所有自动驾驶汽车具有相同的驾驶特征。因此，在解决无信号灯环岛的驾驶冲突时，所有自动驾驶汽车通常会做出相似的决策，忽略了个性化驾驶需求。为了实现类人个性化驾驶，本节考虑了自动驾驶汽车不同的驾驶风格，体现了对驾驶安全性、乘坐舒适性和出行效率的不同驾驶偏好。

双车道无信号灯环岛场景如图 5.11 所示。这里假设所有车辆都是自动驾驶汽车，不涉及人类驾驶的车辆。由图 5.11 可知，无信号灯环岛有八条双车道主干道和一条双车道环形道路。即 M1、M2、M3、M4、$\widehat{\text{M}}1$、$\widehat{\text{M}}2$、$\widehat{\text{M}}3$、$\widehat{\text{M}}4$ 和 RR 有四个入口和四个出口，即 Ain、Bin、Cin、Din、Aout、Bout、Cout 和 Dout。

在决策算法设计中，HV 和 NV 之间的作用是双向的，也就是说 HV 和 NV 相互影响对方的决策行为。然而，LV 对 HV 的影响是单向的，只有 LV 的决策行为会影响 HV

的决策行为。由于 IV 和 HV 相隔较远，IV 对 HV 的影响可以忽略不计。值得一提的是，HV、NV、LV 和 IV 并非绝对的，也就是说，每辆车均可视为 HV，然后根据定义自动生成 NV、LV 和 IV。

一般来说，自动驾驶汽车在环岛的决策过程包括三个阶段，如图 5.12 所示。第一阶段是进入环岛，如图 5.12a 所示。我们可以看到主车道 M1 上的 HV 准备从入口 Ain 并入环形道路 RR。首先，它必须与周围的车辆互动，其决策结果很大程度上会受周围车辆驾驶行为和驾驶风格的影响。HV 有三种选择：并入环形道路 RR 外侧车道、并入环形道路 RR 内侧车道、保持车道直至车停。

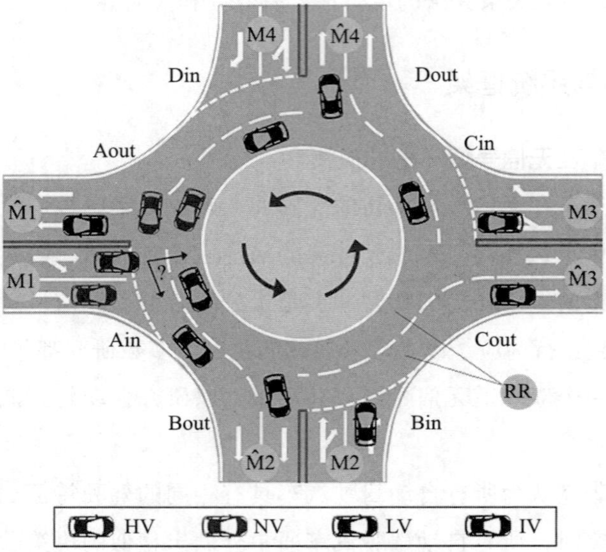

图 5.11　双车道无信号灯环岛场景

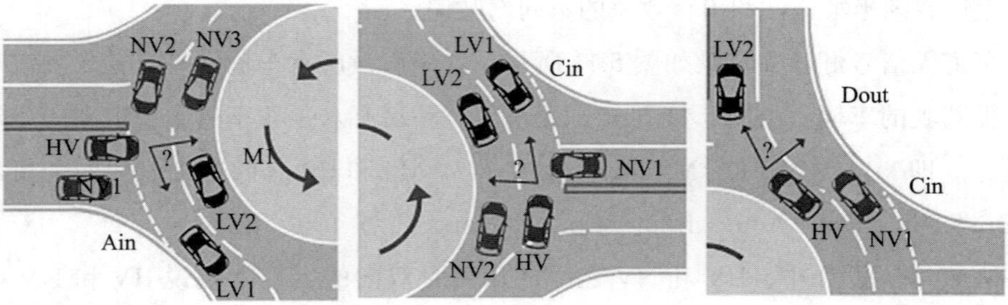

a）进入环岛　　b）通过环岛　　c）离开环岛

图 5.12　自动驾驶汽车在环岛的决策过程

如果 HV 想要并入环形道路 RR 的外侧车道，它必须与 NV1 和 NV2 争夺路权。NV1 和 NV2 有两个选择，即减速让行或加速前行。两种决策结果均受驾驶风格的影响。例如，保守型驾驶风格更倾向于前者，即减速让行；而攻击型驾驶风格更倾向于后者，即加速前行。此外，如果 HV 想要并入环形道路 RR 的内侧车道，它必须与 NV2 和 NV3 互动。同样，NV2 和 NV3 也有两种选择，要么减速让行，要么加速前行。极端的情况就是 HV 减速并让行所有 NV。

第二阶段为通过环岛。在这一阶段，HV 必须解决与环形道路 RR 上车辆之间的驾驶冲突，以及与主干道上并线车辆之间的驾驶冲突。如图 5.12b 所示，主干道 M3 上的 NV1 从入口 Cin 进入环形道路 RR。HV 有三种选择：减速让行 NV1、加速并争夺路权、变道至环形路 RR 内侧车道。前两种选择与 NV1 和 HV 的驾驶行为有关。如果 HV 选择变道至环形路 RR 内侧车道，那么它必须与 NV2 交互。于是，HV 与 NV1 之间的驾驶冲突将转变为 HV 与 NV2 之间的驾驶冲突。

第三阶段是离开环岛。如图 5.12c 所示，HV 正准备从 Dout 驶离环岛，并入主干道 M4。它必须选择进入 M4 的某一车道。如果 HV 决定进入 M4 内侧车道，它必须跟在 LV2 的后面。如果 IV2 的速度较慢，则 HV 必须减速以保持安全距离。HV 也可以选择变道，如果 HV 选择变道，它必须与 NV1 交互并争夺路权。

综上所述，在无信号灯环岛，HV 和所有 NV 的决策结果均受到相对速度、车距、驾驶意图、驾驶风格等诸多因素的影响，在决策算法中需要考虑这些因素。本节旨在研究自动驾驶汽车在复杂且无信号灯环岛的类人交互行为和决策策略。

2. 自动驾驶汽车决策框架

为解决自动驾驶汽车在无信号灯环岛的驾驶冲突问题，采用博弈论方法设计了一个类人决策框架。如图 5.13 所示，自动驾驶汽车的三种驾驶风格分别为攻击型、保守型和正常型[147, 88]。第 2 章对这三种驾驶风格进行了详细的定义和描述，所以这里不再赘述。

除了图 5.13 中的驾驶风格设置外，还结合车辆运动学模型设计了一个基于模型的运动预测模块，以提高决策算法的性能。在设计决策收益函数时，综合考虑了驾驶安全性、乘坐舒适性和出行效率等驾驶性能。基于构建的收益函数和多约束条件，将博弈论方法应用于自动驾驶汽车的类人交互和类人决策。然后，将制定的决策结果输出到运动规划和控制模块。第 4 章介绍了运动规划和控制算法，本章旨在研究类人决策算法。

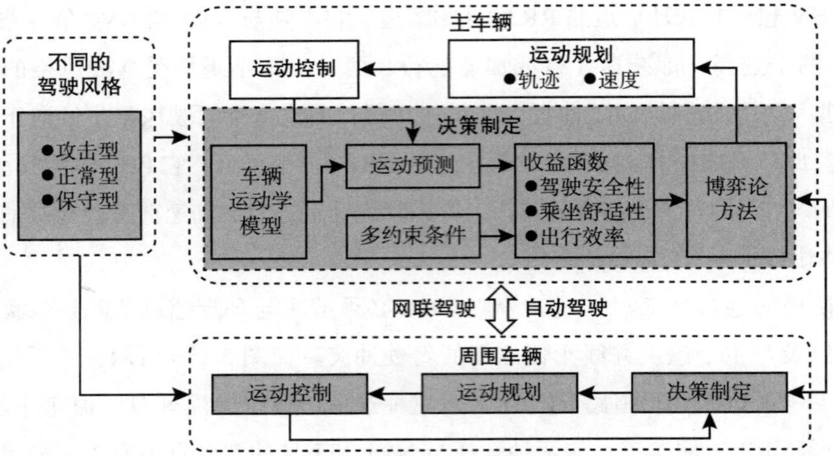

图 5.13 自动驾驶汽车类人决策框架

5.3.2 自动驾驶汽车决策的运动预测

在基于模型的运动预测算法设计中，采用了一种简化车辆运动学模型。首先，以离散模型表示车辆运动学模型，在给定预测范围后，就可以推导出车辆未来的运动状态。

首先，将车辆运动学模型式（3.5）表示为一个时变线性系统：

$$\dot{x}(t)=\boldsymbol{A}_t\boldsymbol{x}(t)+\boldsymbol{B}_t\boldsymbol{u}(t) \tag{5.29}$$

其中时变系数矩阵推导为：

$$\boldsymbol{A}_t=\left.\frac{\partial f}{\partial x}\right|_{x_t,u_t},\boldsymbol{B}_t=\left.\frac{\partial f}{\partial u}\right|_{x_t,u_t} \tag{5.30}$$

则离散模型式（5.29）如下所示：

$$\begin{cases}\boldsymbol{x}(k+1)=\boldsymbol{A}_k\boldsymbol{x}(k)+\boldsymbol{B}_k\boldsymbol{u}(k)\\ \boldsymbol{u}(k)=\boldsymbol{u}(k-1)+\Delta\boldsymbol{u}(k)\end{cases} \tag{5.31}$$

其中，状态向量 $\boldsymbol{x}(k)=\left[\upsilon_x(k),\varphi(k),X(k),Y(k)\right]^{\mathrm{T}}$，系数矩阵 $\boldsymbol{A}_k=\mathrm{e}^{A_t\Delta T},B_k=\int_0^{\Delta T}\mathrm{e}^{A_t\tau}B_t\mathrm{d}\tau$，此外，$\Delta T$ 表示采样时间，控制向量 $\boldsymbol{u}(k)=\left[a_x(k),\delta_f(k)\right]^{\mathrm{T}}$，控制增量向量 $\Delta\boldsymbol{u}(k)=\left[\Delta a_x(k),\Delta\delta_f(k)\right]^{\mathrm{T}}$。

在此基础上，提出了一种将原始状态向量与控制向量相结合的新状态向量：

$$\boldsymbol{\xi}(k)=[\boldsymbol{x}(k),\boldsymbol{u}(k-1)]^{\mathrm{T}} \tag{5.32}$$

之后，式（5.31）表示为：

$$\begin{cases}\boldsymbol{\xi}(k+1)=\widehat{\boldsymbol{A}}_k\boldsymbol{\xi}(k)+\widehat{\boldsymbol{B}}_k\Delta\boldsymbol{u}(k)\\ y(k)=\widehat{\boldsymbol{C}}_k\boldsymbol{\xi}(k)\end{cases} \tag{5.33}$$

式中，$\widehat{\boldsymbol{A}}_k=\begin{bmatrix}\boldsymbol{A}_k & \boldsymbol{B}_k\\ \boldsymbol{0}_{2\times4} & \boldsymbol{I}_2\end{bmatrix}$，$\widehat{\boldsymbol{B}}_k=\begin{bmatrix}\boldsymbol{B}_k\\ \boldsymbol{I}_2\end{bmatrix}$和$\widehat{\boldsymbol{C}}_k=\begin{bmatrix}\boldsymbol{I}_4 & \boldsymbol{0}_{4\times2}\end{bmatrix}$。

定义预测界值N_p和控制界值$N_c, N_p>N_c$，在时间步长k处，如果状态向量$\boldsymbol{\xi}(k)$、控制向量$\Delta\boldsymbol{u}(k)$以及系数矩阵，即$\widehat{\boldsymbol{A}}_{p,k}$、$\widehat{\boldsymbol{B}}_{p,k}$和$\widehat{\boldsymbol{C}}_{p,k}$已知，则预测状态向量为：

$$\begin{cases}\boldsymbol{\xi}(p+1\,|\,k)=\widehat{\boldsymbol{A}}_{p,k}\boldsymbol{\xi}(p\,|\,k)+\hat{\boldsymbol{B}}_{p,k}\Delta\boldsymbol{u}(p\,|\,k)\\ \boldsymbol{y}(p\,|\,k)=\widehat{\boldsymbol{C}}_{p,k}\boldsymbol{\xi}(p\,|\,k)\end{cases} \tag{5.34}$$

式中，$p=k,k+1,\cdots,k+N_p-1$。

假定$\widehat{\boldsymbol{A}}_{p,k}=\widehat{\boldsymbol{A}}_k, \widehat{\boldsymbol{B}}_{p,k}=\widehat{\boldsymbol{B}}_k$并且$\widehat{\boldsymbol{C}}_{p,k}=\widehat{\boldsymbol{C}}_k$，预测运动状态为：

$$\begin{aligned}&\boldsymbol{\xi}(k+1\,|\,k)=\widehat{\boldsymbol{A}}_k\boldsymbol{\xi}(k\,|\,k)+\widehat{\boldsymbol{B}}_k\Delta\boldsymbol{u}(k\,|\,k)\\ &\boldsymbol{\xi}(k+2\,|\,k)=\widehat{\boldsymbol{A}}_k^2\boldsymbol{\xi}(k\,|\,k)+\widehat{\boldsymbol{A}}_k\widehat{\boldsymbol{B}}_k\Delta\boldsymbol{u}(k\,|\,k)+\widehat{\boldsymbol{B}}_k\Delta\boldsymbol{u}(k+1\,|\,k)\\ &\quad\vdots\\ &\boldsymbol{\xi}(k+N_c\,|\,k)=\widehat{\boldsymbol{A}}_k^{N_c}\boldsymbol{\xi}(k\,|\,k)+\widehat{\boldsymbol{A}}_k^{N_c-1}\widehat{\boldsymbol{B}}_k\Delta\boldsymbol{u}(k\,|\,k)+\cdots+\\ &\qquad\widehat{\boldsymbol{B}}_k\Delta\boldsymbol{u}(k+N_c-1\,|\,k)\\ &\quad\vdots\\ &\boldsymbol{\xi}(k+N_p\,|\,k)=\widehat{\boldsymbol{A}}_k^{N_p}\boldsymbol{\xi}(k\,|\,k)+\widehat{\boldsymbol{A}}_k^{N_p-1}\widehat{\boldsymbol{B}}_k\Delta\boldsymbol{u}(k\,|\,k)+\cdots+\\ &\qquad\widehat{\boldsymbol{A}}_k^{N_p-N_c}\widehat{\boldsymbol{B}}_k\Delta\boldsymbol{u}(k+N_c-1\,|\,k)\end{aligned} \tag{5.35}$$

输出向量序列可以表示为：

$$\boldsymbol{\Upsilon}(k)=\left[\boldsymbol{y}^{\mathrm{T}}(k+1\,|\,k),\boldsymbol{y}^{\mathrm{T}}(k+2\,|\,k),\cdots,\boldsymbol{y}^{\mathrm{T}}\left(k+N_p\,|\,k\right)\right]^{\mathrm{T}} \tag{5.36}$$

根据式（5.35）和式（5.36），$\boldsymbol{\Upsilon}(k)$推导式如下所示：

$$\boldsymbol{\Upsilon}(k)=\bar{\boldsymbol{C}}\boldsymbol{\xi}(k\,|\,k)+\bar{\boldsymbol{D}}\Delta\boldsymbol{u}(k) \tag{5.37}$$

式中，$\Delta\boldsymbol{u}(k)=\left[\Delta\boldsymbol{u}^{\mathrm{T}}(k\,|\,k),\ \Delta\boldsymbol{u}^{\mathrm{T}}(k+1\,|\,k),\cdots,\Delta\boldsymbol{u}^{\mathrm{T}}\left(k+N_c-1\,|\,k\right)\right]^{\mathrm{T}},\bar{\boldsymbol{C}}=$
$\left[\left(\widehat{\boldsymbol{C}}_k\widehat{\boldsymbol{A}}_k\right)^{\mathrm{T}},\left(\widehat{\boldsymbol{C}}_k\widehat{\boldsymbol{A}}_k^2\right)^{\mathrm{T}},\cdots,\left(\widehat{\boldsymbol{C}}_k\widehat{\boldsymbol{A}}_k^{N_p}\right)^{\mathrm{T}}\right]^{\mathrm{T}}$

$$\overline{\boldsymbol{D}}=\begin{bmatrix}\widehat{\boldsymbol{C}}_k\widehat{\boldsymbol{B}}_k & 0 & 0 & 0\\ \vdots & \vdots & \vdots & \vdots\\ \widehat{\boldsymbol{C}}_k\widehat{\boldsymbol{A}}_k^{N_c-1}\widehat{\boldsymbol{B}}_k & \cdots & \widehat{\boldsymbol{C}}_k\widehat{\boldsymbol{A}}_k\widehat{\boldsymbol{B}}_k & \widehat{\boldsymbol{C}}_k\widehat{\boldsymbol{B}}_k\\ \vdots & \vdots & \vdots & \vdots\\ \widehat{\boldsymbol{C}}_k\widehat{\boldsymbol{A}}_k^{N_p-1}\widehat{\boldsymbol{B}}_k & \cdots & \widehat{\boldsymbol{C}}_k\widehat{\boldsymbol{A}}_k^{N_p-N_c+1}\widehat{\boldsymbol{B}}_k & \widehat{\boldsymbol{C}}_k\widehat{\boldsymbol{A}}_k^{N_p-N_c}\widehat{\boldsymbol{B}}_k\end{bmatrix}。$$

最后，完成对基于模型的自动驾驶汽车运动预测，并将预测的自动驾驶汽车运动状态用于决策算法设计，以提高决策的安全性。

5.3.3 基于博弈论方法的决策算法设计

本节采用斯塔克尔伯格博弈论方法来解决自动驾驶汽车在无信号灯环岛的驾驶冲突问题，并实现类人决策。首先，在综合考虑驾驶安全性、乘坐舒适性和出行效率的基础上，构建决策收益函数，再结合多种约束条件，将博弈决策问题转化为优化问题。

1. 基于单个对手车辆的决策收益函数

如前所述，自动驾驶汽车在无信号灯环岛的决策分为进入、通过和离开环岛三个阶段。在不同阶段，自动驾驶汽车会做出不同决策。在进入环岛阶段，HV 做出的决策为从主干道并入环形道路。因此，驾驶冲突来源于并线行为。在通过和离开环岛阶段，HV 做出的决策是变道。因此，驾驶冲突来源于变道行为。基于此，并线行为 α 的定义为：$\alpha\in\{-1,0,1\}=$ {并入环形道路内侧车道，保持车道，并入环形道路外侧车道}。变道行为 β 的定义为 $\beta\in\{-1,0,1\}=$ {左侧变道，保持车道，右侧变道}。由于解决自动驾驶汽车在无信号灯环岛的驾驶冲突涉及多车多道，所以决策收益函数的设计面临很大挑战。为了简化设计过程，首先考虑仅涉及两车的变道问题，即 HV 和 NV。在下一节中，设计方法将推广到广义的多车多道。

如果将 AVi 视为 HV，在综合考虑驾驶安全性、乘坐舒适性和出行效率的基础上，决策收益函数可表示为：

$$P^i=k_s^iP_s^i+k_c^iP_c^i+k_e^iP_e^i \tag{5.38}$$

式中，P_s^i、P_c^i 和 P_e^i 分别为驾驶安全性、乘坐舒适性和出行效率的收益，k_s^i、k_c^i 和 k_e^i 为加权系数，与 AVi 的驾驶风格相关。

根据第 2 章人类驾驶员驾驶行为的分析结果，三种不同驾驶风格的加权系数如表 5.6 所示。

首先，驾驶安全收益函数 P_s^i 由纵向安全、横向安全、车道保持安全组成，如下所示：

$$P_s^i = \left(1-\left(\beta^i\right)^2\right)P_{s-log}^i + \left(\beta^i\right)^2 P_{s-lat}^i + \left(1-\left(\beta^i\right)^2\right)P_{s-lk}^i \tag{5.39}$$

式中，P_{s-log}^i、P_{s-lat}^i 和 P_{s-lk}^i 分别为纵向、横向和车道保持安全的收益函数。可以发现，当 $\beta^i=0$，即车道保持时，P_s^i 只与纵向安全和车道保持安全有关。

表 5.6　不同驾驶风格的加权系数

驾驶风格	加权系数		
	k_s^i	k_c^i	k_e^i
攻击型	0.4	0.5	0.1
正常型	0.3	0.3	0.4
保守型	0.1	0.4	0.5

然后，纵向安全收益函数 P_{s-log}^i 与 HV 及其 LV 之间的纵向间距和相对速度有关，如下所示：

$$P_{s-log}^i = k_{\upsilon-log}^i\left[\left(\Delta\upsilon_{x,log}^i\right)^2+\varepsilon\right]^{\eta_{log}^i} + k_{s-log}^i\left(\Delta s_{log}^i\right)^2 \tag{5.40}$$

$$\Delta\upsilon_{x,log}^i = \upsilon_x^{LV} - \upsilon_x^i \tag{5.41}$$

$$\Delta s_{log}^i = \left[\left(X^{LV}-X^i\right)^2+\left(Y^{LV}-Y^i\right)^2\right]^{1/2} - L_\upsilon \tag{5.42}$$

$$\eta_{log}^i = \operatorname{sgn}\left(\Delta\upsilon_{x,log}^i\right) \tag{5.43}$$

式中，υ_x^{LV} 和 υ_x^i 分别为 LV 和 AVi 的纵向速度；$\left(X^{LV},Y^{LV}\right)$ 和 $\left(X^i,Y^i\right)$ 分别为 LV 和 AVi 的位置。$k_{\upsilon-log}^i$ 和 k_{s-log}^i 为加权系数。$\Delta\upsilon_{x,log}^i$和Δs_{log}^i表示 LV 和 AVi 之间的横向速度和纵向间距。L_υ 为考虑车辆长度的安全系数；ε 是一个很小的正值，以避免分母为零。

此外，横向安全收益函数P_{s-lat}^i是 HV 和 NV 之间相对距离和相对速度的函数，推导式为：

$$P_{s-lat}^i = k_{\upsilon-lat}^i\left[\left(\Delta\upsilon_{x,lat}^i\right)^2+\varepsilon\right]^{\eta_{lat}^i} + k_{s-lat}^i\left(\Delta s_{lat}^i\right)^2 \tag{5.44}$$

$$\Delta\upsilon_{x,lat}^i = \upsilon_x^i - \upsilon_x^{NV} \tag{5.45}$$

$$\Delta s_{lat}^i = \left[\left(X^i-X^{NV}\right)^2+\left(Y^i-Y^{NV}\right)^2\right]^{1/2} - L_\upsilon \tag{5.46}$$

$$\eta_{lat}^i = \operatorname{sgn}\left(\Delta\upsilon_{x,lat}^i\right) \tag{5.47}$$

式中，υ_x^{NV}为 NV 的纵向速度，$\left(X^{NV},Y^{NV}\right)$为 NV 的位置；$k_{\upsilon-lat}^i$ 和 k_{s-lat}^i为加权系数。$\Delta\upsilon_{x,lat}^i$ 和 Δs_{lat}^i 代表相对速度以及 AVi 和 NV 之间的纵向间距。

此外，车道保持安全收益函数 P_{s-lk}^i 为 AVi 预测位置与车道中心线之间的横向距离误差和偏航角误差的函数，如下所示：

$$P_{s-lk}^{i}=k_{y-lk}^{i}/\left[\left(\Delta y^{i}\right)^{2}+\varepsilon\right]+k_{\varphi-lk}^{i}/\left[\left(\Delta\varphi^{i}\right)^{2}+\varepsilon\right] \tag{5.48}$$

式中，Δy^i 和 $\Delta\varphi^i$ 为横向距离误差和偏航角误差；k_{y-lk}^i 和 $k_{\varphi-lk}^i$ 为加权系数。

对于 AVi 的加速度，乘坐舒适性 P_c^i 的收益函数定义为：

$$P_{c}^{i}=k_{a_x}^{i}/\left[\left(a_x^{i}\right)^{2}+\varepsilon\right]+k_{a_y}^{i}/\left[\left(a_y^{i}\right)^{2}+\varepsilon\right] \tag{5.49}$$

式中，a_x^i 和 a_y^i 为 AVi 的纵向和横向加速度；$k_{a_x}^i$ 和 $k_{a_y}^i$ 为加权系数。

此外，出行效率的收益函数P_e^i与 AVi 的纵向速度相关，如下所示：

$$P_{e}^{i}=k_{e}^{i}/\left[\left(\upsilon_x^{i}-\upsilon_x^{\max}\right)^{2}+\varepsilon\right] \tag{5.50}$$

式中，$\upsilon_x^{\max}$ 为最大行驶速度；k_e^i 为加权系数。

2. 基于多个对手车辆的决策收益函数

基于构建的决策收益函数，我们可以发现驾驶安全性收益函数涉及多个车辆，尤其是纵向安全性和横向安全性。乘坐舒适性收益函数和出行效率收益函数只与 HV 的运动状态有关，也就是说，乘坐舒适性收益函数和出行效率收益函数不受 NV 数量的影响。因此，在基于多个对手车辆的决策收益函数中，我们需重点关注驾驶安全性收益函数的推导。

考虑到自动驾驶汽车在无信号灯环岛的变道行为和并线行为，改进后的驾驶安全收益函数为：

$$P_{s}^{i}=\Gamma\left(P_{s-log}^{i},P_{s-lat}^{i},P_{s-lk}^{i},\alpha^{i},\beta^{i}\right) \tag{5.51}$$

在不同的决策阶段，Γ函数公式也不同。在进入阶段，只考虑并线行为。Γ函数推导公式如下：

$$\Gamma=\left(1-\left(\alpha^{i}\right)^{2}\right)P_{s-log}^{i}+\left(\alpha^{i}\right)^{2}P_{s-lat}^{i}+\left(1-\left(\alpha^{i}\right)^{2}\right)P_{s-lk}^{i} \tag{5.52}$$

此外，横向安全的收益函数与三辆 NV 相关，如下所示：

$$\begin{aligned}P_{s-lat}^{i}=0.25\left(\alpha^{i}+1\right)^{2}P_{s-lat}^{i\&NV1}+P_{s-lat}^{i\&NV2}+\\0.25\left(\alpha^{i}-1\right)^{2}P_{s-lat}^{i\&NV3}\end{aligned} \tag{5.53}$$

式中，$P_{s-lat}^{i\&NV1}$、$P_{s-lat}^{i\&NV2}$ 和 $P_{s-lat}^{i\&NV3}$ 分别为 NV1、NV2 和 NV3 的横向安全收益。

在通过和离开环岛阶段，Γ函数只考虑变道行为，即：

$$\Gamma=\left(1-\left(\beta^{i}\right)^{2}\right)P_{s-log}^{i}+P_{s-lat}^{i}+\left(1-\left(\beta^{i}\right)^{2}\right)P_{s-lk}^{i} \tag{5.54}$$

从图 5.12 可以看出，横向安全性的收益不仅与 NV1 有关，还受到 NV2 并线行为的影响。因而，P_{s-lat}^{i} 推导公式为：

$$P_{s-lat}^{i}=\left(\beta^{i}\right)^{2}P_{s-lat}^{i\&NV1}+\left(\alpha^{NV2}\right)^{2}P_{s-lat}^{i\&NV2} \tag{5.55}$$

式中，α^{NV2} 为 NV2 的并线行为。

3. 决策过程的约束条件

在自动驾驶汽车无信号灯环岛的决策问题中，自动驾驶汽车受到控制边界限制。即自动驾驶系统需要遵循一定的约束条件，包括安全约束、控制约束等。

首先，提出了驾驶安全性约束条件：

$$\left|\Delta s^{i}\right|\leqslant\Delta s^{\max},\left|\Delta y^{i}\right|\leqslant\Delta y^{\max},\left|\Delta\varphi^{i}\right|\leqslant\Delta\varphi^{\max} \tag{5.56}$$

此外，乘坐舒适性约束条件为：

$$\left|a_{x}^{i}\right|\leqslant a_{x}^{\max},\left|a_{y}^{i}\right|\leqslant a_{y}^{\max} \tag{5.57}$$

而速度约束条件为：

$$\left|\upsilon_{x}^{i}\right|\leqslant\upsilon_{x}^{\max} \tag{5.58}$$

另外，Δa_{x}^{i} 的控制约束条件为：

$$\left|\Delta a_{x}^{i}\right|\leqslant\Delta a_{x}^{\max} \tag{5.59}$$

$\Delta\delta_{f}^{i}$ 和 δ_{f}^{i} 的控制约束为：

$$\left|\Delta\delta_{f}^{i}\right|\leqslant\Delta\delta_{f}^{\max},\left|\delta_{f}^{i}\right|\leqslant\delta_{f}^{\max} \tag{5.60}$$

最后，上述 AVi 的约束条件可以简写为：

$$\Xi^{i}\left(\Delta s^{i},\Delta y^{i},\Delta\varphi^{i},a_{x}^{i},a_{y}^{i},\upsilon_{x}^{i},\Delta a_{x}^{i},\Delta\delta_{f}^{i},\delta_{f}^{i}\right)\leqslant 0 \tag{5.61}$$

约束条件的参数值如表 5.7 所示：

表 5.7　约束条件的参数值

参数	值	参数	值
$\Delta s^{\max}/\text{m}$	0.8	$\upsilon_{x}^{\max}/(\text{m/s})$	30
$\Delta y^{\max}/\text{m}$	0.2	$\Delta a_{x}^{\max}/(\text{m/s}^2)$	0.1

（续）

参数	值	参数	值
$\Delta\varphi^{\max}/(\circ)$	2	$\Delta\delta_f^{\max}/(\circ)$	0.3
$\alpha_x^{\max}/\left(\mathrm{m/s^2}\right)$	8	$\delta_f^{\max}/(\circ)$	30
$\alpha_y^{\max}/\left(\mathrm{m/s^2}\right)$	5	—	—

4. 博弈论与 MPC 优化决策

如图 5.14 所示，将使用斯塔克尔伯格博弈方法来解决自动驾驶汽车在无信号灯环岛的驾驶冲突问题。在斯塔克尔伯格博弈方法中，有一辆引导车辆和一些跟随车辆。引导车辆和跟随车辆都以最大化决策收益为目标。与一般的非合作博弈方法不同的是，在决策过程中，引导车辆优先做出决策，跟随车辆随后做出决策。因此，引导车辆具有预测跟随车辆决策的能力。跟随车辆只有根据引导车辆做出决策才能实现决策收益最大化，因此引导车辆拥有先发优势。

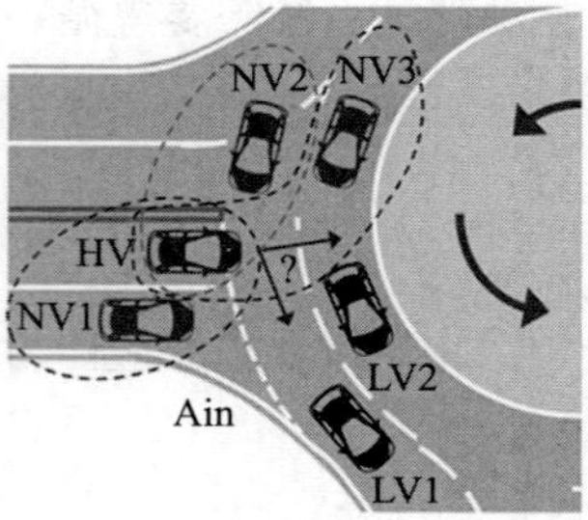

图 5.14 基于斯塔克尔伯格博弈方法的环岛自动驾驶汽车的决策

AVi 的决策向量定义为：$\boldsymbol{u}^i=\left[\Delta a_x^i,\Delta\delta_f^i,\alpha^i,\beta^i\right]^{\mathrm{T}}$。

基于所构建的收益函数，用于决策的斯塔克尔伯格博弈方法推导公式如下：

$$\hat{u}^{HV*}=\arg\max_{\hat{u}^{HV}\in U^{HV}}\ (\min_{\Lambda}\ P^{HV}(\hat{u}^{HV},\hat{u}^{NV1},\hat{u}^{NV2},\hat{u}^{NV3}))\tag{5.62}$$

$$\Lambda\triangleq\{\hat{u}^{NV1}\in U^{NV1*},\hat{u}^{NV2},\in U^{NV2*},\hat{u}^{NV3}\in U^{NV3*}\}\tag{5.63}$$

$$U^{NV1*}(\hat{u}^{HV})\triangleq\{\hat{u}^{NV1*}\in U^{NV1}:P^{NV1}(\hat{u}^{HV},\hat{u}^{NV1*})\geqslant P^{NV1}(\hat{u}^{HV},\hat{u}^{NV1}),\forall\hat{u}^{NV1}\in U^{NV1}\}\tag{5.64}$$

$$U^{NV2*}(\hat{u}^{HV})\triangleq\{\hat{u}^{NV2*}\in U^{NV2}:P^{NV2}(\hat{u}^{HV},\hat{u}^{NV2*})\geqslant P^{NV2}(\hat{u}^{HV},\hat{u}^{NV2}),\forall\hat{u}^{NV2}\in U^{NV2}\}\tag{5.65}$$

$$U^{NV3*}(\hat{u}^{HV})\triangleq\{\hat{u}^{NV3*}\in U^{NV3}:P^{NV3}(\hat{u}^{HV},\hat{u}^{NV3*})\geqslant P^{NV3}(\hat{u}^{HV},\hat{u}^{NV3}),\forall\hat{u}^{NV3}\in U^{NV3}\}\tag{5.66}$$

$$\text{s.t. }\Xi^{HV}\leqslant0,\Xi^{NV1}\leqslant0,\Xi^{NV2}\leqslant0,\Xi^{NV3}\leqslant0$$

式中，$\hat{u}^{HV*}$、$\hat{u}^{NV1*}$、$\hat{u}^{NV2*}$ 和 $\hat{u}^{NV3*}$ 分别为 HV、NV1、NV2、NV3 的最优决策结果。

结合自动驾驶汽车的运动预测，将 MPC 方法应用于自动驾驶汽车的决策优化。

在时间步长 k 处，AVi 的预测收益函数序列推导如下：

$$P^i(k+1|k), P^i(k+2|k), \cdots, P^i\left(k+N_p|k\right) \tag{5.67}$$

为了实现基于预测的 MPC 优化决策，构建了如下成本函数：

$$J^i = 1/\left(P^i + \varepsilon\right) \tag{5.68}$$

式中，系数 $\varepsilon \to 0$，$\varepsilon > 0$。

AVi 的决策序列为：

$$\hat{u}^i(k|k), \hat{u}^i(k+1|k), \cdots, \hat{u}^i\left(k+N_c-1|k\right) \tag{5.69}$$

式中，$\hat{u}^i(q|k) = \left[\Delta a_x^i(q|k), \Delta\delta_f^i(q|k), \alpha^i(q|k), \beta^i(q|k)\right]^{\mathrm{T}}, q = k, k+1, \cdots, k+N_c-1$。

在此基础上，AVi 的决策性能函数如下：

$$\varPi^i = \sum_{p=k+1}^{k+N_p} \left\| J^i(p|k) \right\|_{\boldsymbol{Q}}^2 + \sum_{q=k}^{k+N_c-1} \left\| \hat{u}^i(q|k) \right\|_{\boldsymbol{R}}^2 \tag{5.70}$$

式中，$\boldsymbol{Q}$ 和 $\boldsymbol{R}$ 为加权矩阵。

最后，通过 MPC 优化实现了用于决策的斯塔克尔伯格博弈方法：

$$\begin{aligned} &(\hat{\boldsymbol{u}}^{HV*}, \hat{\boldsymbol{u}}^{NV1*}, \hat{\boldsymbol{u}}^{NV2*}, \hat{\boldsymbol{u}}^{NV3*}) = \arg\min \varPi^{HV} \\ &\text{s.t.} \min \varPi^{NV1}, \min \varPi^{NV2}, \min \varPi^{NV3}, \\ &\Xi^{HV} \leqslant 0, \Xi^{NV1} \leqslant 0, \Xi^{NV2} \leqslant 0, \Xi^{NV3} \leqslant 0 \end{aligned} \tag{5.71}$$

式中，$\hat{\boldsymbol{u}}^{HV*}$、$\hat{\boldsymbol{u}}^{NV1*}$、$\hat{\boldsymbol{u}}^{NV2*}$ 和 $\hat{\boldsymbol{u}}^{NV3*}$ 为 HV、NV1、NV2、NV3 的最优决策序列。

虽然上述优化中只讨论了一辆 HV 和三辆 NV，但通过增加决策向量和收益函数，所提出的决策算法可以推广到更多的车辆。

5.3.4　测试结果与分析

本节旨在评估类人决策算法的可行性和有效性。针对无信号灯环岛的驾驶场景，设计了三个测试案例。所有的测试案例都是在 MATLAB Simulink 仿真平台上进行。为了实现类人决策，在测试中为自动驾驶汽车设置了不同的驾驶风格。

1. 测试案例 1

本案例主要关注进入阶段的驾驶冲突解决。位于主干道 M1 内侧车道上的 HV 已准备好从 Ain 入口进入环形道路 RR，从 Bout 出口进入主干道 M2。在此类驾驶场景中，HV 必须与三辆 NV 交互，即主干道 M1 外侧车道上的 NV1、环形道路 RR 外侧车道上的

NV2 和环形道路 RR 内侧车道上的 NV3，最后再做出最优决策。

为实现个性化驾驶和类人决策，在三种驾驶场景下，为自动驾驶汽车设置了不同的驾驶风格。在场景 A 中，HV、NV1、NV2 和 NV3 的驾驶风格分别设置为正常型、保守型、正常型和正常型。在场景 B 中，四种自动驾驶汽车的驾驶风格分别设置为正常型、攻击型、正常型和正常型。在场景 C 中，四种自动驾驶汽车的驾驶风格分别设置为攻击型、攻击型、正常型和正常型。在测试案例 1 中，HV、NV1、NV2、NV3、LV1 和 LV2 的初始位置分别为（−25，−2.45）、（−28，−6.08）、（−16，10.25）、（−10，11.18）、（−16，−10.25）、（−14，−5.38）。此外，HV、NV1、NV2、NV3、LV1 和 LV2 的初始速度分别设置为 5.5m/s、4m/s、5m/s、4m/s、8m/s、8m/s。最后，测试结果如图 5.15 ～图 5.20 所示。

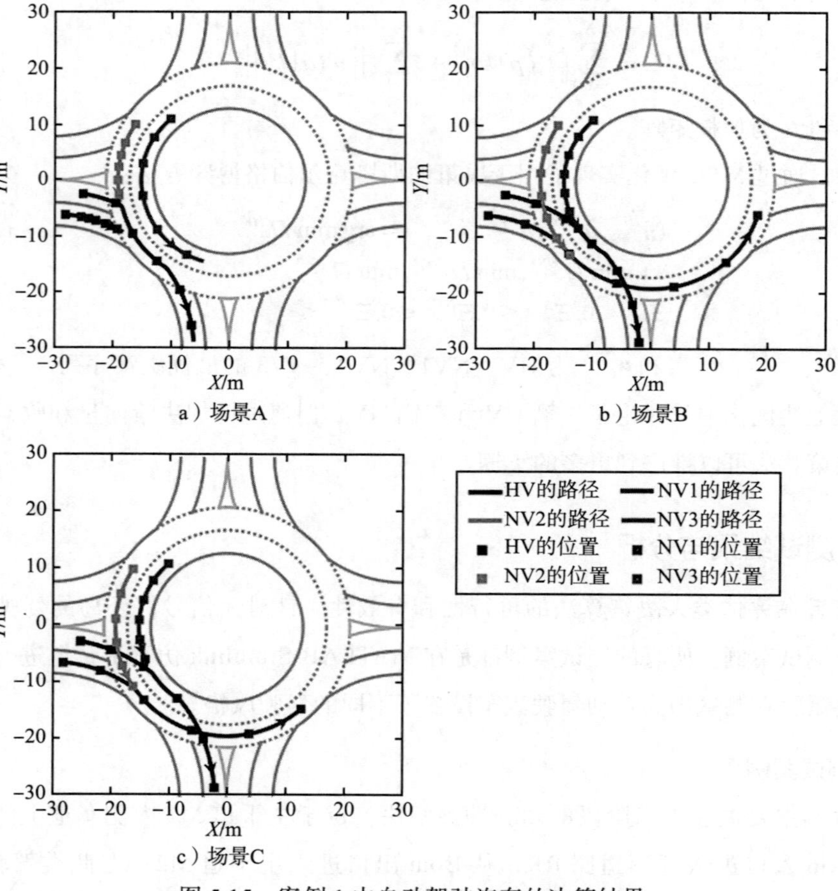

图 5.15 案例 1 中自动驾驶汽车的决策结果

从图 5.15 可以看出，不同驾驶风格下的自动驾驶汽车会做出不同的决策。在场景 A 中，HV 决定加速并并入环形道路 RR 的外侧车道。NV1 和 NV2 的行驶速度减慢，为 HV 让路。HV 的并线行为并没有对 NV3 产生影响。HV 做出该决策的主要原因是 NV1 的驾驶风格为保守型。NV1 减速以提高驾驶安全性。在场景 B 中，NV1 的驾驶风格为攻击型，NV1 不愿意为 HV 让路，因此 NV1 突然加速，如图 5.16b 所示，这说明 NV1 追求更高的出行效率。随后，HV 决定并入环形道路 RR 的内侧车道。在进入环岛之前，HV 有一个减速行为，以保持与 NV2 之间的安全距离。最后，NV3 妥协，减速为 HV 让路。在场景 C 中，HV 和 NV1 的驾驶风格均为攻击型，所以二者间的竞争更加激烈。最后，HV 并入环形道路 RR 的内侧车道，NV2 和 NV3 都让路并减速。从图 5.16c 可以看出，HV 和 NV1 的行驶速度都比较快。一般来说，攻击型驾驶风格追求更高的出行效率，图 5.17 中的速度箱线图也证明了这一结论。

此外，该案例的纵向和横向加速度箱线图分别如图 5.18 和图 5.19 所示。从测试结果可以发现，攻击型驾驶风格下的最大加速度和分布较大。然而，保守型驾驶风格下的加速度分布较小，这说明保守型驾驶风格比攻击型驾驶风格更注重乘坐舒适性。HV 与其他 NV 之间相对距离箱线图如图 5.20 所示。我们可以发现，攻击型驾驶会导致驾驶安全性下降，特别是对于两个激进的司机来说，由于相对距离太小，驾驶安全性无法得到保障。而保守型驾驶风格下的相对距离较大，有利于提高驾驶安全性。

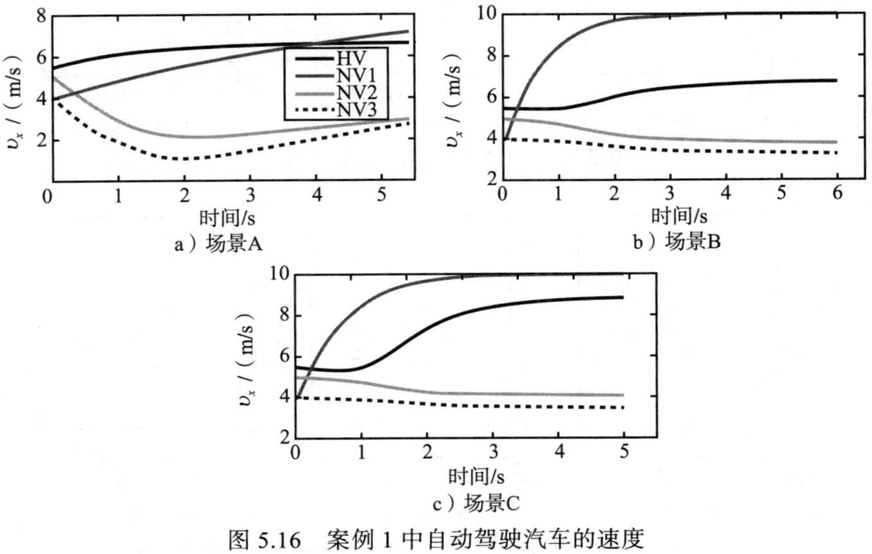

图 5.16　案例 1 中自动驾驶汽车的速度

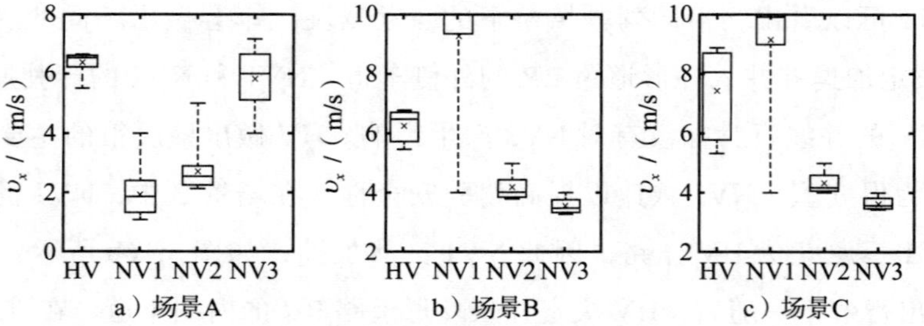

图 5.17　案例 1 中速度箱线图

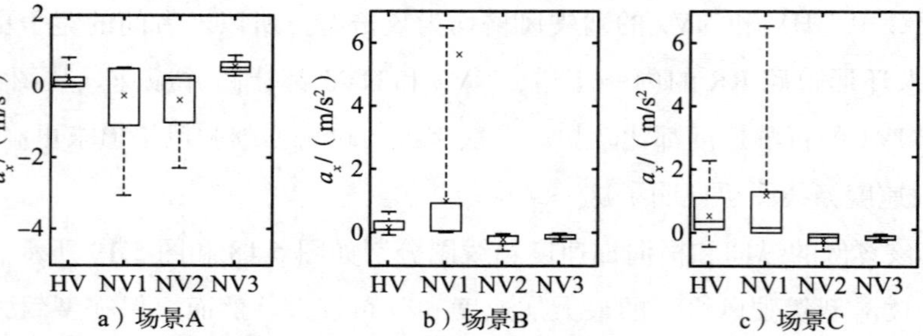

图 5.18　案例 1 中纵向加速度箱线图

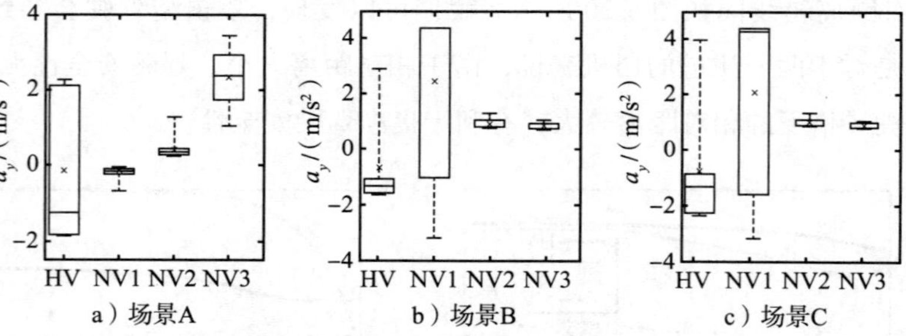

图 5.19　案例 1 中横向加速度箱线图

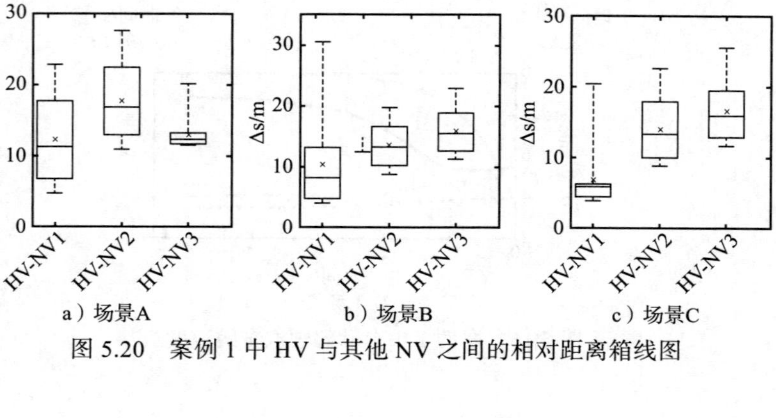

图 5.20　案例 1 中 HV 与其他 NV 之间的相对距离箱线图

2. 测试案例 2

在测试案例 2 中，讨论了无信号灯环岛的通过和离开阶段。位于环形道路 RR 外侧车道上的 HV 准备从 Dout 进入主干道 M4。在这一过程中，HV 必须解决与 NV1 在 M3 主干道上的并线冲突问题。HV 有三种选择：减速让道给 NV1、加速争夺路权、变道至环形道路 RR 内侧车道。如果 HV 选择变道至环形道路 RR 内侧车道，它必须与 NV2 交互，与 NV1 的并线冲突将转化为变道冲突。

在该案例中，为模拟类人驾驶和决策，为自动驾驶汽车设置了不同的驾驶风格。在场景 A 中，HV、NV1 和 NV2 的驾驶风格分别设置为保守型、正常型和正常型。在场景 B 中，三辆自动驾驶汽车的驾驶风格均设置为是正常型。在场景 C 中，三辆自动驾驶汽车的驾驶风格分别设置为攻击型、正常型和正常型。HV、NV1、NV2、LV1、LV2 的初始位置分别设置为（15，–11.66）、（25，2.45）、（8，–12.68）、（15，11.66）、（13，7.48）。HV、NV1、NV2、LV1、LV2 的初始速度分别设置为 5.5m/s、5m/s、4m/s、8m/s、5m/s。最后，不同场景下的测试结果如图 5.21 ～图 5.26 所示。

从图 5.21 的决策结果中，可以发现驾驶风格对自动驾驶汽车的决策有显著的影响。在场景 A 中，由于驾驶风格设置为保守型，HV 更注重驾驶安全。因此，HV 决定减速，为 NV1 让行，最后驶入 M4 主干道的外侧车道上。从图 5.22a 中，可以看到 HV 突然减速。在场景 B 中，HV 做出了不同的决策。HV 决定变道为 NV1 让行，最后驶入 M4 主干道的内侧车道。因此，NV2 让行并减速。在图 5.22b 中，我们可以看到 NV2 有明显的减速行为。在场景 B 中，HV 的驾驶风格为攻击型，因此，HV 追求更高的出行效率。可以看到，为解决驾驶冲突，HV 做出了双车道变道的决策，NV1 和 NV2 必须减速为 HV 让路，最后 HV 驶入了主干道 M4 的外侧车道。

此外，图 5.24 和图 5.25 分别为纵向加速度和横向加速度箱线图。可以发现，攻击型驾驶风格的加速度分布较大，而保守型驾驶风格的加速度分布较小。由此可见，保守型驾驶风格追求更高的乘坐舒适性，而攻击型驾驶风格追求更高的出行效率。图 5.26 为 HV 与其他 NV 之间相对距离箱线图。研究发现，攻击型驾驶方式倾向于缩短安全距离，而保守型驾驶风格倾向于扩大相对距离以提高驾驶安全性。

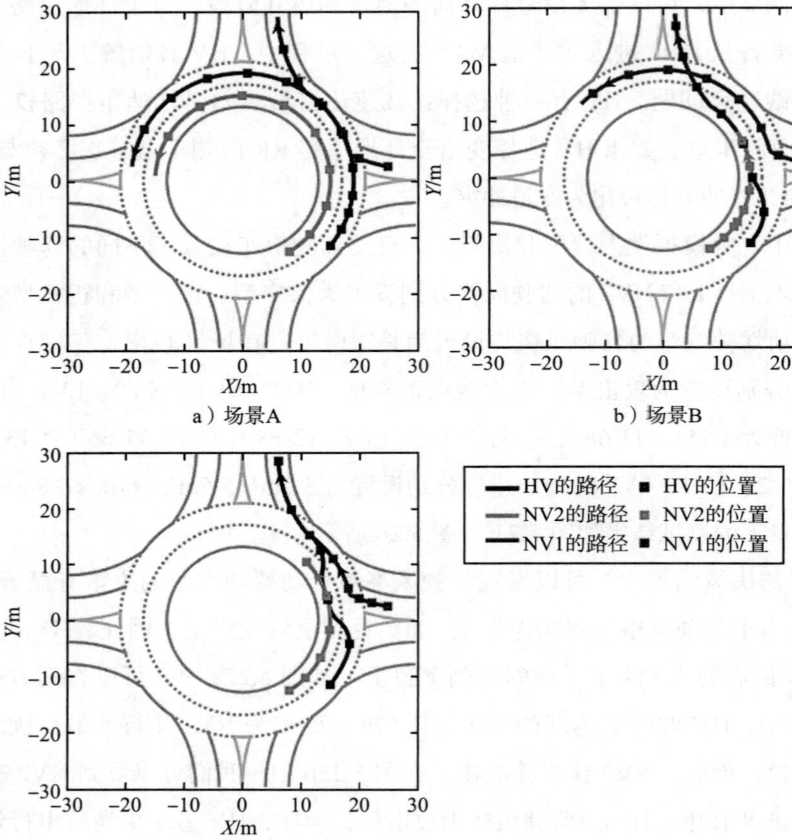

a）场景A
b）场景B
c）场景C

图 5.21　案例 2 中自动驾驶汽车的决策结果

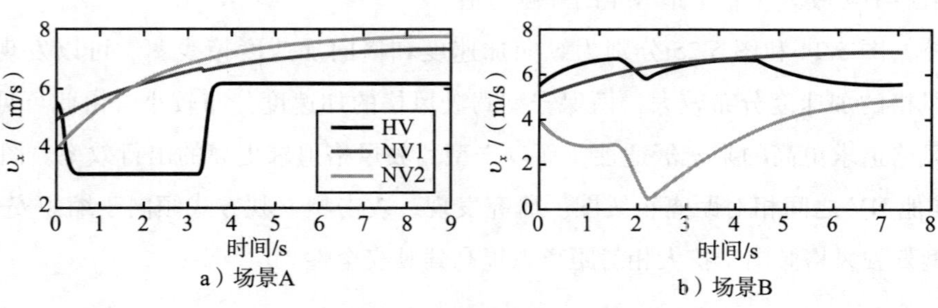

a）场景A
b）场景B

图 5.22　案例 2 中自动驾驶汽车的速度

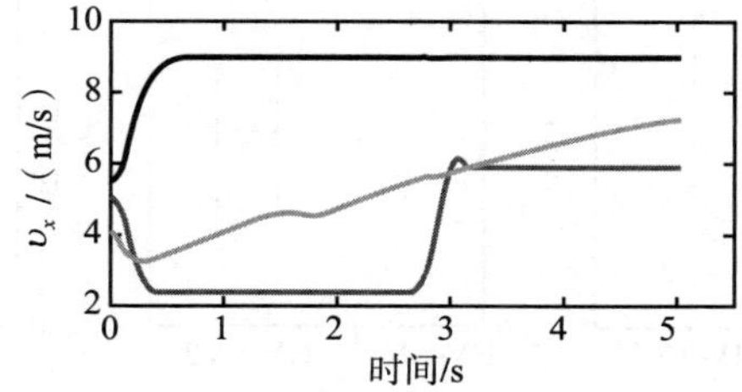

c）场景C

图 5.22　案例 2 中自动驾驶汽车的速度（续）

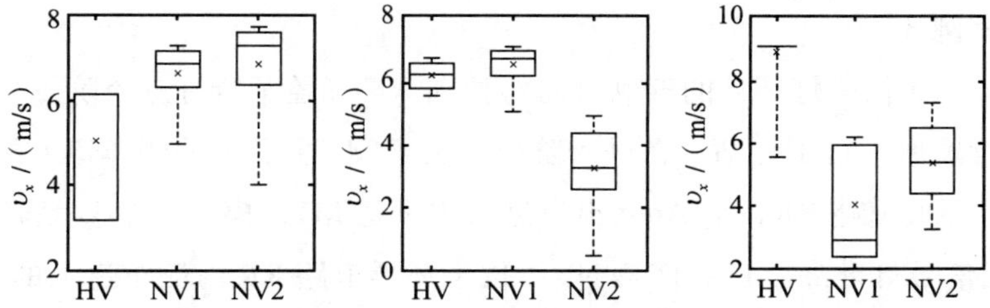

a）场景A　　b）场景B　　c）场景C

图 5.23　案例 2 中速度箱线图

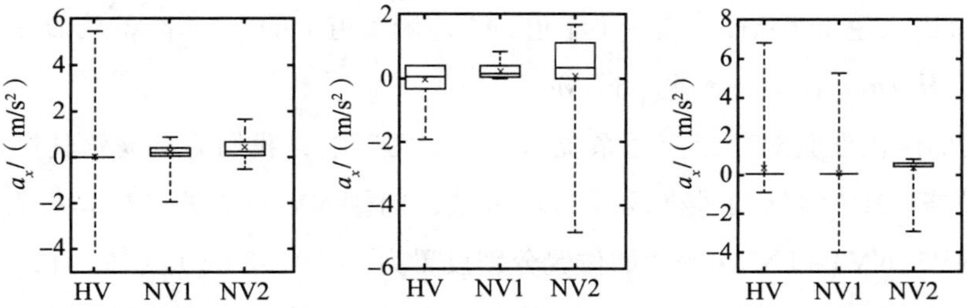

a）场景A　　b）场景B　　c）场景C

图 5.24　案例 2 中纵向加速度箱线图

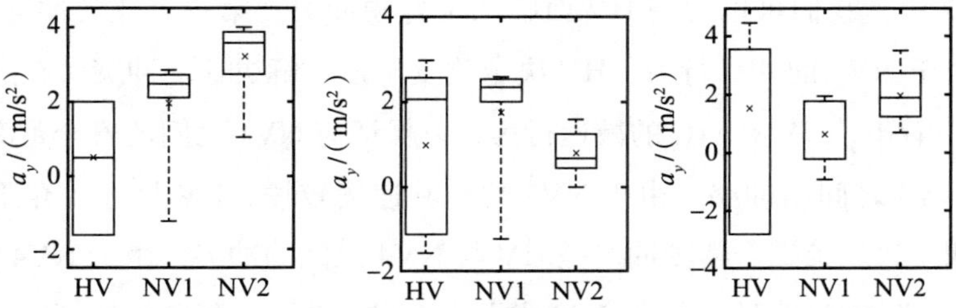

a）场景A　　b）场景B　　c）场景C

图 5.25　案例 2 中横向加速度箱线图

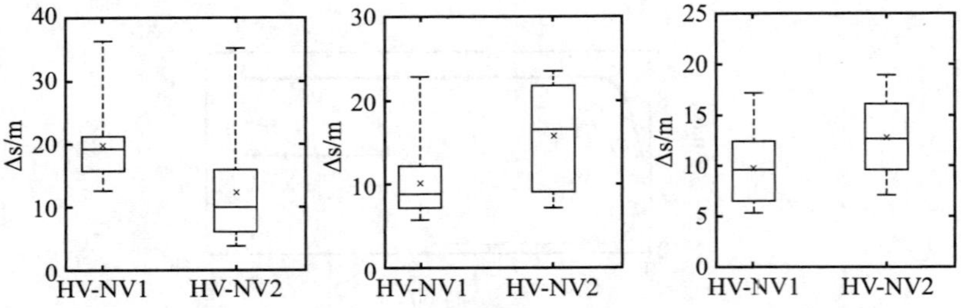

图 5.26 案例 2 中 HV 与其他 NV 之间的相对距离箱线图

3. 测试案例 3

本案例涉及无信号灯环岛的五辆自动驾驶汽车，涵盖了所有三个阶段，并对整个交通系统的出行效率进行了评估。在进入阶段，位于 M1 主干道外侧车道上的 HV 准备从 Ain 入口进入环形道路 RR，从 Aout 出口进入主干道 M1，模拟一个 U 型转弯场景。除 HV 外，在无信号灯环岛上还有四辆 NV，位于环形道路 RR 内侧车道上的 NV1 准备从 Cout 进入主干道 M3。位于 M2 主干道外侧车道上的 NV2 准备驶入环形道路 RR，并从 Cout 出口进入 M3 主干道。位于主干道 M3 内侧车道上的 NV3 准备驶入环形道路 RR，从 Aout 出口进入主干道 M1。位于主干道 M4 外侧车道上的 NV4 准备从 Din 入口进入环形道路 RR，从 Dout 出口进入主干道 M4。

为研究个性化驾驶对整个交通系统出行效率的影响，我们为自动驾驶汽车设置了不同的驾驶风格。HV 的驾驶风格设置为攻击型，四辆 NV 的驾驶风格均设置为正常型。HV、NV1、NV2、NV3 和 NV4 的初始位置分别设置为（-19，-8.68）、（-9，-12）、（6，-35）、（50，2）和（-6，88）。HV、NV1、NV2、NV3、NV4 的初始速度分别设置为 5.5m/s、5m/s、5m/s、4m/s、4m/s。最后，测试结果如图 5.27 ～图 5.29 所示。

从图 5.27 中，我们可以发现 HV 面临三个驾驶冲突。第一个驾驶冲突是与 NV2 之间的冲突，由于 NV2 的并线行为，HV 决定改变车道以解决这一冲突。在这一阶段，可以从图 5.28 中看出，HV 有明显的减速行为，以保证与 NV1 之间的安全距离。第二个驾驶冲突是与 NV3 之间的冲突。由于 NV3 的行驶速度较慢，HV 只好放弃跟随，改道至环形道路外侧车道。第三个驾驶冲突是 HV 与 NV4 之间的冲突，由于 NV4 的并线行为，HV 决定减速，为 NV4 让路。从图 5.28 中可以看出，攻击型驾驶风格倾向频繁加速或减速。表 5.8 详细分析了车辆速度和系统速度。根据表 5.8，我们可以发现 HV 在所有车辆中车速最快，这表明攻击型驾驶风格追求更高的出行效率。此外，我们还可以发现，由于 HV 的驾驶风格为攻击型，NV3 的出行效率下降，最后导致整个交通系统的出行效率下降。

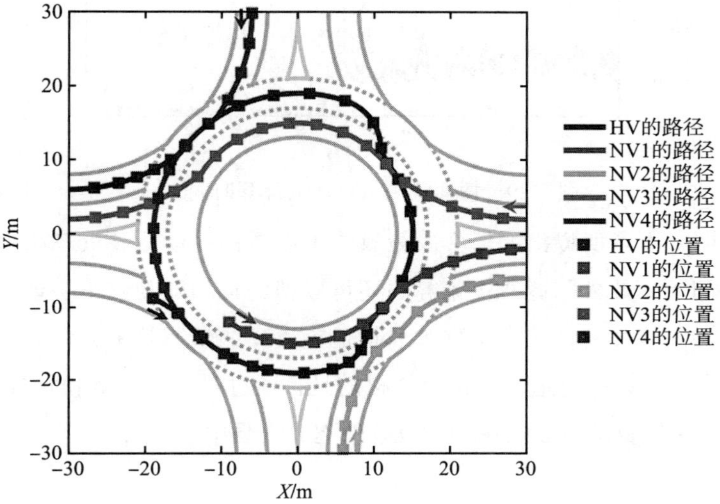

图 5.27　案例 3 中自动驾驶汽车的决策结果

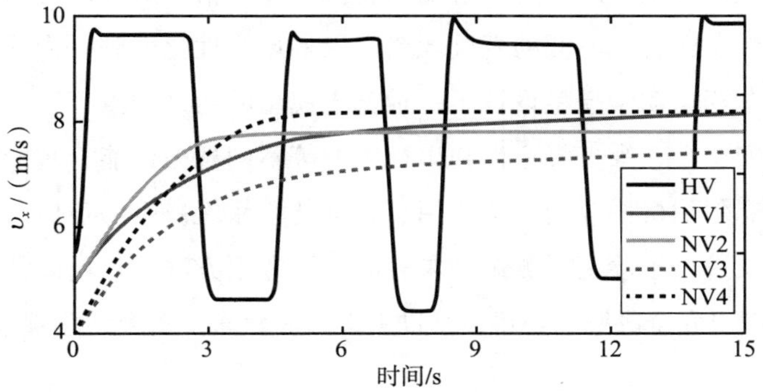

图 5.28　案例 3 中自动驾驶汽车的速度

表 5.8　案例 3 的出行效率分析

测试结果	HV	NV1	NV2	NV3	NV4
速度最大值 / (m/s)	10.06	8.14	7.80	7.43	8.19
速度方均根 / (m/s)	8.10	7.59	7.57	6.87	7.76
系统速度方均根 / (m/s)	7.59				

此外，博弈论决策算法的计算时间如图 5.29 所示。每次迭代的计算时间平均值为 0.05s。

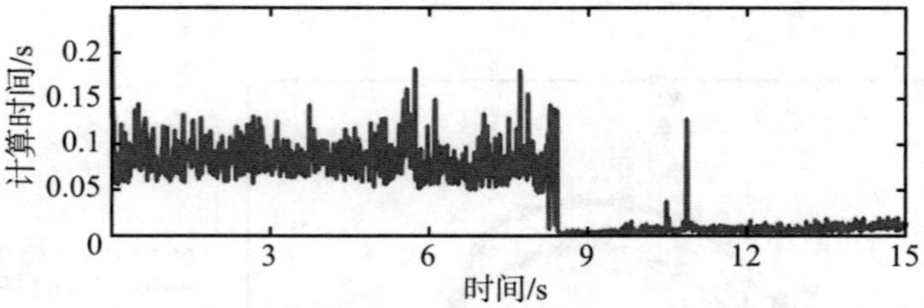

图 5.29 博弈论决策算法的计算时间

测试结果表明，本章所提出的博弈决策算法可以帮助自动驾驶汽车解决在无信号灯环岛的驾驶冲突问题。此外，博弈决策算法还可以帮助自动驾驶汽车实现个性化驾驶以及做出类人决策。总体而言，攻击型驾驶风格追求更高的出行效率，保守型驾驶风格追求更好的驾驶安全性和乘坐舒适性。值得一提的是，通过对决策向量和收益函数的调整，本章所提出的博弈决策算法可以运用到更复杂的驾驶场景中。

5.3.5 小结

本节将类人决策框架应用于解决自动驾驶汽车在无信号灯环岛的驾驶冲突问题。首先，为自动驾驶汽车设置了不同的驾驶风格，以实现个性化驾驶。为了提高决策算法的性能，利用简化车辆运动学模型设计了一种基于模型的运动预测算法。在决策收益函数中，考虑了驾驶安全性、乘坐舒适性和出行效率等不同驾驶性能。基于收益函数和多约束条件，将斯塔克尔伯格博弈论方法应用于自动驾驶系统决策。最后，通过三个测试案例对类人决策框架进行了验证。测试结果表明，博弈论方法不仅可以帮助自动驾驶汽车在无信号灯环岛做出安全决策，还可以帮助自动驾驶汽车实现个性化驾驶和类人决策。

5.4 结论

本章旨在为自动驾驶汽车构建类人决策框架。对不同的驾驶场景进行了测试，包括高速公路上的变道行为以及在无信号灯环岛的决策行为。为了实现类人决策，为自动驾驶汽车设置了保守型、正常型、攻击型等不同的驾驶风格，从而得到了驾驶安全性、乘坐舒适性和出行效率方面不同的决策成本函数。在类人变道决策问题中，采用了两种非合作博弈论方法，即纳什均衡和斯塔克尔伯格博弈方法。基于决策成本函数和多约束条件，利用非合作博弈方法实现了自动驾驶汽车的交互决策过程。研究发现，两种方法都能为自动驾驶汽车生成合理恰当的决策，而斯塔克尔伯格博弈论方法在自动驾驶汽车决策过程中的最终表现优于纳什均衡博弈论方法。此外，不同的驾驶风格会导致不同的决策结果：攻击型驾驶风格倾向于频繁变道以追求更高的出行效率，而保守型驾驶风格则更注重驾驶安全。

除了研究变道场景外，还研究了自动驾驶汽车在无信号灯环岛的决策问题。为自动驾驶汽车设置了不同的驾驶风格，以模拟人类驾驶。基于决策收益函数和多约束条件，将斯塔克尔伯格博弈论方法应用于解决自动驾驶汽车在无信号灯环岛的驾驶冲突问题。测试结果表明，非合作博弈论方法能够帮助自动驾驶汽车在无信号灯环岛做出安全决策。此外，非合作博弈论方法还可以帮助自动驾驶汽车做出类人决策。

Chapter 6 第 6 章

基于合作博弈论方法的自动驾驶汽车类人决策

6.1 背景

随着汽车数量的增加，交通拥堵已成为一个令人苦恼的问题。特别是在高峰时段，交通效率显著下降，导致车辆能耗增加，碰撞风险增加[91, 290, 195]。以高速公路场景为例，车辆汇入是导致交通拥堵的典型原因[85]。在现有的交通规则中，主车道上的车辆享有较高的优先通行权。因此，入口匝道车道上的车辆应减速给主车道上的车辆让路[133]。但是，如果在入口匝道上行驶的车辆驾驶风格为攻击型，那么它可能会突然加速，强行变道。因此，主车道上的车辆不得不减速为其让路，从而导致主车道上的车辆出行效率下降，甚至引发交通堵塞和交通事故。反之，如果入口匝道上的车辆驾驶风格为保守型，为了保证驾驶安全，那么它可能会在换道前保持足够的安全距离，这样将延长汇入时间，甚至导致入口匝道车道交通拥堵。因此，入口匝道上车辆的汇入时机与车辆速度、相对距离、驾驶风格等因素有关，对驾驶安全和出行效率有重要影响。

除了高速公路场景，城市无信号灯环岛等场景更容易造成交通拥堵。自动驾驶和网联驾驶技术可以有效地解决上述问题，提高车辆驾驶安全性和出行效率[17]。在网联驾驶环境中，车辆可以通过车对车（V2V）技术分享其驾驶速度、位置、驾驶行为甚至驾驶意图[14]。因此，自动驾驶汽车可以通过协同决策轻松做出安全决策[231]。复杂交通场景中的驾驶冲突可以得到解决，交通效率也可以得到明显提升[31, 137]。

现有的网联自动驾驶汽车的协同决策研究通常是将自动驾驶汽车视为同一智能体[235]。也就是说，并非所有的自动驾驶汽车都具备个性化驾驶行为。在复杂冲突区域，自动驾驶汽车必须服从中央控制器的命令[157]。自动驾驶汽车的协同决策不是自主自发的。在本章中，我们将合作博弈论方法应用于自动驾驶汽车在并线冲突区和无信号灯环岛的协同决策，同时考虑自动驾驶汽车的利益和整个交通系统的利益。

6.2　高速公路上自动驾驶汽车的协同变道与并线

本章旨在解决自动驾驶汽车在多车道并线区域的驾驶冲突问题。基于合作博弈论方法，本章提出了一个协同决策框架。为提高决策安全性，本章通过采用简化单轨道车辆模型，设计了一个基于模型的运动预测模块。

在综合考虑驾驶安全性、乘坐舒适性、出行效率等各种驾驶性能基础上，本章构建了决策成本函数。为了在协同决策中实现个性化驾驶，本章考虑了自动驾驶汽车不同的驾驶风格，包括第 2 章定义的攻击型、正常型和保守型驾驶风格。不同的驾驶风格在驾驶安全性、乘坐舒适性和出行效率上的权重分配也不尽相同。在本章中，针对多车道并线区的车辆协同决策问题，我们提出了四种典型的联盟模型。基于构建的决策成本函数和多约束条件，本章采用合作博弈论方法来解决多车道并线区自动驾驶汽车的并线冲突问题。为了验证所提出的决策算法，本章设计并实施了两个测试案例。测试结果表明，所提出的合作博弈论方法能够有效地解决多车道并线区的驾驶冲突问题，为自动驾驶汽车做出安全决策。此外，合作博弈论方法还可以帮助自动驾驶汽车实现协同决策，提高交通效率。最重要的是，在协同决策过程中，合作博弈论方法还考虑了自动驾驶汽车的个性化驾驶需求。

6.2.1　问题描述与系统框架

1. 问题描述

如第 1 章所述，集中式控制系统已被广泛研究用于解决多车道并线区自动驾驶汽车的并线冲突。尽管它可以为自动驾驶汽车规划安全的并线顺序和速度，但所有自动驾驶汽车都必须将其控制权交给集中控制系统。因此，自动驾驶汽车无法实现自主决策，个性化驾驶需求无法满足。例如，自动驾驶救护车更关注行驶效率，它应在多车道并线区拥有更高的通行优先权。考虑到未来的自动驾驶汽车必须以个性化和类人的方式设计，我们提出了基于合作博弈论方法的自动驾驶汽车协同决策框架。根据不同的驾驶目标和驾驶风格，自动驾驶汽车可以形成不同类型的联盟以进行协同决策。

大多数关于并线区自动驾驶汽车并线冲突解决的研究只考虑了两条车道，一条主车道和一条入口匝道车道。实际上，通常情况下，主车道上有多条车道。因此，在双车道并线场景中，自动驾驶汽车在主车道上的变道行为可以忽略不计。大多数研究只考虑自动驾驶汽车的并线顺序优化和速度规划，这与实际的并线场景并不相符。为此，本章对多车道并线场景进行了研究。如图 6.1 所示，高速公路上的并线场景包括两条主车道和一条入口匝道。例如，V1 准备变道并驶入主车道，它将在主车道上与 V2 产生并线冲突。因此，在变道之前，V1 必须先与 V2 交互。V2 有三种选择，分别是减速让行 V1、加速抢占右侧车道或向左侧变道让行 V1。如果 V2 选择向左侧变道让行 V1，那么 V1 与 V2 的并线冲突将转化为 V2 与 V3 的变道冲突。V3 有两种选择，分别是减速让行，或者加速并争夺路权。V1、V2 和 V3 的所有决策都受到许多因素的影响，包括车辆之间的相对速度和距离，以及驾驶风格等。例如，如果 V2 的驾驶风格为保守型，那么它会更注重驾驶安全。因此，V2 会减慢行驶速度，为 V1 让路。但是，如果 V2 的驾驶风格为攻击型，那么它追求的是更高的出行效率。因此，V2 更可能选择加速并争夺路权。在实现个性化驾驶的同时，自动驾驶汽车之间还可以相互协作进行协同决策。

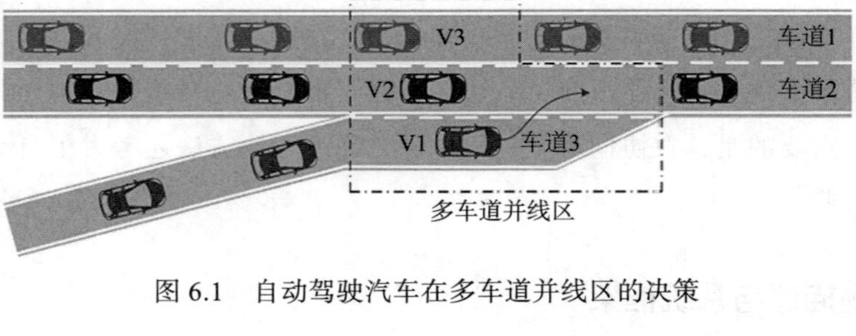

图 6.1　自动驾驶汽车在多车道并线区的决策

2. 自动驾驶汽车的协同决策框架

为解决上述问题，设计了一个自动驾驶汽车的协同决策框架，如图 6.2 所示。为实现类人决策，本章在决策算法设计中考虑了攻击型、正常型和保守型等不同驾驶风格，体现了不同驾驶风格对驾驶安全性、乘坐舒适性和出行效率的不同偏好[157，78]。上述三种驾驶风格的定义和分析详见第 2 章。

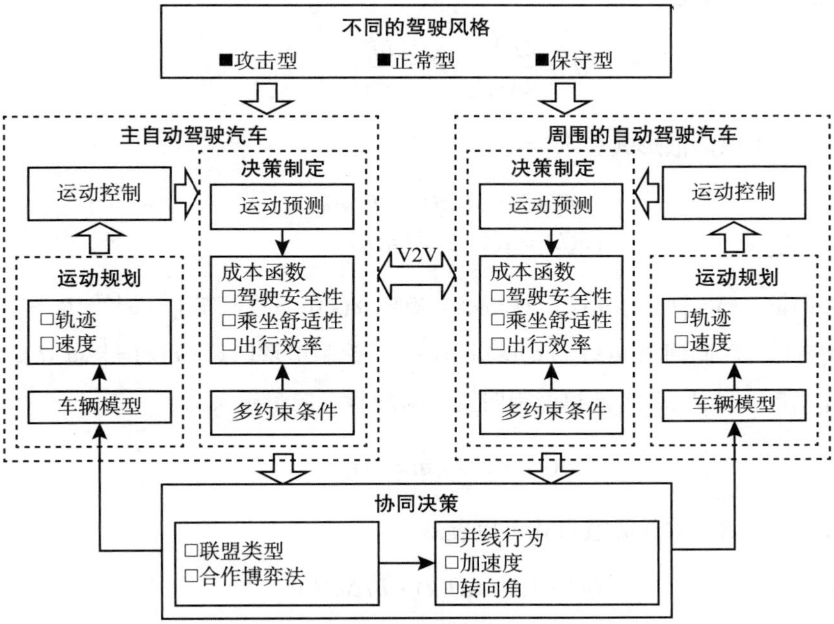

图 6.2　自动驾驶汽车的协同决策框架

在决策模块中加入了运动预测子模块，该子模块采用简化车辆模型设计，进一步提高了决策的安全性。在决策成本函数设计中，考虑了三个关键的驾驶性能，即驾驶安全性、乘坐舒适性和出行效率。在构建主自动驾驶汽车和周边自动驾驶汽车决策成本函数的基础上，结合多约束条件，将合作博弈论方法应用于自动驾驶汽车的协同决策。在合作博弈论方法中，处于冲突区的自动驾驶汽车会形成不同的联盟。同一联盟中的所有自动驾驶汽车都试图最小化联盟成本。最后，联盟将输出各自动驾驶汽车的决策结果，如并线、加速、转弯等。路径规划和运动控制算法的介绍详见第 4 章，不再赘述。假设所有车辆均为自动驾驶汽车，信息可以通过车对车（V2V）技术实现共享。

6.2.2　自动驾驶汽车的运动预测

为提高自动驾驶汽车的决策安全性，在第 3 章所述的单轨道车辆模型的基础上，提出了一种基于模型的运动预测算法。

首先，将单轨道车辆模型改写为时变线性系统，表达式如下所示：

$$\dot{\boldsymbol{x}}(t)=\boldsymbol{A}_t\boldsymbol{x}(t)+\boldsymbol{B}_t\boldsymbol{u}(t) \tag{6.1}$$

式中，时变系数矩阵定义为：

$$\boldsymbol{A}_t=\left.\frac{\partial \Gamma}{\partial x}\right|_{x_t,u_t},\boldsymbol{B}_t=\left.\frac{\partial \Gamma}{\partial u}\right|_{x_t,u_t} \tag{6.2}$$

则式（6.1）以离散形式表示为：

$$\begin{cases}\boldsymbol{x}(k+1)=\boldsymbol{A}_k\boldsymbol{x}(k)+\boldsymbol{B}_k\boldsymbol{u}(k)\\ \boldsymbol{u}(k)=\boldsymbol{u}(k-1)+\Delta\boldsymbol{u}(k)\end{cases} \tag{6.3}$$

式中，状态向量$\boldsymbol{x}(k)=\left[\upsilon_x(k),\upsilon_u(k),r(k),\varphi(k),X(k),Y(k)\right]^{\mathrm{T}}$系数矩阵$\boldsymbol{A}_k=\mathrm{e}^{A_t\Delta T},\boldsymbol{B}_k=\int_0^{\Delta T}\mathrm{e}^{A_t\tau}\boldsymbol{B}_t\mathrm{d}\tau$，$\Delta T$为采样时间，控制向量$\boldsymbol{u}(k)=\left[a_x(k),\delta_f(k)\right]^{\mathrm{T}}$，控制增量向量$\Delta\boldsymbol{u}(k)=\left[\Delta a_x(k),\Delta\delta_f(k)\right]^{\mathrm{T}}$。

此外，结合原始状态向量和控制向量，新的状态向量定义为：

$$\boldsymbol{\vartheta}(k)=[\boldsymbol{x}(k),\boldsymbol{u}(k-1)]^{\mathrm{T}} \tag{6.4}$$

那么，式（6.3）的新离散形式可以表示为：

$$\begin{cases}\boldsymbol{\vartheta}(k+1)=\widetilde{\boldsymbol{A}}_k\boldsymbol{\vartheta}(k)+\widetilde{\boldsymbol{B}}_k\Delta\boldsymbol{u}(k)\\ \boldsymbol{y}(k)=\widetilde{\boldsymbol{C}}_k\boldsymbol{\vartheta}(k)\end{cases} \tag{6.5}$$

式中，$\widetilde{\boldsymbol{A}}_k=\begin{bmatrix}\boldsymbol{A}_k & \boldsymbol{B}_k\\ \boldsymbol{0}_{2\times6} & \boldsymbol{I}_2\end{bmatrix},\widetilde{\boldsymbol{B}}_k=\begin{bmatrix}\boldsymbol{B}_k\\ \boldsymbol{I}_2\end{bmatrix}$，以及$\widetilde{\boldsymbol{C}}_k=\begin{bmatrix}\boldsymbol{I}_6 & \boldsymbol{0}_{6\times2}\end{bmatrix}$。

定义预测范围N_p和控制范围N_c，且$N_p>N_c$。在时间步长k处，如果状态向量$\boldsymbol{\vartheta}(k)$、控制向量$\Delta\boldsymbol{u}(k)$和系数矩阵$\widetilde{\boldsymbol{A}}_{p,k}$、$\widetilde{\boldsymbol{B}}_{p,k}$和$\widetilde{\boldsymbol{C}}_{p,k}$已知，那么预测状态向量推导如下：

$$\begin{cases}\boldsymbol{\vartheta}(p+1|k)=\widetilde{\boldsymbol{A}}_{p,k}\boldsymbol{\vartheta}(p|k)+\widetilde{\boldsymbol{B}}_{p,k}\Delta\boldsymbol{u}(p|k)\\ \boldsymbol{y}(p|k)=\widetilde{\boldsymbol{C}}_{p,k}\boldsymbol{\vartheta}(p|k)\end{cases} \tag{6.6}$$

式中，$p=k,k+1,\cdots,k+N_p-1$。

假设$\widetilde{\boldsymbol{A}}_{p,k}=\widetilde{\boldsymbol{A}}_k$、$\widetilde{\boldsymbol{B}}_{p,k}=\widetilde{\boldsymbol{B}}_k$、$\widetilde{\boldsymbol{C}}_{p,k}=\widetilde{\boldsymbol{C}}_k$可以推导出运动预测公式为：

$$\begin{aligned}&\boldsymbol{\vartheta}(k+1|k)=\widetilde{\boldsymbol{A}}_k\boldsymbol{\vartheta}(k|k)+\widetilde{\boldsymbol{B}}_k\Delta\boldsymbol{u}(k|k)\\&\boldsymbol{\vartheta}(k+2|k)=\widetilde{\boldsymbol{A}}_k^2\boldsymbol{\vartheta}(k|k)+\widetilde{\boldsymbol{A}}_k\widetilde{\boldsymbol{B}}_k\Delta\boldsymbol{u}(k|k)+\widetilde{\boldsymbol{B}}_k\Delta\boldsymbol{u}(k+1|k)\\&\vdots\end{aligned} \tag{6.7}$$

$$
\begin{aligned}
\boldsymbol{\vartheta}(k+N_c \mid k) &= \widetilde{\boldsymbol{A}}_k^{N_c}\boldsymbol{\vartheta}(k \mid k)+\widetilde{\boldsymbol{A}}_k^{N_c-1}\widetilde{\boldsymbol{B}}_k\Delta\boldsymbol{u}(k \mid k)+\cdots+ \\
&\quad \widetilde{\boldsymbol{B}}_k\Delta\boldsymbol{u}(k+N_c-1 \mid k) \\
&\vdots \\
\boldsymbol{\vartheta}(k+N_p \mid k) &= \widetilde{\boldsymbol{A}}_k^{N_p}\boldsymbol{\vartheta}(k \mid k)+\widetilde{\boldsymbol{A}}_k^{N_p-1}\widetilde{\boldsymbol{B}}_k\Delta\boldsymbol{u}(k \mid k)+\cdots+ \\
&\quad \widetilde{\boldsymbol{A}}_k^{N_p-N_c}\widetilde{\boldsymbol{B}}_k\Delta\boldsymbol{u}(k+N_c-1 \mid k)
\end{aligned}
\tag{6.7 续}
$$

输出向量序列的定义为：

$$
\boldsymbol{Y}(k)=\left[\boldsymbol{y}^{\mathrm{T}}(k+1 \mid k),\boldsymbol{y}^{\mathrm{T}}(k+2 \mid k),\cdots,\boldsymbol{y}^{\mathrm{T}}\left(k+N_p \mid k\right)\right]^{\mathrm{T}} \tag{6.8}
$$

基于式（6.7）和式（6.8），预测的运动输出向量序列 $\boldsymbol{Y}(k)$ 的推导公式如下：

$$
\boldsymbol{Y}(k)=\overline{\boldsymbol{C}}\boldsymbol{\vartheta}(k \mid k)+\overline{\boldsymbol{D}}\Delta\boldsymbol{u}(k) \tag{6.9}
$$

式中，$\Delta\boldsymbol{u}(k)=\left[\Delta\boldsymbol{u}^{\mathrm{T}}(k \mid k),\Delta\boldsymbol{u}^{\mathrm{T}}(k+1 \mid k),\cdots,\Delta\boldsymbol{u}^{\mathrm{T}}\left(k+N_c-1 \mid k\right)\right]^{\mathrm{T}}$，$\overline{\boldsymbol{C}}=\left[\left(\widetilde{\boldsymbol{C}}_k\widetilde{\boldsymbol{A}}_k\right)^{\mathrm{T}},\left(\widetilde{\boldsymbol{C}}_k\widetilde{\boldsymbol{A}}_k^2\right)^{\mathrm{T}},\cdots,\left(\widetilde{\boldsymbol{C}}_k\widetilde{\boldsymbol{A}}_k^{N_p}\right)^{\mathrm{T}}\right]^{\mathrm{T}}$，以及

$$
\overline{\boldsymbol{D}}=\begin{bmatrix}
\widetilde{\boldsymbol{C}}_k\widetilde{\boldsymbol{B}}_k & 0 & 0 & 0 \\
\vdots & \vdots & \vdots & \vdots \\
\widetilde{\boldsymbol{C}}_k\widetilde{\boldsymbol{A}}_k^{N_c-1}\widetilde{\boldsymbol{B}}_k & \cdots & \widetilde{\boldsymbol{C}}_k\widetilde{\boldsymbol{A}}_k\widetilde{\boldsymbol{B}}_k & \widetilde{\boldsymbol{C}}_k\widetilde{\boldsymbol{B}}_k \\
\vdots & \vdots & \vdots & \vdots \\
\widetilde{\boldsymbol{C}}_k\widetilde{\boldsymbol{A}}_k^{N_p-1}\widetilde{\boldsymbol{B}}_k & \cdots & \widetilde{\boldsymbol{C}}_k\widetilde{\boldsymbol{A}}_k^{N_p-N_c+1}\widetilde{\boldsymbol{B}}_k & \widetilde{\boldsymbol{C}}_k\widetilde{\boldsymbol{A}}_k^{N_p-N_c}\widetilde{\boldsymbol{B}}_k
\end{bmatrix}。
$$

可以发现，如果已知自动驾驶汽车的控制向量序列 $\Delta\boldsymbol{u}$，则可以实现对自动驾驶汽车的运动预测。$\Delta\boldsymbol{u}$ 可以通过求解下一节的自动驾驶汽车决策问题得出。

6.2.3　基于联盟博弈论方法的决策

本节介绍了多车道并线区自动驾驶汽车的协同决策算法设计，以解决多车道并线区的驾驶冲突问题。首先介绍了四种联盟类型。在综合考虑驾驶安全性、乘坐舒适性、出行效率等多种驾驶性能的基础上，设计了决策成本函数。基于构建的决策成本函数和多约束条件，将联盟博弈论方法应用于自动驾驶汽车的协同决策。

1. 自动驾驶汽车的联盟博弈公式化

联盟博弈论方法是合作博弈论方法的一种。同一联盟中的所有参与车辆都以最小化

联盟的成本价值为目标。联盟博弈的定义如下。

定义 6.1[24]：在联盟博弈中，所有参与车辆的集合表示为$N=\{1,2,\cdots,n\}$，参与车辆通过组建联盟来降低成本。N的每个子集S称为一个联盟，即$S\in 2^N$。如果S中只有一辆参与车辆，也可以视为一个联盟，即单车联盟。如果S是由所有参与车辆组成，则称为大联盟。联盟博弈定义为一个组$\langle N,U,J\rangle$，其中U代表参与车辆的决策行为集合，J代表特征函数。

在博弈论方法中，特征函数J通常用奖励函数或收益函数表示。每个参与车辆或联盟都试图最大化奖励值。在本节中，J代表成本函数。相应地，每个参与车辆或联盟都试图最小化成本值。

联盟S的特征函数记为$J^S\left(U_S\right),S\in 2^N$。单车联盟的特征函数记为$J^i\left(U_i\right)$，$i\in N$。在联盟博弈中，每个参与车辆都可以加入任何联盟，但决策时需要遵循一些规则，如下定义所示。

定义 6.2[16]：基于公平原则，单车理应要求联盟中的每个参与车辆都获得一个满意的成本分配，这个成本分配不应超过不加入联盟时的成本分配，即$Q_i\leqslant J^i\left(U_i\right),\forall i\in N$，其中$Q_i$表示参与车辆$i$的成本分配，按照 Shapley 分配规则进行分配。

在定义 6.2 的基础上，总结了联盟的组合和分裂规则。任何不相交的联盟集合$S_j,S_j\in 2^N$，可以组合在一起形成一个单车联盟H，当且仅当

$$\begin{gathered}J^H\left(U_H\right)\leqslant\sum_{j=1}^{m}J^{S_j}\left(U_j\right)\\H=S_1\cup S_2\cup\cdots\cup S_m,j=\{1,2,\cdots,m\}\end{gathered}\tag{6.10}$$

否则，联盟H将分裂成更小的联盟。

将联盟博弈论方法应用于多车道并线区自动驾驶汽车的协同决策，我们需要对参与车辆进行定义、提供决策行为和特征函数。并非所有的自动驾驶汽车都可以被视为是参与车辆。在图 6.1 中，只有处于并线冲突区的自动驾驶汽车才能被视为参与车辆，即 V1、V2 和 V3。决策行为包括并线行为、加速行为和变道行为。在本节中，并线行为和变道行为合称为一种行为。此外，本节中的特征函数由成本函数表示，详细的函数构建过程将在下一节介绍。

在联盟博弈论方法中，自动驾驶汽车可以形成不同类型的联盟。图 6.3 展示了四种典型的联盟，即单车联盟、多车联盟、大联盟和子联盟。单车联盟如图 6.3a 所示。每辆

自动驾驶汽车形成一个独立的联盟。即每辆自动驾驶汽车都不愿意与其他自动驾驶汽车合作，这是一种比较极端的情况，可以视为一种非合作博弈。多车联盟如图 6.3b 所示，其中 V1 和 V2 组成双车联盟，实现协同决策。然而，V3 独自形成了一个单车联盟。V3 和双车联盟之间的关系是非合作关系。除了单车联盟外，大联盟是另外一种极端的联盟类型，如图 6.3c 所示。我们可以看到，所有的自动驾驶汽车都是在多车道的并线区形成了大联盟。也就是说，大联盟中自动驾驶汽车之间的关系是合作关系，大联盟中不存在竞争关系。图 6.3d 展示了包含一个子联盟的大联盟。由于相同的驾驶目标和组队控制，V1 和 V4 在大联盟中形成子联盟，即 V1 和 V4 可以视为一个参与车辆。综上所述，上述四种联盟类型在现实的联盟博弈中都存在。联盟组合应遵循定义 6.2 所述的规则。值得一提的是，以上联盟类型是基础类联盟，在实际应用中可以推导出更多的联盟类型。

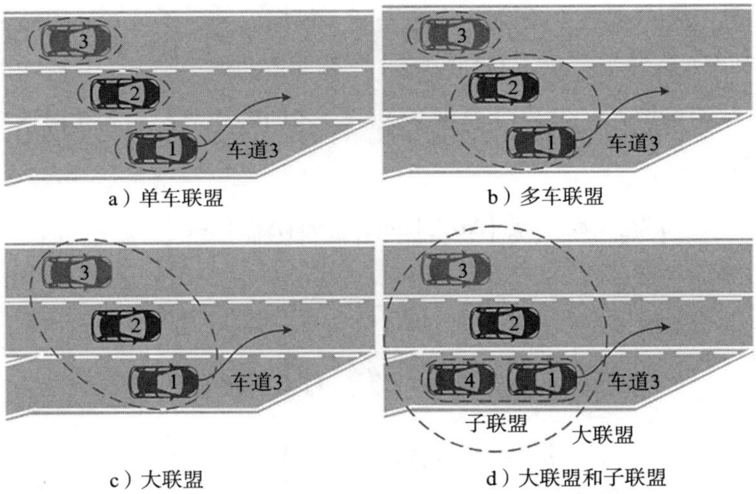

图 6.3　自动驾驶汽车在多车道并线区的四种联盟类型

2. 单个自动驾驶汽车决策的成本函数

在图 6.1 中，V1 准备从入口匝道车道驶入主车道。V1 可以做出的决策行为包括加速、减速等纵向决策和变道、保持车道等横向决策。相应地，V2 也可以做出类似的决策行为来解决与 V1 的并线冲突。由于 V3 位于左侧车道，V3 只考虑采取纵向决策行为，即加速和减速。纵向决策主要受引导车辆的影响，横向决策主要受相邻车辆的影响。

在构建自动驾驶汽车的决策成本函数时，本节考虑了三个关键驾驶性能：驾驶安全性、乘坐舒适性和出行效率。若视 Vi 为主车（HV），则决策代价函数为：

$$J^{Vi}=\omega_s^{Vi}J_s^{Vi}+\omega_c^{Vi}J_c^{Vi}+\omega_e^{Vi}J_e^{Vi} \tag{6.11}$$

式中，J_s^{Vi}、J_c^{Vi} 和 J_e^{Vi} 分别为驾驶安全性、乘坐舒适性、出行效率的成本函数。ω_s^{Vi}、ω_c^{Vi} 和 ω_e^{Vi} 为加权系数，体现了不同驾驶偏好。根据文献［147，149］，三种驾驶风格的加权系数如表 6.1 所示。

表 6.1 不同驾驶风格的加权系数

驾驶风格	加权系数		
	ω_s^{Vi}	ω_c^{Vi}	ω_e^{Vi}
攻击型	0.1	0.1	0.8
正常型	0.5	0.3	0.2
保守型	0.7	0.2	0.1

驾驶安全性的成本函数 J_s^{Vi} 包括纵向安全、横向安全和车道保持安全。

$$\begin{aligned}J_s^{Vi}=&\left(\left(\beta^{Vi}\right)^2-1\right)^2J_{s-log}^{Vi}+\left(\beta^{Vi}\right)^2J_{s-lat}^{Vi}\\&+\left(\left(\beta^{Vi}\right)^2-1\right)^2J_{s-lk}^{Vi}+J_{s-lc}^{Vi}\end{aligned} \tag{6.12}$$

式中，J_{s-log}^{Vi}、J_{s-lat}^{Vi}、J_{s-lk}^{Vi} 和 J_{s-lc}^{Vi} 分别为纵向安全、横向安全、保持车道安全和变道安全的成本函数。β^{Vi} 为变道行为，$\beta^{Vi}\in\{-1,0,1\}:=$｛左侧变道，保持车道，右侧变道｝。

纵向安全成本函数J_{s-log}^{Vi}和 Vi 与其前车（LV）之间的相对距离和相对速度有关，推导公式如下所示：

$$J_{s-log}^{Vi}=\varpi_{\upsilon-log}^{Vi}\eta_\sigma^{Vi}\left(\Delta\upsilon_{x,\sigma}^{Vi}\right)^2+\varpi_{s-log}^{Vi}/\left[\left(\Delta s_\sigma^{Vi}\right)^2+\varepsilon\right] \tag{6.13}$$

$$\Delta\upsilon_{x,\sigma}^{Vi}=\upsilon_{x,\sigma}^{LV}-\upsilon_{x,\sigma}^{Vi} \tag{6.14}$$

$$\Delta s_\sigma^{Vi}=\left[\left(X_\sigma^{LV}-X_\sigma^{Vi}\right)^2+\left(Y_\sigma^{LV}-Y_\sigma^{Vi}\right)^2\right]^{1/2}-L_V \tag{6.15}$$

$$\eta_\sigma^{Vi}=0.5-0.5\,\mathrm{sgn}\left(\Delta\upsilon_{x,\sigma}^{Vi}\right) \tag{6.16}$$

式中，$\upsilon_{x,\sigma}^{LV}$和 $\upsilon_{x,\sigma}^{Vi}$ 分别为 LV 和 Vi 的纵向速度；$\left(X_\sigma^{LV},Y_\sigma^{LV}\right)$和$\left(X_\sigma^{Vi},Y_\sigma^{Vi}\right)$分别为 LV 和 Vi 的位置。$\varpi_{\upsilon-log}^{Vi}$ 和 ϖ_{s-log}^{Vi} 表示权重系数。ε是一个较小的设计参数，以避免在计算中出现零分母。L_V 为考虑车辆长度的安全系数。σ为从左到右标注的车道号，$\sigma\in\{1,2,3\}:=$｛车道 1，车道 2，车道 3｝。η_σ^{Vi} 是切换函数。如果 $\Delta\upsilon_{x,\sigma}^{Vi}>0$，即 $\upsilon_{x,\sigma}^{LV}>\upsilon_{x,\sigma}^{Vi}$，那么 $\eta_\sigma^{Vi}=0$。

横向安全成本函数 J_{s-lat}^{Vi} 和 Vi 与其邻车（NV）之间的相对距离和相对速度有关，如下所示：

$$\begin{aligned}J_{s-lat}^{Vi}=&\varpi_{\upsilon-lat}^{Vi}\eta_{\sigma+\beta^{Vi}}^{Vi}\left(\Delta\upsilon_{x,\sigma+\beta^{Vi}}^{Vi}\right)^2+\\&\varpi_{s-lat}^{Vi}/\left[\left(\Delta s_{\sigma+\beta^{Vi}}^{Vi}\right)^2+\varepsilon\right]\end{aligned} \tag{6.17}$$

$$\Delta\upsilon^{Vi}_{x,\sigma+\beta^{Vi}}=\upsilon^{Vi}_{x,\sigma}-\upsilon^{NV}_{x,\sigma+\beta^{Vi}} \tag{6.18}$$

$$\Delta s^{Vi}_{\sigma+\beta^{Vi}}=\left[\left(X^{Vi}_{\sigma}-X^{NV}_{\sigma+\beta^{Vi}}\right)^2+\left(Y^{Vi}_{\sigma}-Y^{NV}_{\sigma+\beta^{Vi}}\right)^2\right]^{1/2}-L_V \tag{6.19}$$

$$\eta^{Vi}_{\sigma+\beta^{Vi}}=0.5-0.5\,\mathrm{sgn}\left(\Delta\upsilon^{Vi}_{x,\sigma+\beta^{Vi}}\right) \tag{6.20}$$

式中，$\upsilon^{NV}_{x,\sigma+\beta^{Vi}}$ 为 NV 的纵向速度；$\left(X^{NV}_{\sigma+\beta^{Vi}},Y^{NV}_{\sigma+\beta^{Vi}}\right)$ 为 NV 的位置；$\varpi^{Vi}_{\upsilon-lat}$ 和 ϖ^{Vi}_{s-lat} 为加权系数。$\eta^{Vi}_{\sigma+\beta^{Vi}}$ 是切换函数。如果 $\Delta\upsilon^{Vi}_{x,\sigma+\beta^{Vi}}>0$，即 $\upsilon^{Vi}_{x,\sigma}>\upsilon^{NV}_{x,\sigma+\beta^{Vi}}$，那么 $\eta^{Vi}_{\sigma+\beta^{Vi}}=0$。

保持车道安全的成本函数 J^{Vi}_{s-lk} 和 Vi 的预测位置与车道 σ 中心线之间的横向距离误差以及偏航角误差有关。

$$J^{Vi}_{s-lk}=\varpi^{Vi}_{y-lk}\left(\Delta y^{Vi}_{\sigma}\right)^2+\varpi^{Vi}_{\varphi-lk}\left(\Delta\varphi^{Vi}_{\sigma}\right)^2 \tag{6.21}$$

式中，Δy^{Vi}_{σ} 和 $\Delta\varphi^{Vi}_{\sigma}$ 表示横向距离误差和偏航角误差，ϖ^{Vi}_{y-lk} 和 $\varpi^{Vi}_{\varphi-lk}$ 为加权系数。

变道安全成本函数 J^{Vi}_{s-lc} 用于增强变道过程中的驾驶安全性，可以基于势场模型进行计算[78]。

$$J^{Vi}_{s-lc}=\Gamma^{LV}+\Gamma^{NV} \tag{6.22}$$

$$\Gamma^{\jmath}=\hbar^{\jmath}e^{\Psi},\quad(\jmath=LV,NV) \tag{6.23}$$

$$\Psi=-\left\{\frac{\widehat{X}^2}{2\sigma_X^2}+\frac{\widehat{Y}^2}{2\sigma_Y^2}\right\}^{\varrho}+\varsigma\upsilon_x^{\jmath}\Upsilon \tag{6.24}$$

$$\Upsilon=k^{\jmath}\frac{\widehat{X}^2}{2\sigma_X^2}\Big/\sqrt{\frac{\widehat{X}^2}{2\sigma_X^2}+\frac{\widehat{Y}^2}{2\sigma_Y^2}} \tag{6.25}$$

$$k^{\jmath}=\begin{cases}-1, & \widehat{X}<0\\ 1, & \widehat{X}\geqslant 0\end{cases} \tag{6.26}$$

$$\begin{bmatrix}\widehat{X}\\ \widehat{Y}\end{bmatrix}=\begin{bmatrix}\cos\varphi^{\jmath} & \sin\varphi^{\jmath}\\ -\sin\varphi^{\jmath} & \cos\varphi^{\jmath}\end{bmatrix}\begin{bmatrix}X-X^{\jmath}\\ Y-Y^{\jmath}\end{bmatrix} \tag{6.27}$$

式中，$\Gamma^{\jmath}$为 LV 或 NV 在 (X, Y) 位置导出的势场值。$\left(X^{\jmath},Y^{\jmath}\right)$ 为 LV 和 NV 的位置。$\varphi^{\jmath}$ 和 $\upsilon_x^{\jmath}$ 为 LV 和 NV 的偏航角和速度。σ_X 和 σ_Y 为收敛系数。$\hbar$、ϱ 和 ς 为形状系数。

乘坐舒适性的成本函数 J^{Vi}_{c} 与 Vi 的颠簸度有关。

$$J_c^{Vi}=\varpi_{j_x}^{Vi}\left(j_{x,\sigma}^{Vi}\right)^2+\varpi_{j_y}^{Vi}\left(j_{y,\sigma}^{Vi}\right)^2 \tag{6.28}$$

式中，$j_{x,\sigma}^{Vi}$和$j_{y,\sigma}^{Vi}$为 Vi 的纵向和横向加速度。$\varpi_{j_x}^{Vi}$和 $\varpi_{j_y}^{Vi}$为加权系数。

另外，出行效率的成本函数J_e^{Vi}与 Vi 的纵向速度有关，推导公式为：

$$J_e^{Vi}=\varpi_e^{Vi}(\upsilon_{x,\sigma}^{Vi}-\hat{\upsilon}_{x,\sigma}^{Vi})^2 \tag{6.29}$$

$$\hat{\upsilon}_{x,\sigma}^{Vi}=\min\left(\upsilon_{x,\sigma}^{\max},\upsilon_{x,\sigma}^{LV}\right) \tag{6.30}$$

式中，$\upsilon_{x,\sigma}^{\max}$为车道 σ 上的速度最大值；ϖ_e^{Vi}为加权系数。

3. 决策的约束条件

为了保证决策的安全性，在决策算法中考虑了多个约束条件。Vi 的驾驶安全约束条件为：

$$\left|\Delta s_\sigma^{Vi}\right|\leqslant\Delta s^{\max},\left|\Delta y_\sigma^{Vi}\right|\leqslant\Delta y^{\max},\left|\Delta\varphi_\sigma^{Vi}\right|\leqslant\Delta\varphi^{\max} \tag{6.31}$$

乘坐舒适性的约束条件表示为：

$$\left|j_{x,\sigma}^{Vi}\right|\leqslant j_x^{\max},\left|j_{y,\sigma}^{Vi}\right|\leqslant j_y^{\max} \tag{6.32}$$

加速度的约束条件表示为：

$$\left|a_{x,\sigma}^{Vi}\right|\leqslant a_x^{\max},\left|a_{y,\sigma}^{Vi}\right|\leqslant a_y^{\max} \tag{6.33}$$

另外，出行效率的约束条件表示为：

$$\left|\upsilon_{x,\sigma}^{Vi}\right|\leqslant\upsilon_{x,\sigma}^{\max} \tag{6.34}$$

此外，曲率轨迹的约束条件推导如下：

$$\frac{|\dot{X}_\sigma^{Vi}\ddot{Y}_\sigma^{Vi}-\ddot{X}_\sigma^{Vi}\dot{Y}_\sigma^{Vi}|}{\left[\left(\dot{X}_\sigma^{Vi}\right)^2+\left(\dot{Y}_\sigma^{Vi}\right)^2\right]^{3/2}}\leqslant\frac{1}{R_{\min}} \tag{6.35}$$

$$\dot{X}_\sigma^{Vi}=\left[X_\sigma^{Vi}(k+1)-X_\sigma^{Vi}(k)\right]/\Delta T \tag{6.36}$$

$$\dot{Y}_\sigma^{Vi}=\left[Y_\sigma^{Vi}(k+1)-Y_\sigma^{Vi}(k)\right]/\Delta T \tag{6.37}$$

$$\ddot{X}_\sigma^{Vi}=\left[X_\sigma^{Vi}(k+2)-2X_\sigma^{Vi}(k+1)+X_\sigma^{Vi}(k)\right]/\Delta T^2 \tag{6.38}$$

$$\ddot{Y}_{\sigma}^{Vi}=\left[Y_{\sigma}^{Vi}(k+2)-2Y_{\sigma}^{Vi}(k+1)+Y_{\sigma}^{Vi}(k)\right]/\Delta T^{2} \tag{6.39}$$

式中，$R_{\min}$ 为最小转弯半径。

转向角的约束条件表示为：

$$\left|\delta_{f}^{Vi}\right|\leqslant\delta_{f}^{\max},\quad\left|\Delta\delta_{f}^{Vi}\right|\leqslant\Delta\delta_{f}^{\max} \tag{6.40}$$

纵向加速度变化量 Δa_{x}^{Vi} 的约束定义为：

$$\left|\Delta a_{x}^{Vi}\right|\leqslant\Delta a_{x}^{\max} \tag{6.41}$$

最后，Vi 的所有约束条件简写如下：

$$\begin{aligned}&\Phi^{Vi}\left(\Delta s_{\sigma}^{Vi},\Delta y_{\sigma}^{Vi},\Delta\varphi_{\sigma}^{Vi},a_{x,\sigma}^{Vi},a_{y,\sigma}^{Vi},j_{x,\sigma}^{Vi},\right.\\&\left.j_{y,\sigma}^{Vi},\upsilon_{x,\sigma}^{Vi},X_{\sigma}^{Vi},Y_{\sigma}^{Vi},\delta_{f}^{Vi},\Delta\delta_{f}^{Vi},\Delta a_{x}^{Vi}\right)\end{aligned} \tag{6.42}$$

4. 基于联盟博弈论方法的决策

由于运动预测模块可以提高决策算法的准确性，将 MPC 方法应用于预测自动驾驶汽车决策成本函数。

在时间步长 k 处，Vi 的成本函数序列表示如下：

$$J^{Vi}(k+1|k),J^{Vi}(k+2|k),\cdots,J^{Vi}\left(k+N_{p}|k\right) \tag{6.43}$$

此外，车辆 Vi 的决策序列由下式得出：

$$\hat{\boldsymbol{u}}^{Vi}(k|k),\hat{\boldsymbol{u}}^{Vi}(k+1|k),\cdots,\hat{\boldsymbol{u}}^{Vi}\left(k+N_{c}-1|k\right) \tag{6.44}$$

式中，$\hat{\boldsymbol{u}}^{Vi}(q|k)=\left[\Delta a_{x}^{Vi}(q|k),\Delta\delta_{f}^{Vi}(q|k),\beta^{Vi}(q|k)\right]^{\mathrm{T}},q=k,k+1,\cdots,k+N_{c}-1$。

并且，Vi 的特征函数表示为：

$$\Lambda^{Vi}=\sum_{p=k+1}^{k+N_{p}}\left\|\boldsymbol{J}^{Vi}(p|k)\right\|_{\boldsymbol{Q}}^{2}+\sum_{q=k}^{k+N_{c}-1}\left\|\hat{\boldsymbol{u}}^{Vi}(q|k)\right\|_{\boldsymbol{R}}^{2} \tag{6.45}$$

式中，$\boldsymbol{Q}$ 和 $\boldsymbol{R}$ 表示加权矩阵。

如上所述，对于多车道并线区，提出了四种自动驾驶汽车的联盟类型。相应地，可以推导出以下四种决策策略。

（1）单车联盟

如图 6.3a 所示，每辆自动驾驶汽车组成一个独立的单车联盟，即 $S_{1}=\{\mathrm{V1}\},S_{2}=\{\mathrm{V2}\},S_{3}=\{\mathrm{V3}\}$。每辆自动驾驶汽车的决策序列表示为：

$$\left(\Delta a_x^{V1*},\Delta\delta_f^{V1*},\beta^{V1*}\right)=\arg\min\Lambda^{V1} \tag{6.46}$$

$$\left(\Delta a_x^{V2*},\Delta\delta_f^{V2*},\beta^{V2*}\right)=\arg\min\Lambda^{V2} \tag{6.47}$$

$$\Delta a_x^{V3*}=\arg\min\Lambda^{V3} \tag{6.48}$$

$$\text{s.t. }\Phi^{V1}\leqslant 0,\Phi^{V2}\leqslant 0,\Phi^{V3}\leqslant 0,\beta^{V1}\left(\beta^{V1}+1\right)=0,\beta^{V2}\left(\beta^{V2}+1\right)=0$$

式中，Δa_x^{Vi*}、$\Delta\delta_f^{Vi*}$ 和 β^{Vi*} 为 Vi 的最优决策序列。

（2）多车联盟

如图 6.3b 所示，V1 和 V2 为双车联盟，V3 为单车联盟，即，$S_1=\{\text{V1, V2}\}$，$S_2=\{\text{V3}\}$。两个联盟的决策序列表示为：

$$\begin{aligned}&\left(\Delta a_x^{V1*},\Delta\delta_f^{V1*},\beta^{V1*},\Delta a_x^{V2*},\Delta\delta_f^{V2*},\beta^{V2*}\right)\\&=\arg\min\left[\Lambda^{V1}+\Lambda^{V2}\right]\end{aligned} \tag{6.49}$$

$$\Delta a_x^{V3*}=\arg\min\Lambda^{V3} \tag{6.50}$$

$$\text{s.t. }\Phi^{V1}\leqslant 0,\Phi^{V2}\leqslant 0,\Phi^{V3}\leqslant 0,\beta^{V1}\left(\beta^{V1}+1\right)=0,\beta^{V2}\left(\beta^{V2}+1\right)=0$$

（3）大联盟

如图 6.3c 所示，V1、V2 和 V3 组成一个大联盟，即 $S_1=\{\text{V1,V2,V3}\}$。决策序列表示为：

$$\begin{aligned}&\left(\Delta a_x^{V1*},\Delta\delta_f^{V1*},\beta^{V1*},\Delta a_x^{V2*},\Delta\delta_f^{V2*},\beta^{V2*},\right.\\&\left.\Delta a_x^{V3*}\right)=\arg\min\left[\Lambda^{V1}+\Lambda^{V2}+\Lambda^{V3}\right]\end{aligned} \tag{6.51}$$

$$\text{s.t. }\Phi^{V1}\leqslant 0,\Phi^{V2}\leqslant 0,\Phi^{V3}\leqslant 0,\beta^{V1}\left(\beta^{V1}+1\right)=0,\beta^{V2}\left(\beta^{V2}+1\right)=0$$

（4）大联盟和子联盟

如图 6.3d 所示，所有自动驾驶汽车组成一个大联盟，其中存在一个子联盟，即 $S_1=\{\{\text{V1,V4}\},\text{V2,V3}\}$。为简化决策算法的复杂度，将 V1 和 V4 视为博弈中的一个参与车辆。因此，V1 和 V4 具有相同的决策行为，但 V4 的行为存在时间延迟。决策序列表示为：

$$\begin{aligned}&\left(\Delta a_x^{V1*},\Delta\delta_f^{V1*},\beta^{V1*},\Delta a_x^{V2*},\Delta\delta_f^{V2*},\beta^{V2*},\right.\\&\left.\Delta a_x^{V3*}\right)=\arg\min\left[\Lambda^{V1}+\Lambda^{V2}+\Lambda^{V3}\right]\end{aligned} \tag{6.52}$$

$$\Delta a_x^{V4\cdot}(k) = \Delta a_x^{V1\cdot}(k-\tau)$$
$$\Delta \delta_f^{V4\cdot}(k) = \Delta \delta_f^{V1\cdot}(k-\tau) \tag{6.53}$$
$$\beta^{V4\cdot}(k) = \beta^{V1\cdot}(k-\tau)$$

$$\text{s.t. } \Phi^{V1} \leq 0, \Phi^{V2} \leq 0, \Phi^{V3} \leq 0, \beta^{V1}\left(\beta^{V1}+1\right)=0, \beta^{V2}\left(\beta^{V2}+1\right)=0$$

式中，τ 为 V4 跟随车辆 V1 的决策延迟，计算公式为 $\tau = \Delta s_\sigma^{V4} / \upsilon_{x,\sigma}^{V4} / \Delta T$。

算法 1 和算法 2 展示了在并线冲突区自动驾驶汽车联盟的形成原理和过程。由算法 1 可知，所有进入并线区的自动驾驶汽车首先都会被分配一个编号。车道 3 上的 Vi 想要并入车道 2，车道 1 和车道 2 上的 Vk 和 Vj 是 Vi 的 NV。然后，根据算法 2 形成子联盟。因此，在车道 1、车道 2 和车道 3 上分别建立了三个子联盟，分别用 Si、Sj、Sk 表示。

算法1：多车道并线区Vi的决策算法

1：输入车道3上Vi的移动数据：
2：为Vi输入NV和LV的移动数据。Vj和Vk是车道2和车道1上的NV；
3：for $i=1:n$ do
4：　算法2的子联盟形成；
5：　联盟$S=\{Si, Sj, Sk\}$；
6：　for $\xi=1:length(S)$ do
7：　　if $Q_{s(\xi)} > j^{s(\xi)}(U_{s(\xi)})$ then
8：　　$S(\xi)$离开S；
9：　　else
10：　　$S(\xi)$留在S中；
11：　end if
12：　end for
13：　if只有一个子联盟，$S(\xi)$离开，then
14：　　if $S(\xi)=Si$ then
15：　　S分裂成$\{Si\}$，$\{Sj, Sk\}$；
16：　　else
17：　　　if $S(\xi)=Sj$ then
18：　　　S分裂成$\{Sj\}$，$\{Si, Sk\}$；
19：　　　else
20：　　　S分裂成$\{Sk\}$，$\{Si, Sj\}$；
21：　　end if
22：　end if
23：　else
24：　if两个或更多的子级联盟脱离，then
25：　　S分裂成$\{Si\}$，$\{Sj\}$，$\{Sk\}$；
26：　else
27：　　不分裂，$S=\{Si, Sj, Sk\}$；
28：　end if
29：end if

30:　用式（6.35）～式（6.38）进行优化；
31:　输出决策结果。
32: end for

算法2：子联盟形成算法

1:　集合 $Si=\{Vi\}$；
2: for $\zeta=i+1:n$ do
3:　　if $\Delta s^{V\zeta}<\Delta s_0$ 和 $\omega^{V\zeta}=\omega^{V\zeta-1}$ then
4:　　　$Si\leftarrow add\ V\zeta$
5:　　else
6:　　　Break
7:　　end if
8: end for
9: 集合 $Sj=\{Vj\}$；
10: for $\eta=j+1:p$ do
11:　　if $\Delta s^{V\eta}<\Delta s_0$ 和 $\omega^{V\eta}=\omega^{V\eta-1}$ then
12:　　　$Sj\leftarrow add\ V\eta$
13:　　else
14:　　　Break
15:　　end if
16: end for
17: 集合 $Sk=\{Vk\}$；
18: for $\gamma=k+1:q$ do
19:　　if $\Delta s^{V\gamma}<\Delta s_0$ 和 $\omega^{V\gamma}=\omega^{V\gamma-1}$ then
20:　　　$Sk\leftarrow add\ V\gamma$
21:　　else
22:　　　Break
23:　　end if
24: end for
25: 输出 Si, Sj, Sk。

为了找到最优的联盟形式，首先创建大联盟 S，即 $S=\{Si, Sj, Sk\}$。随后，子联盟根据定义 2 的原则选择脱离 S 或留在 S。因此，大联盟 S 将分裂成不同的联盟类型，这些联盟类型包括在上述的四种联盟类型中。综上，通过求解式（6.46）～式（6.53）表示的优化问题，得到各自动驾驶汽车的决策结果。

可以发现，博弈论决策问题最终转化为一个具有多约束条件的闭环迭代优化过程[285]，并采用基于凸优化理论的高效进化算法进行求解[200]。

6.2.4　测试、验证与讨论

为评估联盟博弈论决策算法的性能，设计了两个测试案例，并在 MATLAB/Simulink

模拟平台上进行了测试。运动规划和控制算法改编自第 4 章。根据文献［79，76］，用于决策的仿真参数如表 6.2 所示。

表 6.2　决策仿真参数

参数	值	参数	值
$\Delta s^{\max}/\mathrm{m}$	0.8	$j_y^{\max}/(\mathrm{m/s^3})$	2
$\Delta y^{\max}/\mathrm{m}$	0.2	$\upsilon_{x,\sigma}^{\max}/(\mathrm{m/s})$	30
$\Delta\varphi^{\max}/(°)$	2	$R_{\min}/\mathrm{m}$	8
$a_x^{\max}/(\mathrm{m/s^2})$	4	$\delta_f^{\max}/(°)$	30
$a_y^{\max}/(\mathrm{m/s^2})$	4	$\Delta\delta_f^{\max}/(°)$	0.3
$j_x^{\max}/(\mathrm{m/s^3})$	2	$\Delta a_x^{\max}/(\mathrm{m/s^2})$	0.1
N_p	5	N_c	2

1. 测试案例 1

案例 1 的测试场景如图 6.4 所示，其中包括并线冲突区的三辆自动驾驶汽车。本案例旨在对两种极端联盟，即单车联盟和大联盟进行比较研究。本质上，它是非合作博弈和合作博弈之间的比较测试。此外，还评估了不同驾驶风格对两种联盟的影响。V1、V2、V3 以及引导车辆 V1、V2、V3 的初始位置分别设置为（12，–4）、（10，0）、（8，4）、（62，–4）、（70，0）、（68，4）。V1、V2、V3 和引导车辆 V1、V2、V3 的初速度分别设置为 18m/s、19m/s、20m/s、26m/s、26m/s、26m/s。

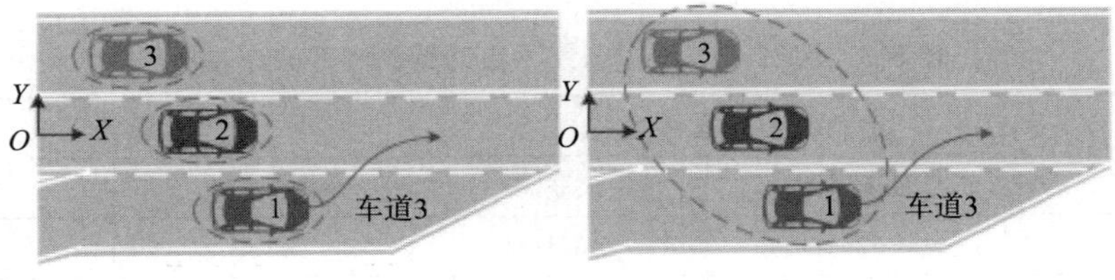

a）单车联盟　　b）大联盟

图 6.4　自动驾驶汽车不同驾驶风格的两种联盟类型的比较

此外，在本案例中，考虑到自动驾驶汽车的个性化驾驶，设计了两种场景。在场景 A 中，三辆自动驾驶汽车的驾驶风格均设置为正常型。在场景 B 中，将 V2 和 V3 的驾驶风格设置为正常型，将 V1 的驾驶风格设置为攻击型。

两种场景下的测试结果如图 6.5 所示。在场景 A 和场景 B 中，V1、V2 和 V3 做出了相似的决策。V1 变道并成功驶入主车道。为解决与 V1 的并线冲突，V2 变道至左侧车道，V3 减速并让行 V2。此外，场景 A 和场景 B 均显示了单车联盟（联盟 1）的并线时间要早于大联盟（联盟 2）的并线时间。案例 1 中自动驾驶汽车的成本值如表 6.3 所示。可以看到两种联盟的详细决策结果。

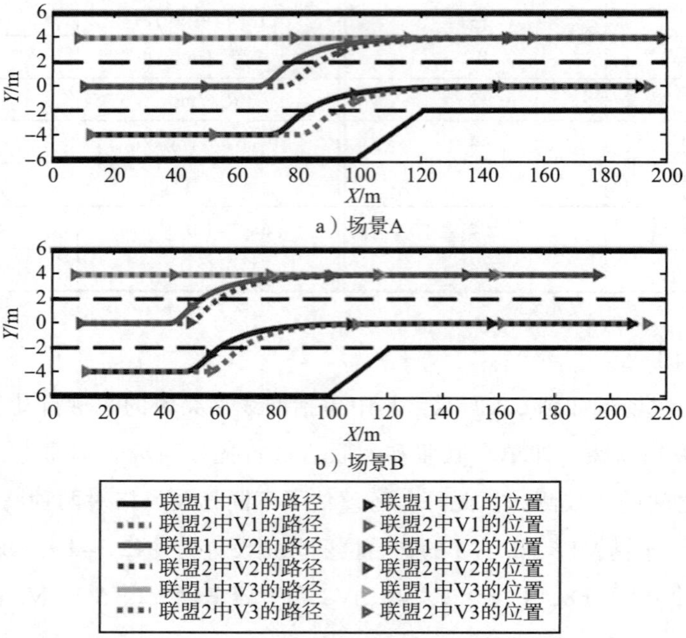

a）场景A

b）场景B

图 6.5 在案例 1 中，考虑自动驾驶汽车不同驾驶风格的两种场景的决策结果

表 6.3 案例 1 中不同场景下自动驾驶汽车的成本值

成本值（RMS）	场景 A		场景 B	
	单车联盟	大联盟	单车联盟	大联盟
V1	62598	62196	71527	72903
V2	55560	55086	68933	67071
V3	48521	47983	65914	64297
总和	166679	165265	206374	204271

在场景 A 中，相比于单车联盟，大联盟中所有自动驾驶汽车的决策成本值都有所下降，这说明在场景 A 中，大联盟既有利于个人利益，也有利于联盟利益。然而，场景 B 展示了决策成本值的不同测试结果。大联盟中 V2、V3 总和的决策成本值下降，而 V1 的

决策成本值上升，其主要原因是场景 A 和场景 B 中 V1 的驾驶风格不同。在场景 B 中，V1 的驾驶风格为攻击型的，而非正常型。因此，V1 追求更高的出行效率，这与 V2 和 V3 的偏好不同。在大联盟中，所有自动驾驶汽车的目标都是最小化整个大联盟的成本值，而非最小化个人成本值。然而，在单车联盟中，每辆自动驾驶汽车只关心个人利益。因此，与单车联盟相比，大联盟中 V1 的决策成本值增加，但联盟成本值降低。由此可见，两种联盟具有不同的特点，可用于不同的目标。

此外，图 6.6 和图 6.7 为自动驾驶汽车的纵向路径和速度的测试结果。结果表明，不同的驾驶风格会产生不同的决策结果。在场景 B 中，V1 的驾驶风格为攻击型，攻击型驾驶风格会导致 V1 突然加速，这与场景 A 中 V1 的驾驶行为不同，表明攻击型驾驶风格比正常型驾驶风格追求更高的出行效率。此外，可以看到两种联盟之间的速度差异。

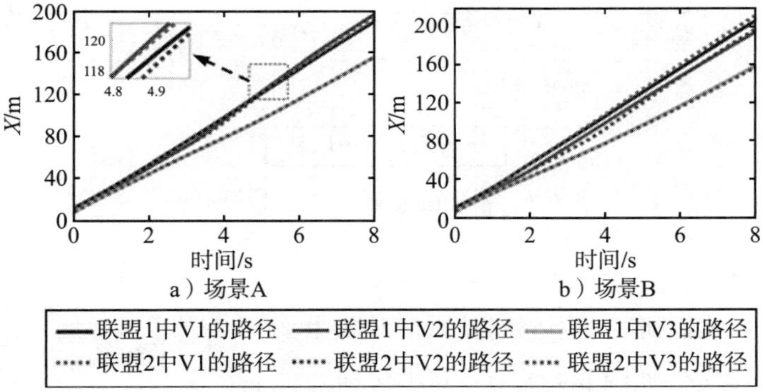

图 6.6 案例 1 中场景 A 和场景 B 中不同驾驶风格的自动驾驶汽车的纵向路径

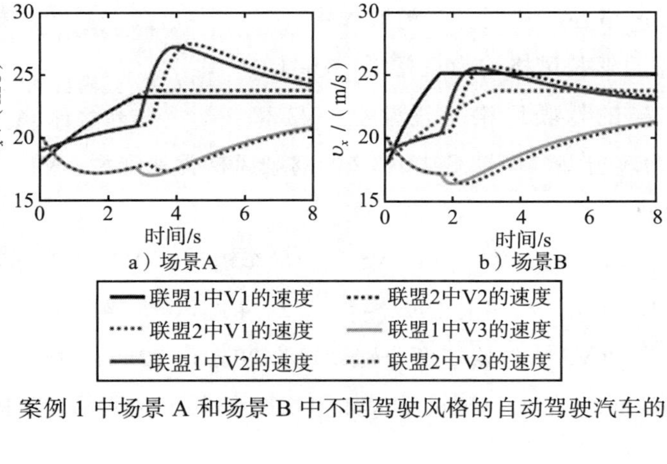

图 6.7 案例 1 中场景 A 和场景 B 中不同驾驶风格的自动驾驶汽车的速度

在场景 B 中，与单车联盟相比，大联盟中 V1 的速度降低。然而，在大联盟中，V2 和 V3 的速度增加。这表明虽然大联盟的攻击型驾驶风格有所减弱，但整个交通系统的出行效率却提高了。对于个性化驾驶而言，单车联盟是最优选择；而对于提高整个交通系统效率而言，大联盟无疑是最优选择。本案例旨在对这两种联盟进行比较研究。每辆自动驾驶汽车可以独立地选择不同的联盟，并遵循定义 6.2 中所述的联盟规则。

为了分析算法的复杂度，所述算法在案例 1 中的计算时间如图 6.8 所示。每步的平均值约为 0.06s。随着高效求解器和算法的改进，计算效率可以得到进一步提高。

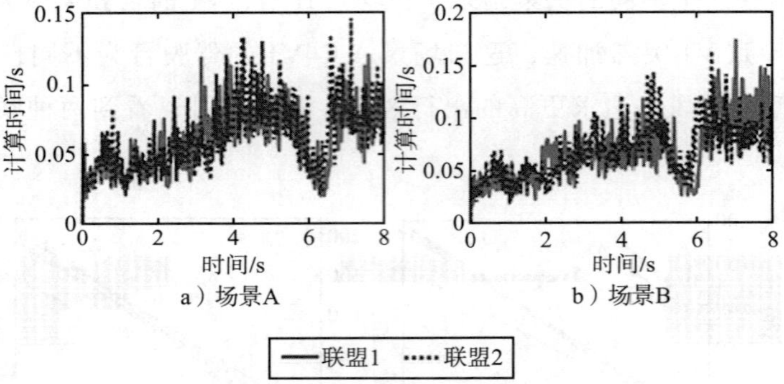

图 6.8 算法在案例 1 中的计算时间

2. 测试案例 2

在案例 2 中，我们研究了不同驾驶风格对联盟产生的影响。测试案例如图 6.9 所示，其中包括五辆在多车道并线区行驶的自动驾驶汽车。五辆自动驾驶汽车的驾驶风格各不相同。在场景 A 中，五辆自动驾驶汽车的驾驶风格均为正常型。场景 B 中，V1、V2 和 V4 的驾驶风格为正常型，V3 和 V5 的驾驶风格为攻击型。场景 C 中，V2 的驾驶风格为保守型，V1、V3、V4 和 V5 的驾驶风格为正常型。

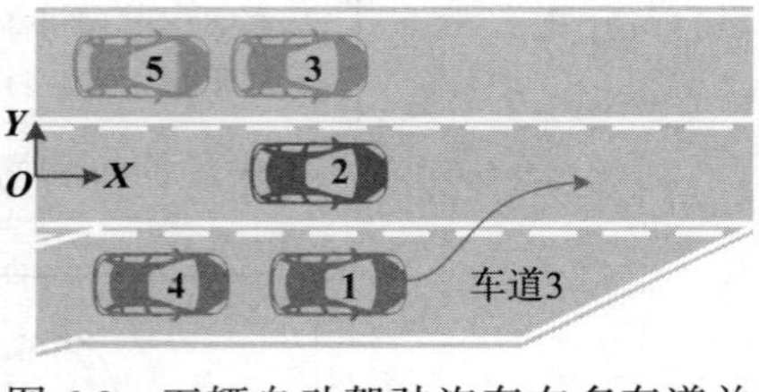

图 6.9 五辆自动驾驶汽车在多车道并线区的决策

在案例 2 中，V1、V2、V3、V4、V5 和引导车辆 V1、V2、V3 的初始位置分别设置为（18，-4）、（10，0）、（8，4）、（12，-4）、（2，4）、（62，-4）、（70，0）和（68，4）。V1、V2、V3、V4 和 V5 的初始速度分别设置为 20m/s、22m/s、16m/s、20m/s、16m/s、28m/s、28m/s、22m/s。最后，测试结果如图 6.10 ～图 6.14 所示。从图 6.10 可以看出，

不同驾驶风格的自动驾驶汽车会形成不同的联盟。在场景 A 中，所有的自动驾驶汽车加入一个大联盟，即 $S_1=\{V1,V2,V3,V4,V5\}$，其中 V1 和 V4 组成一个子联盟，V3 和 V5 也组成一个子联盟。$S_1 \Rightarrow \{\{V1,V4\},V2,\{V3,V5\}\}$。从图 6.11a 可以看出，在大联盟中，V1 和 V4 变道并成功并入主车道。V2 变道至左侧车道，为 V1 和 V4 的并线让路。因此，V3 和 V5 减速，以配合 V2，以便 V1 和 V4 并线。在场景 B 中，由于 V3 和 V5 驾驶风格为攻击型，它们的子联盟脱离了大联盟。最后，V1、V2 和 V4 形成另一个多车联盟，即，$S_1=\{\{V1,V4\},V2\},S_2=\{V3,V5\}$。从图 6-11b 中，可以看到 V3 和 V5 并不愿意让行 V2。因此，V2 必须减慢速度，为 V1 和 V4 的并线行为提供更大的安全距离。在场景 C 中，由于 V2 驾驶风格为保守型，V2 形成单车联盟。V1 和 V4 形成多车联盟，V3 和 V5 形成多车联盟，即 $S_1=\{V1,V4\},S_2=\{V2\},S_3=\{V3,V5\}$。由于 V2 的驾驶风格比较保守，为了保证行车安全，V2 只能做出减速决策，为 V1 和 V4 的并线让路。

案例 2 中自动驾驶汽车的纵向路径和速度如图 6.12 和图 6.13 所示。可以发现，不同的驾驶风格会产生不同的速度决策结果。攻击型驾驶风格行驶速度大于正常型驾驶风格和保守型驾驶风格，这表明攻击型驾驶风格更注重出行效率。然而，保守型驾驶风格更注重驾驶安全，而非出行效率。

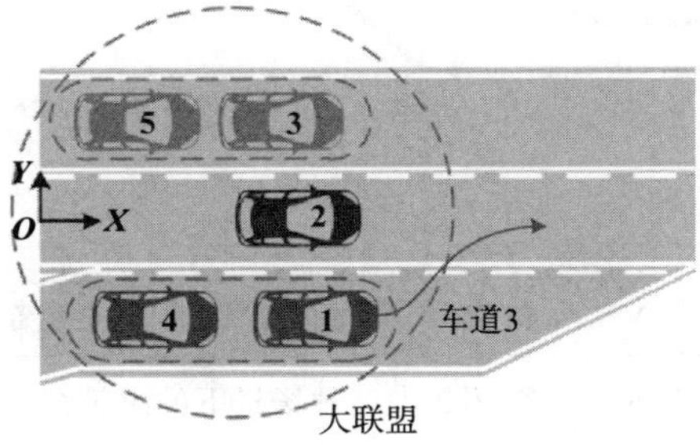

a）场景A

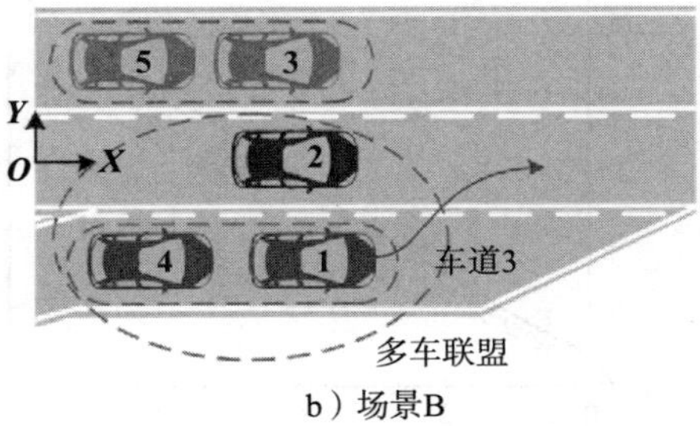

b）场景B

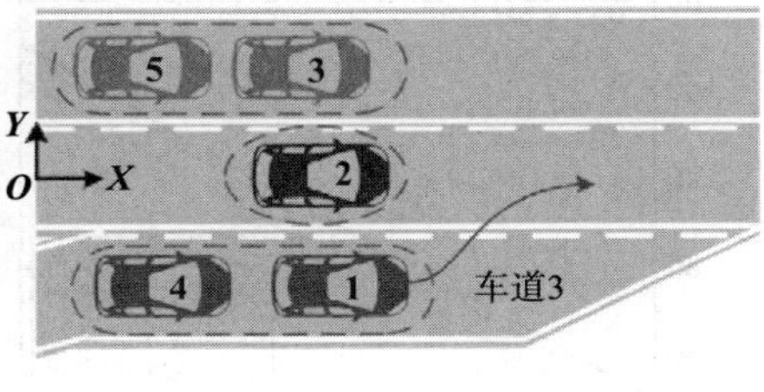

c）场景C

图 6.10　案例 2 中自动驾驶汽车的联盟结果

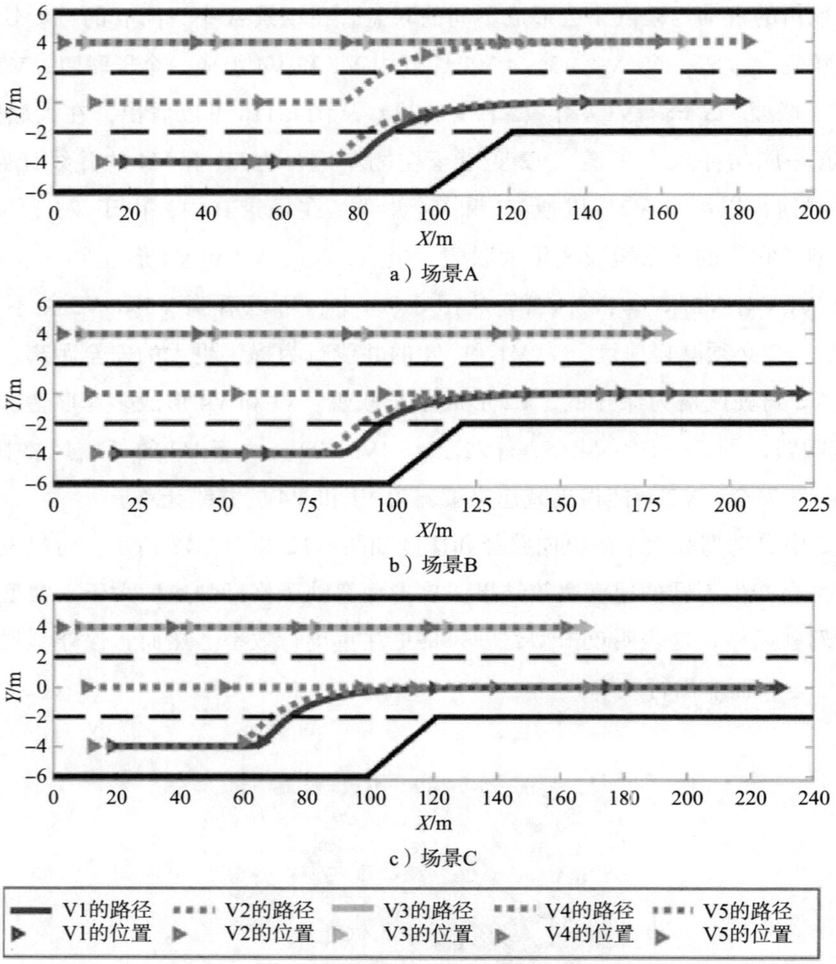

图 6.11　案例 2 中三种场景下的决策结果

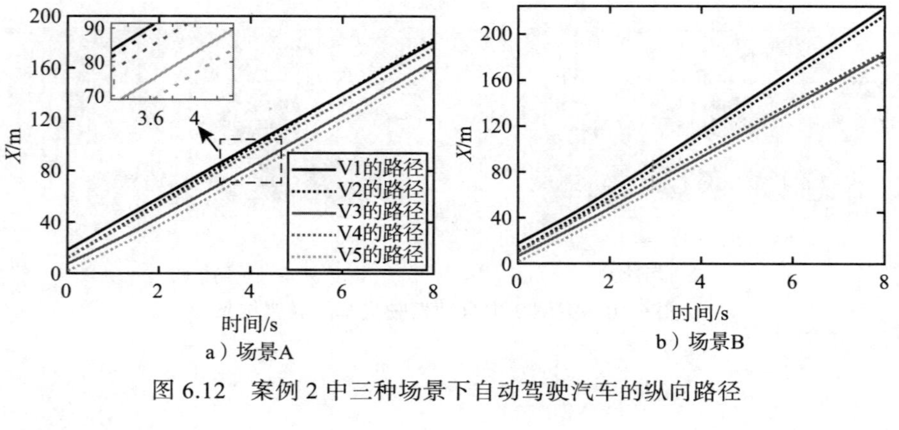

图 6.12　案例 2 中三种场景下自动驾驶汽车的纵向路径

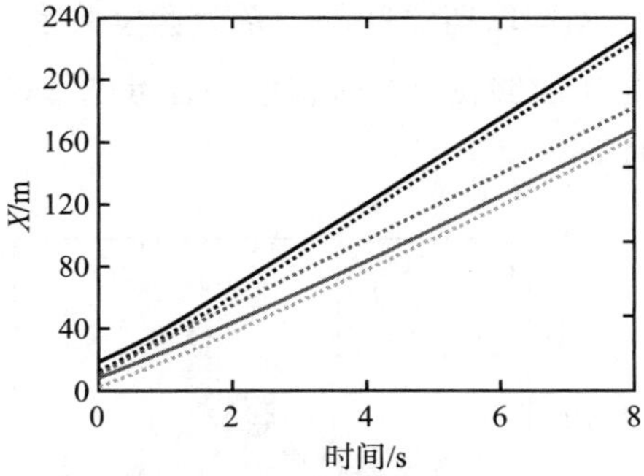

c）场景C

图 6.12　案例 2 中三种场景下自动驾驶汽车的纵向路径（续）

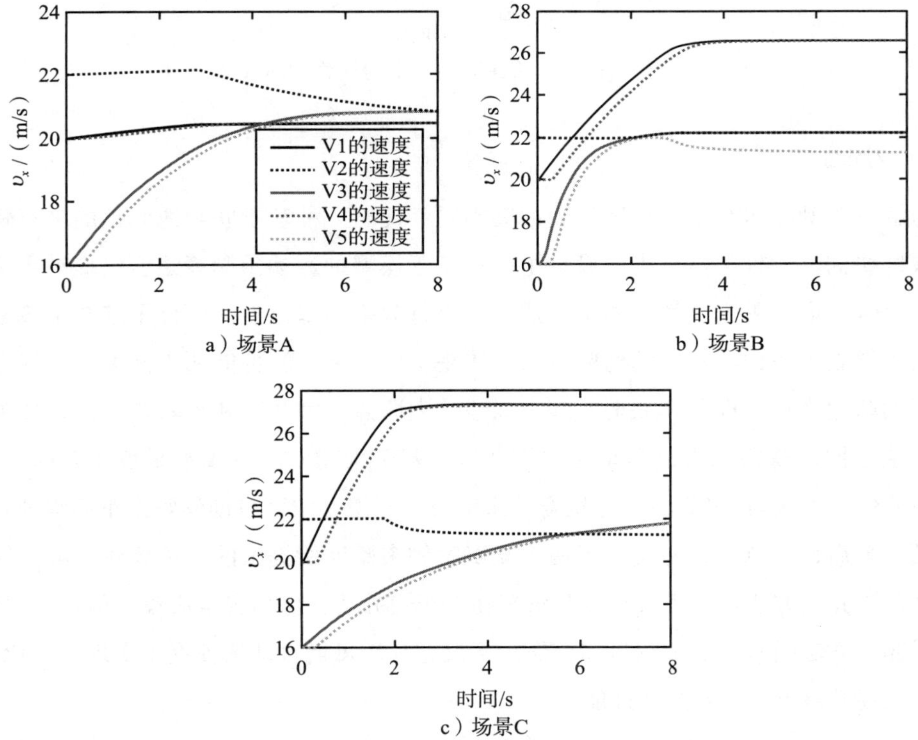

图 6.13　案例 2 中三种场景下自动驾驶汽车的速度

另外，所述算法在案例 2 中的计算时间如图 6.14 所示。每步的平均值约为 0.07s。综上所述，在多车道并线冲突区，自动驾驶汽车可以形成不同的联盟来实现协同决策。驾驶风格对自动驾驶汽车的联盟形成有着重要影响。联盟形成的基本规则详见定义 6.2。在同一联盟中，自动驾驶汽车可以通过相互协作以实现联盟利益最大化，这有利于提升整个交通系统的出行效率。不同联盟之间的关系为竞争关系，有利于实现个性化驾驶。即，所提出的联盟博弈论方法能够在决策过程中综合考虑每辆自动驾驶汽车的个体利益和整个交通系统的整体利益。

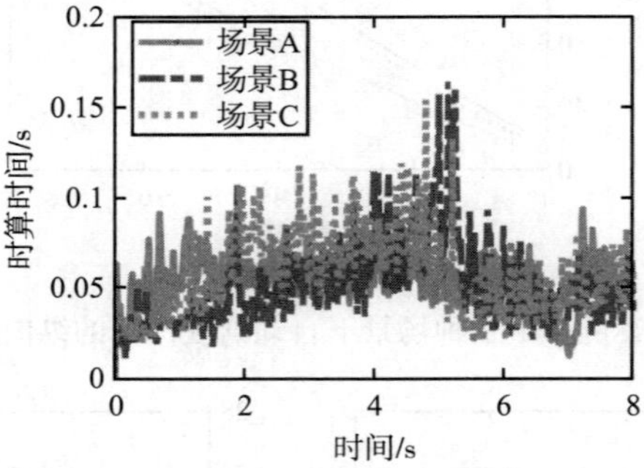

图 6.14　算法在案例 2 中的计算时间

6.2.5　小结

为解决车辆在多车道并线区驾驶冲突问题，提出一种基于联盟博弈论的多车辆多车道并线区协同决策框架。首先，设计了一种基于模型的运动预测算法，以提高决策安全性。在综合考虑驾驶安全性、乘坐舒适性和出行效率的基础上，设计了综合决策成本函数。类人驾驶还考虑了不同的驾驶风格，体现了对三种驾驶性能的不同偏好。提出了四种典型的联盟类型，即单车联盟、多车联盟、大联盟、大联盟和子联盟。自动驾驶汽车可以组成不同的联盟来通过多车道并线区域。基于构建的决策成本函数和多约束条件，将联盟博弈论方法与 MPC 方法相结合，来解决多车道并线区自动驾驶汽车面临的驾驶冲突问题。最后，本章设计并实施了两个测试案例来验证所提出的决策算法。测试结果表明，联盟博弈论方法可以为自动驾驶汽车在多车道并线区做出安全决策。值得一提的是，联盟博弈论方法同时考虑了竞争和合作，不仅有利于每辆自动驾驶汽车实现个性化驾驶，还有助于提升整个交通系统的性能。

6.3　无信号灯环岛处自动驾驶汽车的协同决策

第 5 章描述了自动驾驶汽车在无信号灯环岛的决策问题。为了进行协同决策，假设位于无信号灯环岛的所有汽车均为自动驾驶汽车。建模和收益函数设计工作在此不再赘述。基于第 5 章构建的决策模型，采用合作博弈论方法来解决无信号灯环岛处自动驾驶汽车之间的驾驶冲突和交互问题。

6.3.1　基于合作博弈论的决策

如图 6.15 所示，将大联盟博弈论方法用于解决无信号灯环岛处自动驾驶汽车的决策问题。在大联盟博弈论方法中，所有参与车辆组成一个大集合，旨在最大化大联盟的收益。实质上，大联盟博弈是一种典型的合作博弈。

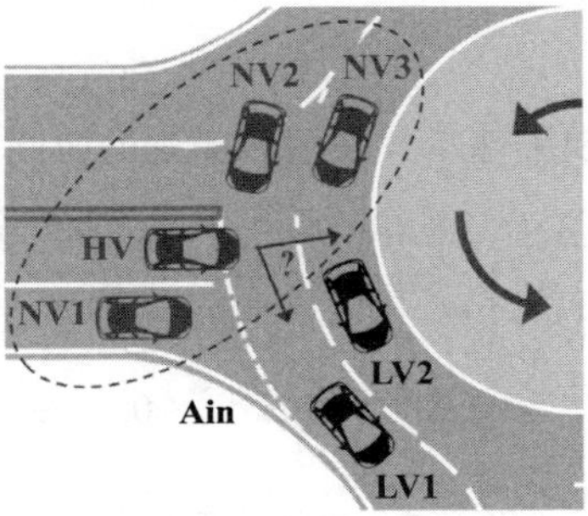

图 6.15　采用大联盟博弈论方法的无信号灯环岛处自动驾驶汽车的决策

基于第 5 章构建的收益函数，大联盟博弈论决策方法可以描述为：以最大化大联盟收益为目标。

$$(\hat{u}^{HV^*},\hat{u}^{NV1^*},\hat{u}^{NV2^*},\hat{u}^{NV3^*}) = \arg\max(\omega^{HV}P^{HV}+ \omega^{NV1}P^{NV1}+\omega^{NV2}P^{NV2}+\omega^{NV3}P^{NV3}) \tag{6.54}$$

$$\text{s.t. } \Xi^{HV}\leqslant 0, \Xi^{NV1}\leqslant 0, \Xi^{NV2}\leqslant 0, \Xi^{NV3}\leqslant 0$$

式中，ω^{HV}、ω^{NV1}、ω^{NV2} 和 ω^{NV3} 分别指代 HV、NV1、NV2 和 NV3。$\omega^{HV}+\omega^{NV1}+\omega^{NV2}+\omega^{NV3}=1$。

结合自动驾驶汽车的运动预测，将 MPC 方法应用于自动驾驶汽车的决策优化。

在时间步长 k 处，自动驾驶汽车的预测收益函数序列推导如下：

$$P^i(k+1|k), P^i(k+2|k), \cdots, P^i\left(k+N_p|k\right) \tag{6.55}$$

为了实现基于预测的 MPC 优化决策，构建了如下成本函数：

$$J^i = 1/\left(P^i+\varepsilon\right) \tag{6.56}$$

式中，系数 $\varepsilon \to 0$，且 $\varepsilon > 0$。

自动驾驶汽车的决策序列表示为：

$$\hat{\boldsymbol{u}}^i(k|k), \hat{\boldsymbol{u}}^i(k+1|k), \cdots, \hat{\boldsymbol{u}}^i\left(k+N_c-1|k\right) \tag{6.57}$$

式中，$\hat{\boldsymbol{u}}^i(q|k) = \left[\Delta a_x^i(q|k), \Delta\delta_f^i(q|k), \alpha^i(q|k), \beta^i(q|k)\right]^{\mathrm{T}}, q = k, k+1, \cdots, k+N_c-1$。

自动驾驶汽车的决策性能函数如下：

$$\varPi^i = \sum_{p=k+1}^{k+N_p} \left\|J^i(p|k)\right\|_{\boldsymbol{Q}}^2 + \sum_{q=k}^{k+N_c-1} \left\|\hat{\boldsymbol{u}}^i(q|k)\right\|_{\boldsymbol{R}}^2 \tag{6.58}$$

式中，$\boldsymbol{Q}$ 和 $\boldsymbol{R}$ 为加权矩阵。

最后，结合 MPC 优化实现了基于大联盟博弈论的协同决策方法：

$$\begin{gathered}(\hat{\boldsymbol{u}}^{HV*}, \hat{\boldsymbol{u}}^{NV1*}, \hat{\boldsymbol{u}}^{NV2*}, \cdots, \hat{\boldsymbol{u}}^{NVj*}) = \arg\min[\omega^{HV}\varPi^{HV} + \\ \omega^{NV1}\varPi^{NV1} + \omega^{NV2}\varPi^{NV2} + \cdots + \omega^{NVj}\varPi^{NVj}] \\ \text{s.t. } \Xi^{HV} \leqslant 0, \Xi^{NV1} \leqslant 0, \Xi^{NV2} \leqslant 0, \cdots, \Xi^{NVj} \leqslant 0\end{gathered} \tag{6.59}$$

式中，加权系数满足 $\omega^{HV} + \omega^{NV1} + \omega^{NV2} + \cdots + \omega^{NVj} = 1$。

6.3.2 测试结果与分析

为了评估合作博弈论决策算法在无信号灯环岛的性能，设计并实施了三个测试案例。为了与非合作博弈论方法进行比较研究，测试案例与第 5 章中的相同。

1. 测试案例 1

本案例旨在测试算法在进入环岛区域解决驾驶冲突的性能。位于主车道 M1 内侧车道的 HV 准备从入口 Ain 进入环形道路 RR，从出口 Bout 进入主车道 M2。在进入阶段，HV 必须与三辆 NV 互动，即位于主车道 M1 外侧车道的 NV1、环形道路 RR 外侧车道的 NV2 和环形道路 RR 内侧车道的 NV3，然后做出最优决策。

在此基础上，设计了三种典型场景来评估个性化驾驶对决策的影响。在场景 A 中，HV、NV1、NV2 和 NV3 的驾驶风格分别设置为正常型、保守型、正常型和正常型。在场景 B 中，四辆自动驾驶汽车的驾驶风格分别设置为正常型、攻击型、正常型和正常型。在场景 C 中，四种自动驾驶汽车的驾驶风格分别设置为攻击型、攻击型、正常型和正常型。在案例 1 中，HV、NV1、NV2、NV3、LV1 和 LV2 的初始位置分别设置为（–25，–2.45）、（–28，–6.08）、（–16，10.25）、（–10，11.18）、（–16，–10.25）和（–14，–5.38）。

另外，HV、NV1、NV2、NV3、LV1、LV2 的初始速度分别设置为 5.5m/s、4m/s、5m/s、4m/s、8m/s、8m/s。在这种情况下，对大联盟博弈论（GC）方法的性能进行了测试和验证。测试结果如图 6.16 ～图 6.21 所示。

本案例中的决策结果如图 6.16 所示。可以看到测试结论与第 5 章中使用 Stackelberg 博弈论（SG）方法得出的结论相似。由于自动驾驶汽车的驾驶风格不同，不同场景下的决策结果也不尽相同。在场景 A 中，由于 NV1 的驾驶风格为保守型，因此 NV1 不得不减速让行 HV。HV 并入了环形道路 RR 的外侧车道。因此，NV2 必须减速，以保持与 HV 的安全距离。由于 HV 与 NV3 不存在驾驶冲突，所以 NV3 的行驶速度保持不变。从图 6.17 中可以看出，与 SG 方法相比，GC 方法中 NV1 的速度更快，并且 NV1 没有突然减速行为，这说明 GC 方法可以帮助所有自动驾驶汽车实现协同决策，以提高整个交通系统的出行效率，这是合作博弈论方法的最大优势。在场景 B 中，所有自动驾驶汽车的驾驶风格均为正常型。HV 并入环形道路 RR 的内侧车道。因此，NV3 不得不减速让行 HV。

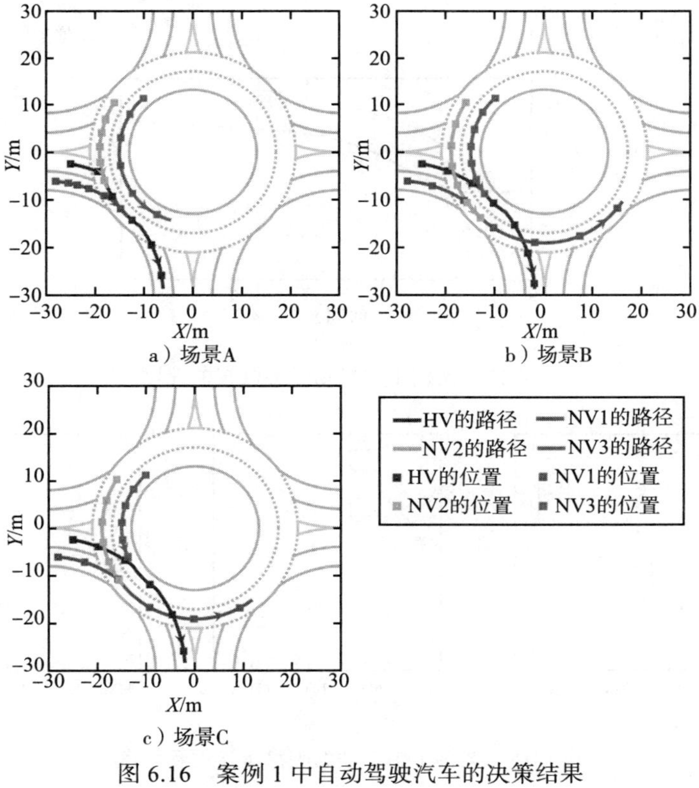

a）场景A　b）场景B　c）场景C

图 6.16　案例 1 中自动驾驶汽车的决策结果

同时，NV2 减速以保持与 NV1 的安全距离。在场景 C 中，HV 和 NV1 的驾驶风格均为攻击型，这是一种极端情况。从图 6.17c 中可以看出，HV 和 NV1 的行驶速度都比 NV2 和 NV3 快，这说明攻击型驾驶风格追求更高的出行效率。此外，从图 6.16c 中可以看出，HV 并入环形道路 RR 的内侧车道，NV1 并入环形道路 RR 的外侧车道。因此，NV2 和 NV3 不得不分别减速让行 NV1 和 HV。与 SG 方法相比，从图 6.17 中可以发现，在 GC 方法中，NV1 和 HV 的速度更慢。也就是说，在 GC 方法中，驾驶风格对决策的影响被削弱。GC 方法更注重整个交通系统的利益，而 SG 方法更注重个人利益。

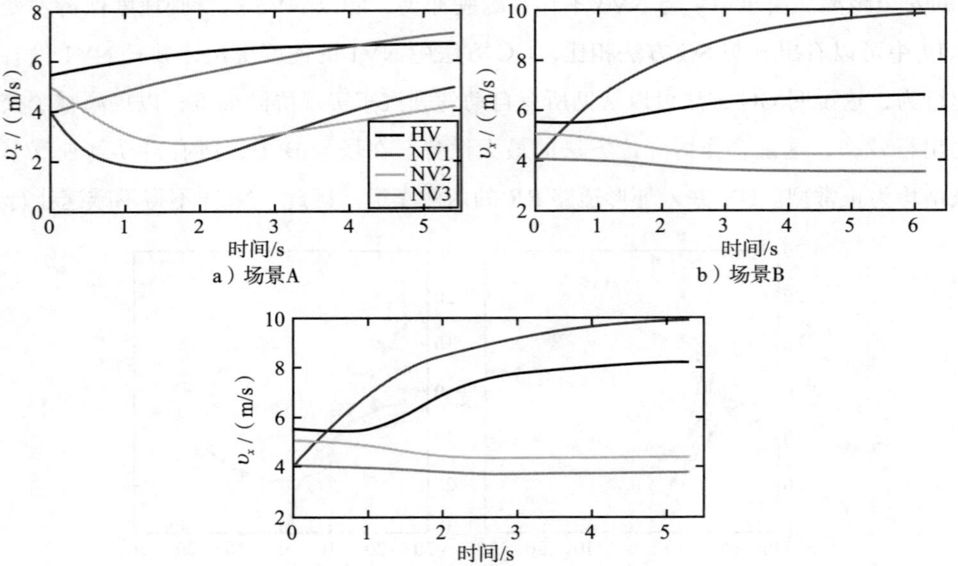

a）场景A　　b）场景B　　c）场景C

图 6.17　案例 1 中自动驾驶汽车的速度

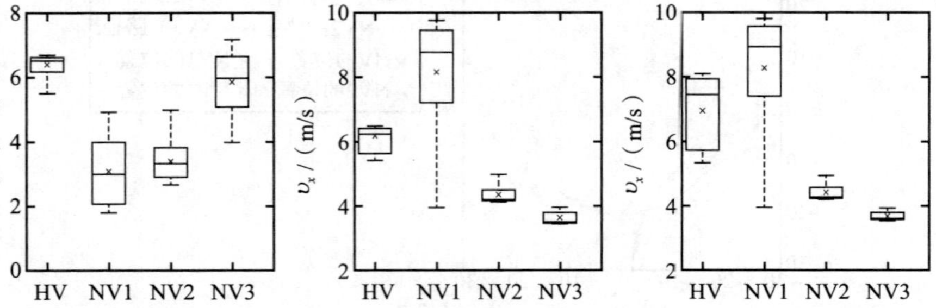

a）场景A　　b）场景B　　c）场景C

图 6.18　案例 1 中自动驾驶汽车速度箱线图

此外，纵向和横向加速度箱线图分别如图 6.19 和图 6.20 所示。可以发现，攻击型驾驶风格比正常型驾驶风格和保守型驾驶风格的加速度分布更大，这意味着攻击型驾驶风格更注重出行效率而非乘坐舒适性。然而，保守型驾驶风格的追求恰好相反。

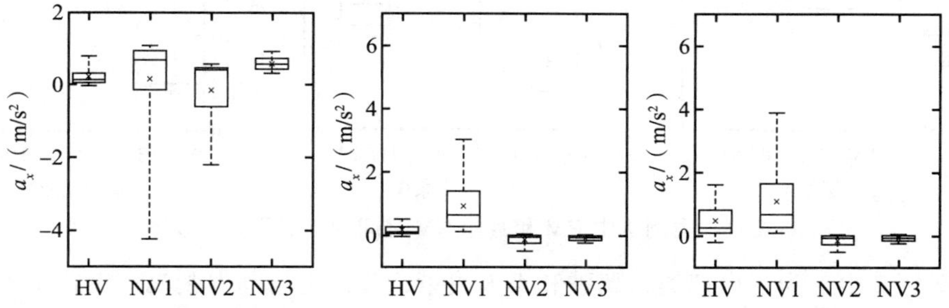

a）场景A　b）场景B　c）场景C

图 6.19　案例 1 中自动驾驶汽车纵向加速度箱线图

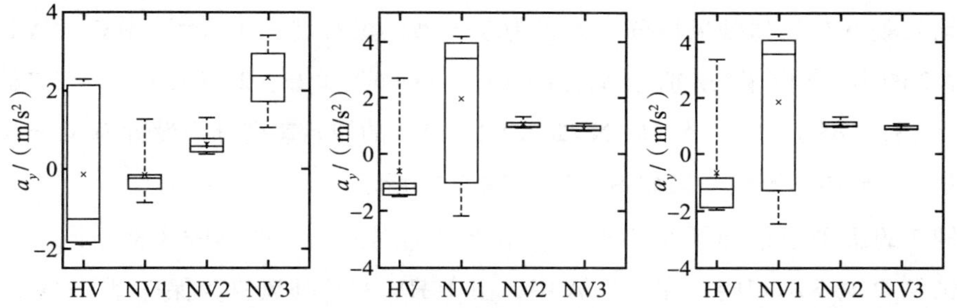

a）场景A　b）场景B　c）场景C

图 6.20　案例 1 中自动驾驶汽车横向加速度箱线图

此外，从图 6.21 中我们可以看出，攻击型驾驶风格下的安全距离通常较小，尤其当两辆车的驾驶风格均为攻击型时，安全距离较小。因此，驾驶安全性大幅降低。保守型驾驶风格下的安全距离更大，这说明保守型驾驶风格更重视驾驶安全性。正常型驾驶风格介于以上两种驾驶风格之间，旨在在不同驾驶性能之间达到一个良好的平衡。

2. 测试案例 2

案例 2 旨在解决自动驾驶汽车在通过和离开环岛的过程中面临的驾驶冲突和决策问题。位于环形道路 RR 外侧车道的 HV 准备从 Dout 并入主车道 M4。在这个过程中，HV 需要解决与 NV1 在主车道 M3 上的并线冲突问题。HV 有三种选择：减速让行 NV1、加速争夺路权、变道至环形道路 RR 的内侧车道。如果 HV 选择变道至环形道路 RR 的内侧车道，它必须与 NV2 交互，那么与 NV1 的并线冲突将转变为变道冲突。

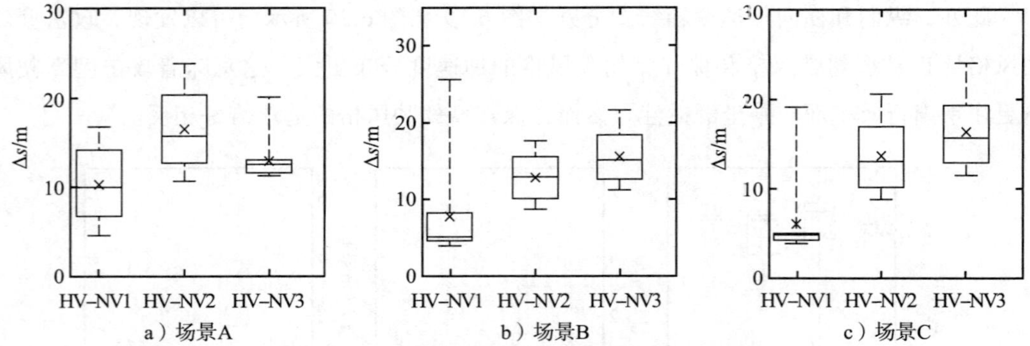

图 6.21　案例 1 中 HV 和其他 NV 之间的相对距离箱线图

在案例 2 中，为了模拟类人驾驶和类人决策，我们为自动驾驶汽车设置了不同的驾驶风格。在场景 A 中，HV、NV1 和 NV2 的驾驶风格分别设置为保守型、正常型和正常型。在场景 B 中，这三辆自动驾驶汽车的驾驶风格均设置为正常型。在场景 C 中，这三辆自动驾驶汽车的驾驶风格分别设置为攻击型、正常型和正常型。HV、NV1、NV2、LV1、LV2 的初始位置分别设置为（15，–11.66）、（25，2.45）、（8，–12.68）、（15，11.66）、（13，7.48）。HV、NV1、NV2、LV1、LV2 的初始速度分别设置为 5.5m/s、5m/s、4m/s、8m/s、5m/s。测试结果如图 6.22 ～图 6.27 所示。

案例 2 的决策结果如图 6.22 所示。由于自动驾驶汽车的驾驶风格不同，三种场景下的测试结果也不尽相同。在场景 A 中，由于 HV 的驾驶风格为保守型，HV 决定减速并为 NV1 让道。因此，我们可以在图 6.23a 中看到 HV 突然减速。这种减速行为提高了 HV 的驾驶安全性。场景 B 中，HV 选择变道以解决与 NV1 的并线冲突问题。因此，NV2 不得不减速，给 HV 让路。在场景 C 中，HV 为解决与 NV1 的并线冲突问题，做出了双车道变行决策。从图 6.23c 可以看出，NV1 和 NV2 都有明显的减速行为。而 HV 的行驶速度要快得多，这说明攻击型驾驶风格追求更高的出行效率。与 SG 方法的测试结果相比，GC 方法中 HV 的行驶速度减小，NV1 和 NV2 的行驶速度增加。可以得出结论，在 GC 方法中，个性化驾驶被削弱了，但整体交通系统的出行效率得到了提升。

纵向和横向加速度箱线图如图 6.25 和图 6.26 所示。可以发现，攻击型驾驶风格的加速度更快，以提高出行效率。然而，过快的加速度会降低乘坐舒适性。保守型驾驶风格的加速度较慢，以提高乘坐舒适性。此外，HV 和其他 NV 之间相对距离箱线图如图 6.27 所示。可以发现，保守型驾驶风格下的安全距离较大，以提高驾驶安全性，而攻击型驾驶风格下的安全距离较小。

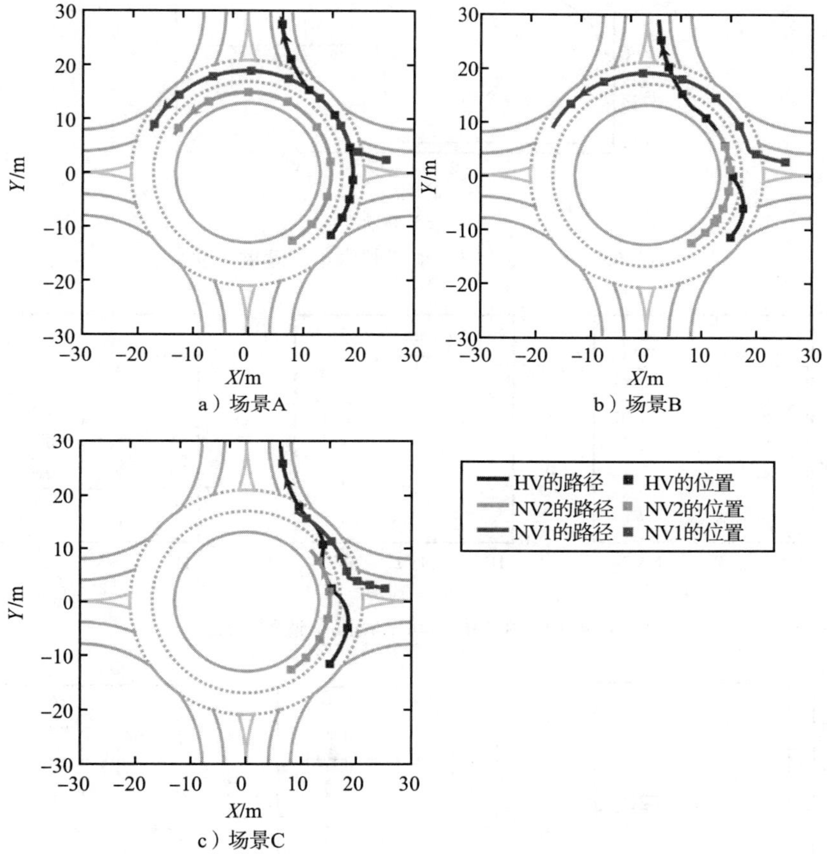

图 6.22　案例 2 中自动驾驶汽车的决策结果

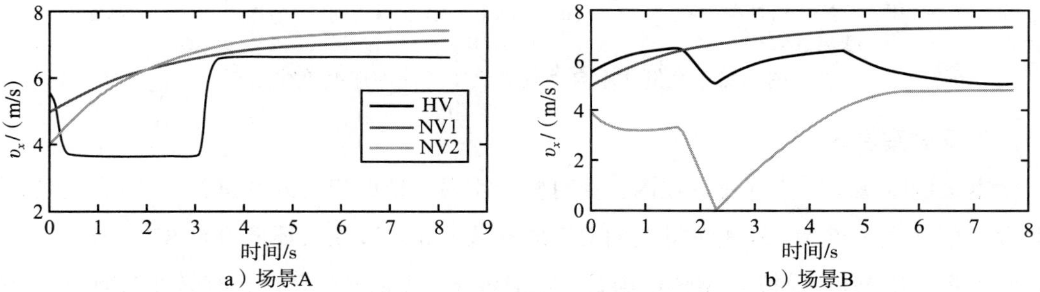

图 6.23　案例 2 中自动驾驶汽车的速度

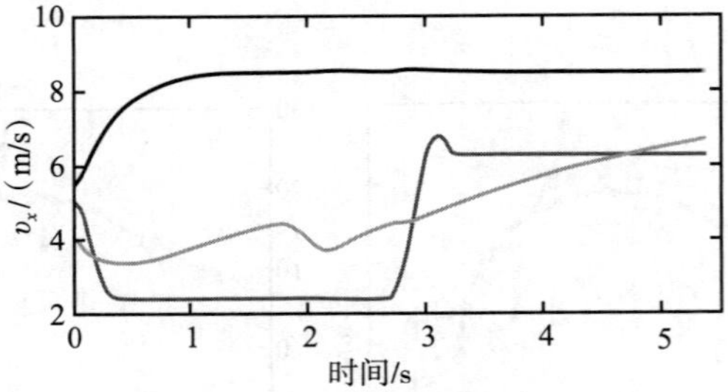

c）场景C

图 6.23　案例 2 中自动驾驶汽车的速度（续）

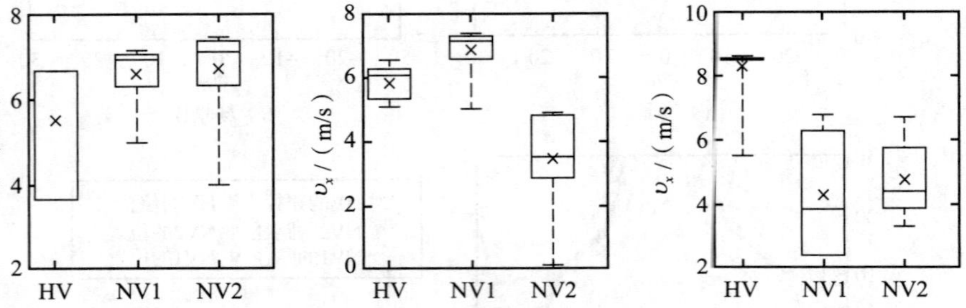

a）场景A　　b）场景B　　c）场景C

图 6.24　案例 2 中自动驾驶汽车速度箱线图

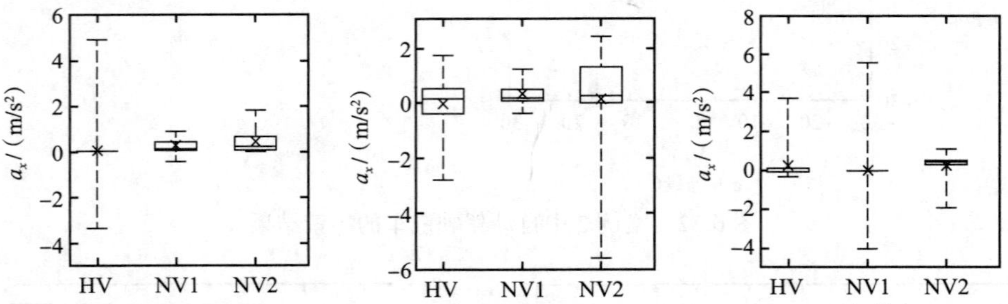

a）场景A　　b）场景B　　c）场景C

图 6.25　案例 2 中自动驾驶汽车纵向加速度箱线图

3. 测试案例 3

本案例将三个阶段都考虑在内，并对整个交通系统的出行效率进行了评估。在进入阶段，位于主车道 M1 外侧车道上的 HV 准备从 Ain 入口驶入环形道路 RR，从 Aout 出口驶入主车道 M1，模拟 U 型转弯场景。除 HV 外，无信号灯环岛还有另外四辆 NV。位于环形道路 RR 内侧车道上的 NV1 准备从 Cout 出口驶入主车道 3；位于 M2 主车道外侧车道的 NV2 准备驶入环形道路 RR，从 Cout 出口进入主车道 M3；位于主车道 M3 内侧车道上的 NV3 准备驶入环形道路 RR，从 Aout 出口进入主车道 M1；位于主车道 M4 外侧车道上的 NV4 准备从 Din 入口驶入环形道路 RR，从 Dout 出口进入主车道 M4。

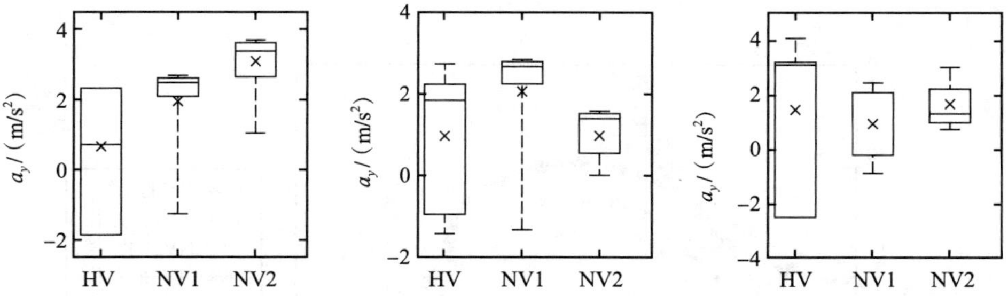

a）场景A　　b）场景B　　c）场景C

图 6.26　案例 2 中自动驾驶汽车横向加速度箱线图

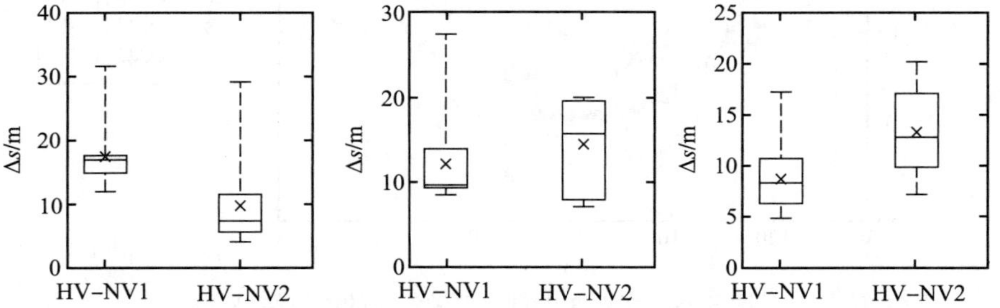

a）场景A　　b）场景B　　c）场景C

图 6.27　案例 2 中 HV 和其他 NV 之间的相对距离箱线图

此外，为研究个性化驾驶对整个交通系统出行效率的影响，对自动驾驶汽车设置了不同的驾驶风格。HV 的驾驶风格设置为攻击型，四辆 NV 的驾驶风格均设置为正常型。HV、NV1、NV2、NV3 和 NV4 的初始位置分别设置为（–19，–8.68）、（–9，–12）、（6，–35）、（50，2）和（–6，88），HV、NV1、NV2、NV3 和 NV4 的初始速度分别设置为 5.5m/s、5m/s、5m/s、4m/s、4m/s。测试结果如图 6.28 ～图 6.30 所示。

从图 6.29 中，可以看到 HV 频繁的加速和减速行为。所有自动驾驶汽车和交通系统的出行效率分析如表 6.4 所示。可以发现 HV 的行驶速度最快，这说明攻击型驾驶风格追求更高的出行效率。与第 5 章中 SG 方法的分析结果相比，可以发

表 6.4　案例 3 中出行效率分析

测试结果	HV	NV1	NV2	NV3	NV4
速度最大值 /（m/s）	9.36	8.23	8.03	7.53	8.40
速度方均根 /（m/s）	7.85	8.05	7.91	7.36	8.22
系统速度方均根 /（m/s）	7.88				

现 HV 的行驶速度减小，而整个交通系统的速度增加。由此可见，SG 方法更有利于个性化驾驶，而 GC 方法更有利于自动驾驶汽车的协同决策，提高整个交通系统的出行效率。

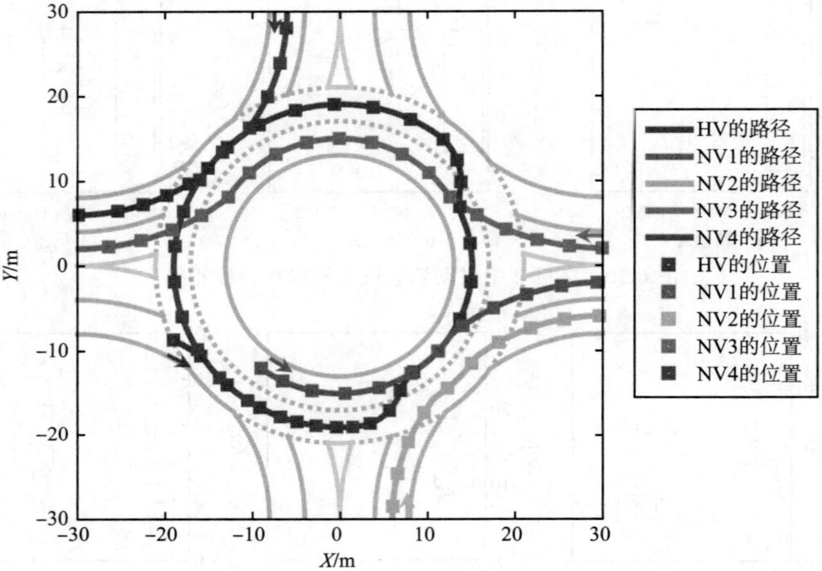

图 6.28　案例 3 中自动驾驶汽车的决策结果

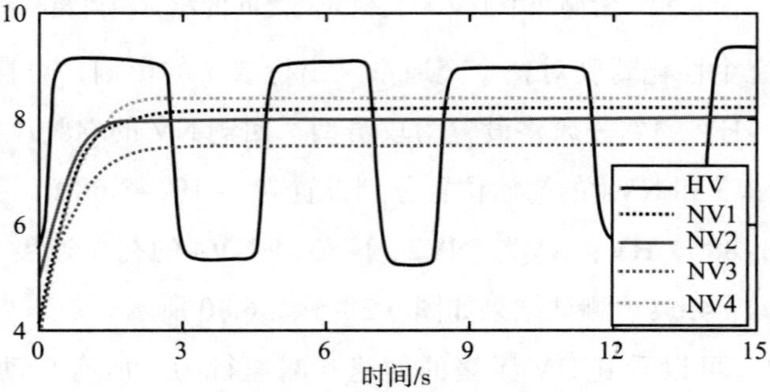

图 6.29　案例 3 中自动驾驶汽车的速度

此外，GC 方法在案例 3 中的计算时间如图 6.30 所示。GC 方法每次迭代的平均计算时间为 0.038s，小于 SG 方法的计算时间。这是因为 GC 方法中自动驾驶汽车的交互行为比 SG 方法中的交互行为少，这也是 GC 方法用于自动驾驶汽车协同决策的一大优势。

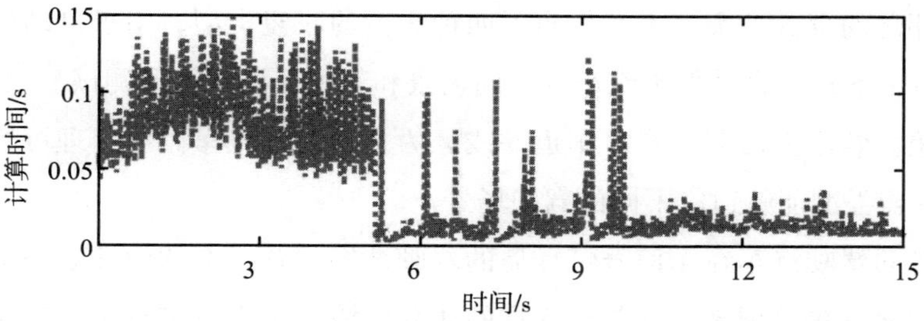

图 6.30　算法在案例 3 中的计算时间

4. 讨论

结合第 5 章和本章中无信号灯环岛驾驶冲突解决的测试结果，可以得出 SG 方法和 GC 方法都可以实现类人自动驾驶决策，同时可以解决各种驾驶冲突。本章还考虑了自动驾驶汽车不同的驾驶风格。攻击型驾驶风格更注重出行效率，保守型驾驶风格更注重乘坐舒适性和驾驶安全性。两种博弈决策算法可用于不同的决策目标。SG 方式更注重个人利益，有利于个性化驾驶，而 GC 方法更关注系统利益，有利于协同决策。

6.3.3　小结

在本章中，我们将合作博弈论方法应用于无信号灯环岛处自动驾驶汽车的协同决策问题。建模工作和决策收益函数与第 5 章相同。只有决策算法不同，即第 5 章为非合作博弈论方法，第 6 章为合作博弈论方法。本章在相同的驾驶场景下设计并实施了测试案例。测试结果表明，两种博弈论方法均能帮助位于无信号灯环岛的自动驾驶汽车做出合理可行的决策，以及帮助解决复杂环岛的驾驶冲突问题。非合作博弈论方法有利于个性化驾驶，而合作博弈论方法有助于提高整个交通系统的出行效率。

6.4　结论

本章旨在解决高速公路并线和无信号灯环岛等复杂交通场景下自动驾驶汽车的驾驶冲突问题。本章将合作博弈论方法应用于自动驾驶汽车的协同决策。为解决自动驾驶汽车的多车道并线问题，本章设计了一种合作博弈论决策框架。为提高决策算法的性能，提出了运动预测模型。在决策成本函数设计中，综合考虑了驾驶安全性、乘坐舒适性和出行效率等多种驾驶性能。基于决策成本函数，采用联盟博弈论方法解决自动驾驶汽车在无信号灯环岛的驾驶冲突。本章提出了四种典型的联盟类型，用于自动驾驶汽车的协同决策。最后，本章对自动驾驶汽车的不同场景和驾驶风格进行了测试。测试结果表明，所提出的联盟博弈论方法能够在多车道并线区为自动驾驶汽车做出合理可行的决策，所形成的不同联盟类型能够适应不同的驾驶场景。

为解决自动驾驶汽车在无信号灯环岛的驾驶冲突问题，本章设计了一个基于大联盟博弈的合作博弈论决策框架，并与第 5 章的非合作博弈论方法进行了比较研究。测试结果表明，非合作博弈论方法和合作博弈论方法都能够有效地解决自动驾驶汽车在无信号灯环岛的驾驶冲突问题，并能帮助自动驾驶汽车做出安全的决策。非合作博弈论方法更有利于个性化驾驶，而合作博弈论方法更有助于提升整个交通系统的性能。

第 7 章 Chapter 7

结论、讨论和展望

本书采用博弈论方法研究了用于自动驾驶的类人决策和控制技术。书中使用真实的驾驶数据集进行类人驾驶行为的特征识别和建模。在此基础上，自动驾驶汽车被赋予不同的驾驶风格，以实现类人驾驶，并反映了在驾驶安全性、乘坐舒适性和出行效率方面的不同驾驶偏好。将不同的博弈论方法应用于不同驾驶场景下的决策问题，包括变道、高速公路并线和无信号灯环岛。综上所述，所提出的类人决策框架可以支持自动驾驶汽车的个性化驾驶。此外，网联自动驾驶汽车之间的协同决策可以解决复杂交通场景中的驾驶冲突问题，提高驾驶安全性和出行效率。

在接下来的部分中，将对自动驾驶汽车的类人驾驶进行一些总结和展望。

7.1 自动驾驶汽车的类人建模

在本书中，自动驾驶汽车的类人建模工作分为两部分。第一部分是类人驾驶特征识别和表示。最常见的方法是根据真实的驾驶数据集进行驾驶风格划分。参考人类驾驶员的驾驶风格，自动驾驶汽车可以模拟人类驾驶员的驾驶行为。挑战在于，类人驾驶风格通常是有限的，例如，最常见的有三种驾驶风格，即攻击型、正常型和保守型。尽管人类驾驶员被划分为不同的驾驶风格，但这是根据统计结果进行的划分。而一个人类驾驶员的驾驶风格并不总是固定的，这受到一些因素的影响，如身体和心理状态、天气、道路状况等。在现有的研究中，自动驾驶汽车的类人驾驶风格通常是固定的，不能代表人类驾驶员那样多变的驾驶风格。为了实现多变的驾驶风格，本书提出了驾驶攻击性的概念。在第 2 章中，我们将纵向速度和偏航角速率这两个性能参数应用于驾驶攻击性分析。应用模糊推理方法，可以得到驾驶攻击性，它是一个从 0 到 1 的连续变量。这样，类人驾驶特征就可以用连续的方式呈现出来。在本书中，用来反映驾驶攻击性的性能参数只有纵向速度和偏航角速率，未来可以使用更多的性能参数来更准确地描述驾驶攻击性。

在完成类人驾驶特征识别和表示后，进入第二部分，即类人驾驶行为的建模。根据驾驶风格，给不同的驾驶性能（即驾驶安全性、乘坐舒适性和出行效率）分配了不同的权重。因此，自动驾驶汽车可以表现出类人的驾驶行为。在本研究中，每种驾驶风格的权重分配都是固定的。通过使用驾驶攻击性，权重参数可以是变化的，这更符合客观实际，也更人性化。为了实现类人路径规划，本书中不同的 APF 分布反映了不同的驾驶风格。在类人控制模型中，使用了类人驾驶员模型，不同的参数设置可以模拟不同的驾驶风格。在未来的工作中，可以使用类脑模型来实现自动驾驶汽车的类人控制。

7.2 类人决策算法

在类人决策算法中，决策成本函数设计是非常关键的，它涉及不同的性能指标和多个决策变量。性能指标包括驾驶安全性、乘坐舒适性和出行效率。驾驶安全性由两辆车的相对距离和速度来反映。乘坐舒适性与加速度和冲击度有关，出行效率与车速有关。决策变量包括行为变量，例如变道和车道保持，以及动作变量，例如转向角和加速度。对于不同的驾驶场景，行为变量可能不同。例如，在环岛处，车辆存在并入圆形道路内侧车道、保持车道和并入圆形道路外侧车道的三种行为变量；而在高速公路上，车辆的行为变量只有变道和保持车道两种。基于以上分析可以发现，对于不同的驾驶场景，必须重构决策成本函数。在未来的工作中，将构建综合决策成本函数，以应对不同的驾驶场景。同时，未来还要考虑各种决策变量，以提高决策算法的泛化能力。

为了实现自动驾驶的类人交互和决策，本书采用了不同的博弈论方法，包括纳什均衡博弈论和 Stackelberg 博弈论方法。在变道场景中，这两种方法都可以在不同的驾驶风格下做出类人决定。与纳什均衡方法相比，Stackelberg 方法在驾驶安全性、乘坐舒适性和出行效率方面表现出了更好的性能。在变道交互过程中，变道车辆是首先做出决策的领导者，障碍物车辆是随后做出决策的跟随者，这符合 Stackelberg 博弈论方法的概念。因此，在变道场景中，Stackelberg 博弈论方法更具类人性。在本研究中，交互过程中只考虑了少数玩家。为了处理高密度和动态交通流环境（例如交通堵塞）中的交互和决策，在未来的工作中将使用多领导者 – 追随者 Stackelberg 博弈论方法。

7.3　考虑个性化驾驶的协同决策

为了解决复杂交通场景中的驾驶冲突，例如在高速公路上和无信号环岛处并道，本书使用联盟博弈论方法为网联自动驾驶汽车设计了一个合作决策框架。书中所提出的基于联盟的方法能够做出合理的决策，并适应网联自动驾驶汽车的不同驾驶特性。它保证了网联自动驾驶汽车在复杂的动态交通场景下的安全性和效率，同时兼顾了单个车辆的目标。尽管如此，仍然存在一些挑战。随着系统复杂性的增加，例如决策模型中网联自动驾驶汽车越来越多，就需要更大的计算资源和更强大的决策执行能力。因此，进一步提高算法的计算效率是未来工作的一个关键方向。我们从两个方面来考虑这个问题。一方面，我们可以优化算法，进一步降低算法的复杂性，例如设计事件触发机制，以减少不必要的交互过程。另一方面，我们将设计更好的算法求解器，以提高算法效率。如果能够保证算法的实时性能，所提出的决策算法将能够应用于更复杂的交通场景。

此外，运动预测有利于提高决策算法的性能，特别是在行车安全方面。因此，运动预测模块对于决策框架来说是非常关键的。在本研究中，设计了基于模型的运动预测算法。在短期运动预测中，预测精度是可接受的。然而，在长期运动预测中，预测精度大大降低。特别是对于极端情况，长期运动预测可以显著提高决策的安全性。为此，在未来的工作中，我们将应用基于学习的方法（例如 LSTM 算法），进行长期运动预测。

参考文献

[1] Yasir Ali, Zuduo Zheng, Md Mazharul Haque, and Meng Wang. A game theory-based approach for modelling mandatory lane-changing behaviour in a connected environment. *Transportation Research Part C: Emerging Technologies*, 106:220–242, 2019.

[2] Ahmad Aljaafreh, Nabeel Alshabatat, and Munaf S Najim Al-Din. Driving style recognition using fuzzy logic. In *2012 IEEE International Conference on Vehicular Electronics and Safety (ICVES 2012)*, pages 460–463. IEEE, 2012.

[3] Sharaf Alkheder, Fahad Al-Rukaibi, and Asma Al-Faresi. Driver behavior at kuwait roundabouts and its performance evaluation. *IATSS research*, 44(4):272–284, 2020.

[4] Noor Hafizah Amer, Hairi Zamzuri, Khisbullah Hudha, and Zulkiffli Abdul Kadir. Modelling and control strategies in path tracking control for autonomous ground vehicles: a review of state of the art and challenges. *Journal of Intelligent & Robotic Systems*, 86(2):225–254, 2017.

[5] Adel Ammar, Hachemi Bennaceur, Imen Châari, Anis Koubâa, and Maram Alajlan. Relaxed dijkstra and a* with linear complexity for robot path planning problems in large-scale grid environments. *Soft Computing*, 20(10):4149–4171, 2016.

[6] Aliasghar Arab, Kaiyan Yu, Jingang Yi, and Dezhen Song. Motion planning for aggressive autonomous vehicle maneuvers. In *2016 IEEE International Conference on Automation Science and Engineering (CASE)*, pages 221–226. IEEE, 2016.

[7] Antonio Artuñedo, Jorge Godoy, and Jorge Villagra. Smooth path planning for urban autonomous driving using openstreetmaps. In *2017 IEEE Intelligent Vehicles Symposium (IV)*, pages 837–842. IEEE, 2017.

[8] Mansour Ataei, Amir Khajepour, and Soo Jeon. Model predictive control for integrated lateral stability, traction/braking control, and rollover prevention of electric vehicles. *Vehicle System Dynamics*, 58(1):49–73, 2020.

[9] Haoyu Bai, Shaojun Cai, Nan Ye, David Hsu, and Wee Sun Lee. Intention-aware online pomdp planning for autonomous driving in a crowd. In *2015 IEEE International Conference on Robotics and Automation (ICRA)*, pages 454–460. IEEE, 2015.

[10] Soohyuk Bang and Soyoung Ahn. Control of connected and autonomous vehicles with cut-in movement using spring mass damper system. *Transportation Research Record*, 2672(20):133–143, 2018.

[11] Craig Earl Beal and J Christian Gerdes. Model predictive control for vehicle stabilization at the limits of handling. *IEEE Transactions on Control Systems Technology*, 21(4):1258–1269, 2012.

[12] Mohammad Mahdi Bejani and Mehdi Ghatee. A context aware system for driving style evaluation by an ensemble learning on smartphone sensors data. *Transportation Research Part C: Emerging Technologies*, 89:303–320, 2018.

[13] Tomas Berglund, Andrej Brodnik, Håkan Jonsson, Mats Staffanson, and Inge Soderkvist. Planning smooth and obstacle-avoiding b-spline paths for autonomous mining vehicles. *IEEE Transactions on Automation Science and Engineering*, 7(1):167–172, 2009.

[14] Youssef Bichiou and Hesham A Rakha. Developing an optimal intersection control system for automated connected vehicles. *IEEE Transactions on Intelligent Transportation Systems*, 20(5):1908–1916, 2018.

[15] Paul T Boggs and Jon W Tolle. Sequential quadratic programming. *Acta Numerica*, 4:1–51, 1995.

[16] Khac-Hoai Nam Bui and Jason J Jung. Cooperative game-theoretic approach to traffic flow optimization for multiple intersections. *Computers & Electrical Engineering*, 71:1012–1024, 2018.

[17] Khac-Hoai Nam Bui and Jason J Jung. Aco-based dynamic decision making for connected vehicles in iot system. *IEEE Transactions on Industrial Informatics*, 15(10):5648–5655, 2019.

[18] Görkem Büyükyildiz, Olivier Pion, Christoph Hildebrandt, Martin Sedlmayr, Roman Henze, and Ferit Küçükay. Identification of the driving style for the adaptation of assistance systems. *International Journal of Vehicle Autonomous Systems*, 13(3):244–260, 2017.

[19] Chun-Wei Chang, Chen Lv, Huaji Wang, Hong Wang, Dongpu Cao, Efstathios Velenis, and Fei-Yue Wang. Multi-point turn decision making framework for human-like automated driving. In *2017 IEEE 20th International Conference on Intelligent Transportation Systems (ITSC)*, pages 1–6. IEEE, 2017.

[20] Depeng Chen, Zhijun Chen, Yishi Zhang, Xu Qu, Mingyang Zhang, and Chaozhong Wu. Driving style recognition under connected circumstance using a supervised hierarchical bayesian model. *Journal of Advanced Transportation*, 2021.

[21] J. Chen, Z. Pan, H. Liang, and M. Tao. A multiple attribute-based decision making model for autonomous vehicle in urban environment. In *Intelligent Vehicles Symposium*, 2014.

[22] Jianyu Chen, Bodi Yuan, and Masayoshi Tomizuka. Model-free deep reinforcement learning for urban autonomous driving. In *2019 IEEE Intelligent Transportation Systems Conference (ITSC)*, pages 2765–2771. IEEE, 2019.

[23] Na Chen, Bart van Arem, Tom Alkim, and Meng Wang. A hierarchical model-based optimization control approach for cooperative merging by connected automated vehicles. *IEEE Transactions on Intelligent Transportation Systems*, 2020.

[24] Tingting Chen, Liehuang Wu, Fan Wu, and Sheng Zhong. Stimulating cooperation in vehicular ad hoc networks: A coalitional game theoretic approach. *IEEE Transactions on Vehicular Technology*, 60(2):566–579, 2010.

[25] Seungwon Choi, Nahyun Kweon, Chanuk Yang, Dongchan Kim, Hyukju Shon, Jaewoong Choi, and Kunsoo Huh. Dsa-gan: Driving style attention generative adversarial network for vehicle trajectory prediction. In *2021 IEEE International Intelligent Transportation Systems Conference (ITSC)*, pages 1515–1520. IEEE, 2021.

[26] K Chu, J Kim, K Jo, and Myoungho Sunwoo. Real-time path planning of autonomous vehicles for unstructured road navigation. *International Journal of Automotive Technology*, 16(4):653–668, 2015.

[27] Jorge Cordero, Jose Aguilar, Kristell Aguilar, Danilo Chávez, and Eduard Puerto. Recognition of the driving style in vehicle drivers. *Sensors*, 20(9):2597, 2020.

[28] Changhua Dai, Changfu Zong, and Guoying Chen. Path tracking control based on model predictive control with adaptive preview characteristics and speed-assisted constraint. *IEEE Access*, 8:184697–184709, 2020.

[29] Pierre De Beaucorps, Thomas Streubel, Anne Verroust-Blondet, Fawzi Nashashibi, Benazouz Bradai, and Paulo Resende. Decision-making for automated vehicles at intersections adapting human-like behavior. In *2017 IEEE Intelligent Vehicles Symposium (IV)*, pages 212–217. IEEE, 2017.

[30] Ezequiel Debada and Denis Gillet. Cooperative circulating behavior at single-lane roundabouts. In *2018 21st International Conference on Intelligent Transportation Systems (ITSC)*, pages 3306–3313. IEEE, 2018.

[31] Ezequiel Gonzale Debada and Denis Gillet. Virtual vehicle-based cooperative maneuver planning for connected automated vehicles at single-lane roundabouts. *IEEE Intelligent Transportation Systems Magazine*, 10(4):35–46, 2018.

[32] Inés del Campo, Estibalitz Asua, Victoria Martínez, Óscar Mata-Carballeira, and Javier Echanobe. Driving style recognition based on ride comfort using a hybrid machine learning algorithm. In *2018 21st International Conference on Intelligent Transportation Systems (ITSC)*, pages 3251–3258. IEEE, 2018.

[33] Zejian Deng, Duanfeng Chu, Chaozhong Wu, Shidong Liu, Chen Sun, Teng Liu, and Dongpu Cao. A probabilistic model for driving-style-recognition-enabled driver steering behaviors. *IEEE Transactions on Systems, Man, and Cybernetics: Systems*, 2020.

[34] Jishiyu Ding, Huei Peng, Yi Zhang, and Li Li. Penetration effect of connected and automated vehicles on cooperative on-ramp merging. *IET Intelligent Transport Systems*, 14(1):56–64, 2019.

[35] Nemanja Djuric, Vladan Radosavljevic, Henggang Cui, Thi Nguyen, Fang-Chieh Chou, Tsung-Han Lin, Nitin Singh, and Jeff Schneider. Uncertainty-aware short-term motion prediction of traffic actors for autonomous driving. In *Proceedings of the IEEE/CVF Winter Conference on Applications of Computer Vision*, pages 2095–2104, 2020.

[36] Yiqun Dong, Youmin Zhang, and Jianliang Ai. Experimental test of unmanned ground vehicle delivering goods using rrt path planning algorithm. *Unmanned Systems*, 5(01):45–57, 2017.

[37] Dominik Dörr, David Grabengiesser, and Frank Gauterin. Online driving style recognition using fuzzy logic. In *17th International IEEE Conference on Intelligent Transportation Systems (ITSC)*, pages 1021–1026. IEEE, 2014.

[38] Dominik Dörr, Konstantin D Pandl, and Frank Gauterin. Optimization of system parameters for an online driving style recognition. In *2016 IEEE 19th International Conference on Intelligent Transportation Systems (ITSC)*, pages 302–307. IEEE, 2016.

[39] Haibin Duan and Linzhi Huang. Imperialist competitive algorithm optimized artificial neural networks for ucav global path planning. *Neurocomputing*, 125:166–171, 2014.

[40] Jingliang Duan, Shengbo Eben Li, Yang Guan, Qi Sun, and Bo Cheng. Hierarchical reinforcement learning for self-driving decision-making without reliance on labelled driving data. *IET Intelligent Transport Systems*, 14(5):297–305, 2020.

[41] Azim Eskandarian, Chaoxian Wu, and Chuanyang Sun. Research advances and challenges of autonomous and connected ground vehicles. *IEEE Transactions on Intelligent Transportation Systems*, 2019.

[42] Filippo Fabiani and Sergio Grammatico. Multi-vehicle automated driving as a generalized mixed-integer potential game. *IEEE Transactions on Intelligent Transportation Systems*, 21(3):1064–1073, 2019.

[43] F Clara Fang and Hernan Castaneda. Computer simulation modeling of driver behavior at roundabouts. *International Journal of Intelligent Transportation Systems Research*, 16(1):66–77, 2018.

[44] Liangji Fang, Qinhong Jiang, Jianping Shi, and Bolei Zhou. Tpnet: Trajectory proposal network for motion prediction. In *Proceedings of the IEEE/CVF Conference on Computer Vision and Pattern Recognition*, pages 6797–6806, 2020.

[45] Dennis Fassbender, Benjamin C Heinrich, and Hans-Joachim Wuensche. Motion planning for autonomous vehicles in highly constrained urban environments. In *2016 IEEE/RSJ International Conference on Intelligent Robots and Systems (IROS)*, pages 4708–4713. IEEE, 2016.

[46] Xidong Feng, Zhepeng Cen, Jianming Hu, and Yi Zhang. Vehicle trajectory prediction using intention-based conditional variational autoencoder. In *2019 IEEE Intelligent Transportation Systems Conference (ITSC)*, pages 3514–3519. IEEE, 2019.

[47] Dániel Fényes, Balázs Németh, and Péter Gáspár. Lpv-based autonomous vehicle control using the results of big data analysis on lateral dynamics. In *2020 American Control Conference (ACC)*, pages 2250–2255. IEEE, 2020.

[48] Tharindu Fernando, Simon Denman, Sridha Sridharan, and Clinton Fookes. Deep inverse reinforcement learning for behavior prediction in autonomous driving: Accurate forecasts of vehicle motion. *IEEE Signal Processing Magazine*, 38(1):87–96, 2020.

[49] Axel Fritz and Werner Schiehlen. Nonlinear acc in simulation and measurement. *Vehicle System Dynamics*, 36(2-3):159–177, 2001.

[50] Andrei Furda and Ljubo Vlacic. Enabling safe autonomous driving in real-world city traffic using multiple criteria decision making. *IEEE Intelligent Transportation Systems Magazine*, 3(1):4–17, 2011.

[51] Bingzhao Gao, Kunyang Cai, Ting Qu, Yunfeng Hu, and Hong Chen. Personalized adaptive cruise control based on online driving style recognition technology and model predictive control. *IEEE Transactions on Vehicular Technology*, 69(11):12482–12496, 2020.

[52] Hongbo Gao, Zhen Kan, and Keqiang Li. Robust lateral trajectory following control of unmanned vehicle based on model predictive control. *IEEE/ASME Transactions on Mechatronics*, 2021.

[53] Weinan Gao, Zhong-Ping Jiang, and Kaan Ozbay. Data-driven adaptive optimal control of connected vehicles. *IEEE Transactions on Intelligent Transportation Systems*, 18(5):1122–1133, 2016.

[54] Zhen Gao, Yongchao Liang, Jiangyu Zheng, and Junyi Chen. Driving style recognition based on lane change behavior analysis using naturalistic driving data. In *CICTP 2020*, pages 4449–4461. 2020.

[55] Valentina Gatteschi, Alberto Cannavo, Fabrizio Lamberti, Lia Morra, and Paolo Montuschi. Comparing algorithms for aggressive drivingevent detection based on vehicle motion data. *IEEE Transactions on Vehicular Technology*, 2021.

[56] Mohammad Goli and Azim Eskandarian. Merging strategies, trajectory planning and controls for platoon of connected, and autonomous vehicles. *International Journal of Intelligent Transportation Systems Research*, 18(1):153–173, 2020.

[57] Franz Gritschneder, Patrick Hatzelmann, Markus Thom, Felix Kunz, and Klaus Dietmayer. Adaptive learning based on guided exploration for decision making at roundabouts. In *2016 IEEE Intelligent Vehicles Symposium (IV)*, pages 433–440. IEEE, 2016.

[58] Tianyu Gu and John M Dolan. Toward human-like motion planning in urban environments. In *2014 IEEE Intelligent Vehicles Symposium Proceedings*, pages 350–355. IEEE, 2014.

[59] Xinping Gu, Yunpeng Han, and Junfu Yu. A novel lane-changing decision model for autonomous vehicles based on deep autoencoder network and xgboost. *IEEE Access*, 8:9846–9863, 2020.

[60] Yanlei Gu, Yoriyoshi Hashimoto, Li-Ta Hsu, Miho Iryo-Asano, and Shunsuke Kamijo. Human-like motion planning model for driving in signalized intersections. *IATSS Research*, 41(3):129–139, 2017.

[61] Chen Guangfeng, Zhai Linlin, Huang Qingqing, Li Lei, and Shi Jiawen. Trajectory planning of delta robot for fixed point pick and placement. In *2012 Fourth International Symposium on Information Science and Engineering*, pages 236–239. IEEE, 2012.

[62] Carlos Guardiola, Benjamin Pla, David Blanco-Rodríguez, and A Reig. Modelling driving behaviour and its impact on the energy management problem in hybrid electric vehicles. *International Journal of Computer Mathematics*, 91(1):147–156, 2014.

[63] Mahir Gulzar, Yar Muhammad, and Naveed Muhammad. A survey on motion prediction of pedestrians and vehicles for autonomous driving. *IEEE Access*, 2021.

[64] Chunzhao Guo, Kiyosumi Kidono, Ryuta Terashima, and Yoshiko Kojima. Toward human-like behavior generation in urban environment based on markov decision process with hybrid potential maps. In *2018 IEEE Intelligent Vehicles Symposium (IV)*, pages 2209–2215. IEEE, 2018.

[65] Chunzhao Guo, Takashi Owaki, Kiyosumi Kidono, Takashi Machida, Ryuta Terashima, and Yoshiko Kojima. Toward human-like lane following behavior in urban environment with a learning-based behavior-induction potential map. In *2017 IEEE International Conference on Robotics and Automation (ICRA)*, pages 1409–1416. IEEE, 2017.

[66] Jinghua Guo, Yugong Luo, Keqiang Li, and Yifan Dai. Coordinated path-following and direct yaw-moment control of autonomous electric vehicles with sideslip angle estimation. *Mechanical Systems and Signal Processing*, 105:183–199, 2018.

[67] Qiuyi Guo, Zhiguo Zhao, Peihong Shen, Xiaowen Zhan, and Jingwei Li. Adaptive optimal control based on driving style recognition for plug-in hybrid electric vehicle. *Energy*, 186:115824, 2019.

[68] Ibrahim A Hameed. Coverage path planning software for autonomous robotic lawn mower using dubins' curve. In *2017 IEEE International Conference on Real-time Computing and Robotics (RCAR)*, pages 517–522. IEEE, 2017.

[69] Wei Han, Wenshuo Wang, Xiaohan Li, and Junqiang Xi. Statistical-based approach for driving style recognition using bayesian probability with kernel density estimation. *IET Intelligent Transport Systems*, 13(1):22–30, 2019.

[70] Yu Han, Qidan Zhu, and Yao Xiao. Data-driven control of autonomous vehicle using recurrent fuzzy neural network combined with pid method. In *2018 37th Chinese Control Conference (CCC)*, pages 5239–5244. IEEE, 2018.

[71] Peng Hang and Xinbo Chen. Integrated chassis control algorithm design for path tracking based on four-wheel steering and direct yaw-moment control. *Proceedings of the Institution of Mechanical Engineers, Part I: Journal of Systems and Control Engineering*, 233(6):625–641, 2019.

[72] Peng Hang, Xinbo Chen, Shude Fang, and Fengmei Luo. Robust control for four-wheel-independent-steering electric vehicle with steer-by-wire system. *International Journal of Automotive Technology*, 18(5):785–797, 2017.

[73] Peng Hang, Xinbo Chen, and Fengmei Luo. Lpv/hinf controller design for path tracking of autonomous ground vehicles through four-wheel steering and direct yaw-moment control. *International Journal of Automotive Technology*, 20(4):679–691, 2019.

[74] Peng Hang, Xinbo Chen, Bang Zhang, and Tingju Tang. Longitudinal velocity tracking control of a 4wid electric vehicle. *IFAC-PapersOnLine*, 51(31):790–795, 2018.

[75] Peng Hang, Chao Huang, Zhongxu Hu, Yang Xing, and Chen Lv. Decision making of connected automated vehicles at an unsignalized roundabout considering personalized driving behaviours. *IEEE Transactions on Vehicular Technology*, 70(5):4051–4064, 2021.

[76] Peng Hang, Sunan Huang, Xinbo Chen, and Kok Kiong Tan. Path planning of collision avoidance for unmanned ground vehicles: A nonlinear model predictive control approach. *Proceedings of the Institution of Mechanical Engineers, Part I: Journal of Systems and Control Engineering*, 235(2):222–236, 2021.

[77] Peng Hang, Fengmei Luo, Shude Fang, and Xinbo Chen. Path tracking control of a four-wheel-independent-steering electric vehicle based on model predictive control. In *2017 36th Chinese Control Conference (CCC)*, pages 9360–9366. IEEE, 2017.

[78] Peng Hang, Chen Lv, Chao Huang, Jiacheng Cai, Zhongxu Hu, and Yang Xing. An integrated framework of decision making and motion planning for autonomous vehicles considering social behaviors. *IEEE Transactions on Vehicular Technology*, 69(12):14458–14469, 2020.

[79] Peng Hang, Chen Lv, Yang Xing, Chao Huang, and Zhongxu Hu. Human-like decision making for autonomous driving: A noncooperative game theoretic approach. *IEEE Transactions on Intelligent Transportation Systems*, 22(4):2076–2087, 2020.

[80] Peng Hang, Xin Xia, Guang Chen, and Xinbo Chen. Active safety control of automated electric vehicles at driving limits: A tube-based mpc approach. *IEEE Transactions on Transportation Electrification*, 2021.

[81] Terry Harris. Credit scoring using the clustered support vector machine. *Expert Systems with Applications*, 42(2):741–750, 2015.

[82] Xiangkun He, Kaiming Yang, Yulong Liu, and Xuewu Ji. A novel direct yaw moment control system for autonomous vehicle. Technical report, SAE Technical Paper, 2018.

[83] Toshihiro Hiraoka, Osamu Nishihara, and Hiromitsu Kumamoto. Automatic path-tracking controller of a four-wheel steering vehicle. *Vehicle System Dynamics*, 47(10):1205–1227, 2009.

[84] L Hu, ZQ Gu, J Huang, Y Yang, and X Song. Research and realization of optimum route planning in vehicle navigation systems based on a hybrid genetic algorithm. *Proceedings of the Institution of Mechanical Engineers, Part D: Journal of Automobile Engineering*, 222(5):757–763, 2008.

[85] Xiangwang Hu and Jian Sun. Trajectory optimization of connected and autonomous vehicles at a multilane freeway merging area. *Transportation Research Part C: Emerging Technologies*, 101:111–125, 2019.

[86] Xuemin Hu, Long Chen, Bo Tang, Dongpu Cao, and Haibo He. Dynamic path planning for autonomous driving on various roads with avoidance of static and moving obstacles. *Mechanical Systems and Signal Processing*, 100:482–500, 2018.

[87] Chao Huang, Hailong Huang, Junzhi Zhang, Peng Hang, Zhongxu Hu, and Chen Lv. Human-machine cooperative trajectory planning and tracking for safe automated driving. *IEEE Transactions on Intelligent Transportation Systems*, 2021.

[88] Chao Huang, Chen Lv, Peng Hang, and Yang Xing. Toward safe and personalized autonomous driving: Decision-making and motion control with dpf and cdt techniques. *IEEE/ASME Transactions on Mechatronics*, 26(2):611–620, 2021.

[89] Tianyu Huang and Zhanbo Sun. Cooperative ramp merging for mixed traffic with connected automated vehicles and human-operated vehicles. *IFAC-PapersOnLine*, 52(24):76–81, 2019.

[90] Xin Huang, Stephen G McGill, Jonathan A DeCastro, Luke Fletcher, John J Leonard, Brian C Williams, and Guy Rosman. Diversitygan: Diversity-aware vehicle motion prediction via latent semantic sampling. *IEEE Robotics and Automation Letters*, 5(4):5089–5096, 2020.

[91] Yanjun Huang, Hong Wang, Amir Khajepour, Haitao Ding, Kang Yuan, and Yechen Qin. A novel local motion planning framework for autonomous vehicles based on resistance network and model predictive control. *IEEE Transactions on Vehicular Technology*, 69(1):55–66, 2019.

[92] Zhiyu Huang, Xiaoyu Mo, and Chen Lv. Multi-modal motion prediction with transformer-based neural network for autonomous driving. *arXiv preprint arXiv:2109.06446*, 2021.

[93] Zhiyu Huang, Jingda Wu, and Chen Lv. Driving behavior modeling using naturalistic human driving data with inverse reinforcement learning. *IEEE Transactions on Intelligent Transportation Systems*, 2021.

[94] Yuji Ito, Md Abdus Samad Kamal, Takayoshi Yoshimura, and Shun-ichi Azuma. Coordination of connected vehicles on merging roads using pseudo-perturbation-based broadcast control. *IEEE Transactions on Intelligent Transportation Systems*, 20(9):3496–3512, 2018.

[95] Arash Jahangiri, Vincent J Berardi, and Sahar Ghanipoor Machiani. Application of real field connected vehicle data for aggressive driving identification on horizontal curves. *IEEE Transactions on Intelligent Transportation Systems*, 19(7):2316–2324, 2017.

[96] Yongsu Jeon, Chanwoo Kim, Hyunwook Lee, and Yunju Baek. Real-time aggressive driving detection system based on in-vehicle information using lora communication. In *MATEC Web of Conferences*, volume 308, page 06001. EDP Sciences, 2020.

[97] Yonghwan Jeong. Self-adaptive motion prediction-based proactive motion planning for autonomous driving in urban environments. *IEEE Access*, 9:105612–105626, 2021.

[98] Yonghwan Jeong, Seonwook Kim, and Kyongsu Yi. Surround vehicle motion prediction using lstm-rnn for motion planning of autonomous vehicles at multi-lane turn intersections. *IEEE Open Journal of Intelligent Transportation Systems*, 1:2–14, 2020.

[99] Yonghwan Jeong and Kyongsu Yi. Target vehicle motion prediction-based motion planning framework for autonomous driving in uncontrolled intersections. *IEEE Transactions on Intelligent Transportation Systems*, 2019.

[100] Shuo Jia, Fei Hui, Shining Li, Xiangmo Zhao, and Asad J Khattak. Long short-term memory and convolutional neural network for abnormal driving behaviour recognition. *IET Intelligent Transport Systems*, 14(5):306–312, 2020.

[101] Chaoyang Jiang, Hanqing Tian, Jibin Hu, Jiankun Zhai, Chao Wei, and Jun Ni. Learning based predictive error estimation and compensator design for autonomous vehicle path tracking. In *2020 15th IEEE Conference on Industrial Electronics and Applications (ICIEA)*, pages 1496–1500. IEEE, 2020.

[102] Le Jiang, Yafei Wang, Lin Wang, and Jingkai Wu. Path tracking control based on deep reinforcement learning in autonomous driving. In *2019 3rd Conference on Vehicle Control and Intelligence (CVCI)*, pages 1–6. IEEE, 2019.

[103] Lu Jianglin. Intelligent vehicle automatic lane changing lateral control method based on deep learning. In *2020 IEEE International Conference on Industrial Application of Artificial Intelligence (IAAI)*, pages 278–283. IEEE, 2020.

[104] Shoucai Jing, Fei Hui, Xiangmo Zhao, Jackeline Rios-Torres, and Asad J Khattak. Cooperative game approach to optimal merging sequence and on-ramp merging control of connected and automated vehicles. *IEEE Transactions on Intelligent Transportation Systems*, 20(11):4234–4244, 2019.

[105] Zhang Jinzhu and Zhang Hongtian. Vehicle stability control based on adaptive pid control with single neuron network. In *2010 2nd International Asia Conference on Informatics in Control, Automation and Robotics (CAR 2010)*, volume 1, pages 434–437. IEEE, 2010.

[106] Derick A Johnson and Mohan M Trivedi. Driving style recognition using a smartphone as a sensor platform. In *2011 14th International IEEE Conference on Intelligent Transportation Systems (ITSC)*, pages 1609–1615. IEEE, 2011.

[107] Wang Jun, Qingnian Wang, Peng-yu Wang, et al. Adaptive shift control strategy based on driving style recognition. Technical report, SAE Technical Paper, 2013.

[108] Nidhi Kalra, Raman Kumar Goyal, Anshu Parashar, Jaskirat Singh, and Gagan Singla. Driving style recognition system using smartphone sensors based on fuzzy logic. *CMC-COMPUTERS MATERIALS & CONTINUA*, 69(2):1967–1978, 2021.

[109] Md Abdus Samad Kamal, Shun Taguchi, and Takayoshi Yoshimura. Efficient driving on multilane roads under a connected vehicle environment. *IEEE Transactions on Intelligent Transportation Systems*, 17(9):2541–2551, 2016.

[110] Kyungwon Kang and Hesham A Rakha. Modeling driver merging behavior: a repeated game theoretical approach. *Transportation research record*, 2672(20):144–153, 2018.

[111] Liuwang Kang and Haiying Shen. A reinforcement learning based decision-making system with aggressive driving behavior consideration for autonomous vehicles. In *2021 18th Annual IEEE International Conference on Sensing, Communication, and Networking (SECON)*, pages 1–9. IEEE, 2021.

[112] Nadezda Karginova, Stefan Byttner, and Magnus Svensson. Data-driven methods for classification of driving styles in buses. *SAE Tech. Pap*, 2012.

[113] Yasser H Khalil and Hussein T Mouftah. Licanext: Incorporating sequential range residuals for additional advancement in joint perception and motion prediction. *IEEE Access*, 2021.

[114] Jaehwan Kim and Dongsuk Kum. Collision risk assessment algorithm via lane-based probabilistic motion prediction of surrounding vehicles. *IEEE Transactions on Intelligent Transportation Systems*, 19(9):2965–2976, 2017.

[115] Taewan Kim and H Jin Kim. Path tracking control and identification of tire parameters using on-line model-based reinforcement learning. In *2016 16th International Conference on Control, Automation and Systems (ICCAS)*, pages 215–219. IEEE, 2016.

[116] Jordanka Kovaceva, Irene Isaksson-Hellman, and Nikolce Murgovski. Identification of aggressive driving from naturalistic data in car-following situations. *Journal of safety research*, 73:225–234, 2020.

[117] Omurcan Kumtepe, Gozde Bozdagi Akar, and Enes Yuncu. Driver aggressiveness detection using visual information from forward camera. In *2015 12th IEEE International Conference on Advanced Video and Signal Based Surveillance (AVSS)*, pages 1–6. IEEE, 2015.

[118] Omurcan Kumtepe, Gozde Bozdagi Akar, and Enes Yuncu. Driver aggressiveness detection via multisensory data fusion. *EURASIP Journal on Image and Video Processing*, 2016(1):1–16, 2016.

[119] Shupeng Lai, Kangli Wang, Hailong Qin, Jin Q Cui, and Ben M Chen. A robust online path planning approach in cluttered environments for micro rotorcraft drones. *Control Theory and Technology*, 14(1):83–96, 2016.

[120] I Lashkov and A Kashevnik. Aggressive behavior detection based on driver heart rate and hand movement data. In *2021 IEEE International Intelligent Transportation Systems Conference (ITSC)*, pages 1490–1495. IEEE, 2021.

[121] Jooyoung Lee and Kitae Jang. A framework for evaluating aggressive driving behaviors based on in-vehicle driving records. *Transportation Research Part F: Traffic Psychology and Behaviour*, 65:610–619, 2019.

[122] Vasileios Lefkopoulos, Marcel Menner, Alexander Domahidi, and Melanie N Zeilinger. Interaction-aware motion prediction for autonomous driving: A multiple model kalman filtering scheme. *IEEE Robotics and Automation Letters*, 6(1):80–87, 2020.

[123] Yu-long Lei, Guanzheng Wen, Yao Fu, Xingzhong Li, Boning Hou, and Xiaohu Geng. Trajectory-following of a 4wid-4wis vehicle via feedforward–backstepping sliding-mode control. *Proceedings of the Institution of Mechanical Engineers, Part D: Journal of Automobile Engineering*, page 09544070211021227, 2021.

[124] Clark Letter and Lily Elefteriadou. Efficient control of fully automated connected vehicles at freeway merge segments. *Transportation Research Part C: Emerging Technologies*, 80:190–205, 2017.

[125] Aoxue Li, Haobin Jiang, Zhaojian Li, Jie Zhou, and Xinchen Zhou. Human-like trajectory planning on curved road: Learning from human drivers. *IEEE Transactions on Intelligent Transportation Systems*, 21(8):3388–3397, 2019.

[126] Aoxue Li, Haobin Jiang, Jie Zhou, and Xinchen Zhou. Learning human-like trajectory planning on urban two-lane curved roads from experienced drivers. *IEEE Access*, 7:65828–65838, 2019.

[127] Boyuan Li, Haiping Du, and Weihua Li. Trajectory control for autonomous electric vehicles with in-wheel motors based on a dynamics model approach. *IET Intelligent Transport Systems*, 10(5):318–330, 2016.

[128] Dachuan Li, Yunjiang Wu, Bing Bai, and Qi Hao. Behavior and interaction-aware motion planning for autonomous driving vehicles based on hierarchical intention and motion prediction. In *2020 IEEE 23rd International Conference on Intelligent Transportation Systems (ITSC)*, pages 1–8. IEEE, 2020.

[129] Jianqiang Li, Genqiang Deng, Chengwen Luo, Qiuzhen Lin, Qiao Yan, and Zhong Ming. A hybrid path planning method in unmanned air/ground vehicle (uav/ugv) cooperative systems. *IEEE Transactions on Vehicular Technology*, 65(12):9585–9596, 2016.

[130] Junjun Li, Bowei Xu, Yongsheng Yang, and Huafeng Wu. Three-phase qubits-based quantum ant colony optimization algorithm for path planning of automated guided vehicles. *Int. J. Robot. Autom*, 34(2):156–163, 2019.

[131] Liangzhi Li, Kaoru Ota, and Mianxiong Dong. Humanlike driving: Empirical decision-making system for autonomous vehicles. *IEEE Transactions on Vehicular Technology*, 67(8):6814–6823, 2018.

[132] Mingxing Li and Yingmin Jia. Velocity tracking control based on throttle-pedal-moving data mapping for the autonomous vehicle. In *Chinese Intelligent Systems Conference*, pages 690–698. Springer, 2019.

[133] Shengbo Eben Li, Feng Gao, Keqiang Li, Le-Yi Wang, Keyou You, and Dongpu Cao. Robust longitudinal control of multi-vehicle systemsa distributed h-infinity method. *IEEE Transactions on Intelligent Transportation Systems*, 19(9):2779–2788, 2017.

[134] Yiyang Li, Chiyomi Miyajima, Norihide Kitaoka, and Kazuya Takeda. Evaluation method for aggressiveness of driving behavior using drive recorders. *IEEJ Journal of Industry Applications*, 4(1):59–66, 2015.

[135] Zhihui Li, Cong Wu, Pengfei Tao, Jing Tian, and Lin Ma. Dp and ds-lcd: A new lane change decision model coupling drivers psychology and driving style. *IEEE Access*, 8:132614–132624, 2020.

[136] Fen Lin, Yaowen Zhang, Youqun Zhao, Guodong Yin, Huiqi Zhang, and Kaizheng Wang. Trajectory tracking of autonomous vehicle with the fusion of dyc and longitudinal–lateral control. *Chinese Journal of Mechanical Engineering*, 32(1):1–16, 2019.

[137] Qingfeng Lin, Shengbo Eben Li, Xuejin Du, Xiaowu Zhang, Huei Peng, Yugong Luo, and Keqiang Li. Minimize the fuel consumption of connected vehicles between two red-signalized intersections in urban traffic. *IEEE Transactions on Vehicular Technology*, 67(10):9060–9072, 2018.

[138] Manuel Lindorfer, Christoph F Mecklenbraeuker, and Gerald Ostermayer. Modeling the imperfect driver: Incorporating human factors in a microscopic traffic model. *IEEE Transactions on Intelligent Transportation Systems*, 19(9), 2018.

[139] Changliu Liu, Chung-Wei Lin, Shinichi Shiraishi, and Masayoshi Tomizuka. Distributed conflict resolution for connected autonomous vehicles. *IEEE Transactions on Intelligent Vehicles*, 3(1):18–29, 2017.

[140] Qinghe Liu, Lijun Zhao, Zhibin Tan, and Wen Chen. Global path planning for autonomous vehicles in off-road environment via an a-star algorithm. *International Journal of Vehicle Autonomous Systems*, 13(4):330–339, 2017.

[141] Runqiao Liu, Minxiang Wei, Nan Sang, and Jianwei Wei. Research on curved path tracking control for four-wheel steering vehicle considering road adhesion coefficient. *Mathematical Problems in Engineering*, 2020, 2020.

[142] Runqiao Liu, Minxiang Wei, and Wanzhong Zhao. Trajectory tracking control of four wheel steering under high speed emergency obstacle avoidance. *International Journal of Vehicle Design*, 77(1-2):1–21, 2018.

[143] Wei Liu, Zhiheng Li, Li Li, and Fei-Yue Wang. Parking like a human: A direct trajectory planning solution. *IEEE Transactions on Intelligent Transportation Systems*, 18(12):3388–3397, 2017.

[144] Yonggang Liu, Jiming Wang, Pan Zhao, Datong Qin, and Zheng Chen. Research on classification and recognition of driving styles based on feature engineering. *IEEE Access*, 7:89245–89255, 2019.

[145] Yonggang Liu, Xiao Wang, Liang Li, Shuo Cheng, and Zheng Chen. A novel lane change decision-making model of autonomous vehicle based on support vector machine. *IEEE Access*, 7:26543–26550, 2019.

[146] Zijun Liu, Shuo Cheng, Xuewu Ji, Liang Li, and Lingtao Wei. A hierarchical anti-disturbance path tracking control scheme for autonomous vehicles under complex driving conditions. *IEEE Transactions on Vehicular Technology*, 2021.

[147] Chen Lv, Xiaosong Hu, Alberto Sangiovanni-Vincentelli, Yutong Li, Clara Marina Martinez, and Dongpu Cao. Driving-style-based codesign optimization of an automated electric vehicle: A cyber-physical system approach. *IEEE Transactions on Industrial Electronics*, 66(4):2965–2975, 2018.

[148] Jun Ma, Zilong Cheng, Xiaoxue Zhang, Abdullah Al Mamun, Clarence W de Silva, and Tong Heng Lee. Data-driven predictive control for multi-agent decision making with chance constraints. *arXiv preprint arXiv:2011.03213*, 2020.

[149] Jun Ma, Zilong Cheng, Xiaoxue Zhang, Masayoshi Tomizuka, and Tong Heng Lee. Optimal decentralized control for uncertain systems by symmetric gauss-seidel semi-proximal alm. *IEEE Transactions on Automatic Control*, 66(11):5554–5560, 2021.

[150] Yong Ma, Mengqi Hu, and Xinping Yan. Multi-objective path planning for unmanned surface vehicle with currents effects. *ISA Transactions*, 75:137–156, 2018.

[151] Yongfeng Ma, Kun Tang, Shuyan Chen, Aemal J Khattak, and Yingjiu Pan. On-line aggressive driving identification based on in-vehicle kinematic parameters under naturalistic driving conditions. *Transportation Research Part C: Emerging Technologies*, 114:554–571, 2020.

[152] Yongfeng Ma, Ziyu Zhang, Shuyan Chen, Yanan Yu, and Kun Tang. A comparative study of aggressive driving behavior recognition algorithms based on vehicle motion data. *IEEE Access*, 7:8028–8038, 2018.

[153] Vivek Mahalingam and Abhishek Agrawal. Learning agents based intelligent transport and routing systems for autonomous vehicles and their respective vehicle control systems based on model predictive control (mpc). In *2016 IEEE International Conference on Recent Trends in Electronics, Information & Communication Technology (RTEICT)*, pages 284–290. IEEE, 2016.

[154] Sampurna Mandal, Swagatam Biswas, Valentina E Balas, Rabindra Nath Shaw, and Ankush Ghosh. Motion prediction for autonomous vehicles from lyft dataset using deep learning. In *2020 IEEE 5th international conference on computing communication and automation (ICCCA)*, pages 768–773. IEEE, 2020.

[155] Charles Marks, Arash Jahangiri, and Sahar Ghanipoor Machiani. Iterative dbscan (i-dbscan) to identify aggressive driving behaviors within unlabeled real-world driving data. In *2019 IEEE Intelligent Transportation Systems Conference (ITSC)*, pages 2324–2329. IEEE, 2019.

[156] Fabio Martinelli, Francesco Mercaldo, Albina Orlando, Vittoria Nardone, Antonella Santone, and Arun Kumar Sangaiah. Human behavior characterization for driving style recognition in vehicle system. *Computers & Electrical Engineering*, 83:102504, 2020.

[157] Clara Marina Martinez, Mira Heucke, Fei-Yue Wang, Bo Gao, and Dongpu Cao. Driving style recognition for intelligent vehicle control and advanced driver assistance: A survey. *IEEE Transactions on Intelligent Transportation Systems*, 19(3):666–676, 2017.

[158] Behrooz Mashadi and Majid Majidi. Two-phase optimal path planning of autonomous ground vehicles using pseudo-spectral method. *Proceedings of the Institution of Mechanical Engineers, Part K: Journal of Multi-body Dynamics*, 228(4):426–437, 2014.

[159] Joel C McCall and Mohan M Trivedi. Driver behavior and situation aware brake assistance for intelligent vehicles. *Proceedings of the IEEE*, 95(2):374–387, 2007.

[160] Haigen Min, Yiming Yang, Yukun Fang, Pengpeng Sun, and Xiangmo Zhao. Constrained optimization and distributed model predictive control-based merging strategies for adjacent connected autonomous vehicle platoons. *IEEE Access*, 7:163085–163096, 2019.

[161] Xiaoyu Mo, Yang Xing, and Chen Lv. Interaction-aware trajectory prediction of connected vehicles using cnn-lstm networks. In *IECON 2020 The 46th Annual Conference of the IEEE Industrial Electronics Society*, pages 5057–5062. IEEE, 2020.

[162] Xiaoyu Mo, Yang Xing, and Chen Lv. Recog: A deep learning framework with heterogeneous graph for interaction-aware trajectory prediction. *arXiv preprint arXiv:2012.05032*, 2020.

[163] Xiaoyu Mo, Yang Xing, and Chen Lv. Heterogeneous edge-enhanced graph attention network for multi-agent trajectory prediction. *arXiv preprint arXiv:2106.07161*, 2021.

[164] Sangwoo Moon, Eunmi Oh, and David Hyunchul Shim. An integral framework of task assignment and path planning for multiple unmanned aerial vehicles in dynamic environments. *Journal of Intelligent & Robotic Systems*, 70(1):303–313, 2013.

[165] Seungwuk Moon and Kyongsu Yi. Human driving data-based design of a vehicle adaptive cruise control algorithm. *Vehicle System Dynamics*, 46(8):661–690, 2008.

[166] Youness Moukafih, Hakim Hafidi, and Mounir Ghogho. Aggressive driving detection using deep learning-based time series classification. In *2019 IEEE International Symposium on INnovations in Intelligent SysTems and Applications (INISTA)*, pages 1–5. IEEE, 2019.

[167] Freddy Antony Mullakkal-Babu, Meng Wang, Bart van Arem, Barys Shyrokau, and Riender Happee. A hybrid submicroscopic-microscopic traffic flow simulation framework. *IEEE Transactions on Intelligent Transportation Systems*, 2020.

[168] Xiaoxiang Na and David J Cole. Game-theoretic modeling of the steering interaction between a human driver and a vehicle collision avoidance controller. *IEEE Transactions on Human-Machine Systems*, 45(1):25–38, 2014.

[169] Xiaoxiang Na and David J Cole. Application of open-loop stackelberg equilibrium to modeling a driver's interaction with vehicle active steering control in obstacle avoidance. *IEEE Transactions on Human-Machine Systems*, 47(5):673–685, 2017.

[170] Daniel Chi Kit Ngai and Nelson Hon Ching Yung. A multiple-goal reinforcement learning method for complex vehicle overtaking maneuvers. *IEEE Transactions on Intelligent Transportation Systems*, 12(2):509–522, 2011.

[171] Anh-Tu Nguyen, Thierry-Marie Guerra, Jagat Rath, Hui Zhang, and Reinaldo Palhares. Set-invariance based fuzzy output tracking control for vehicle autonomous driving under uncertain lateral forces and steering constraints. In *2020 IEEE International Conference on Fuzzy Systems (FUZZ-IEEE)*, pages 1–7. IEEE, 2020.

[172] Jianqiang Nie, Jian Zhang, Wanting Ding, Xia Wan, Xiaoxuan Chen, and Bin Ran. Decentralized cooperative lane-changing decision-making for connected autonomous vehicles. *IEEE Access*, 4:9413–9420, 2016.

[173] Vladimir Nikulin. Driving style identification with unsupervised learning. In *International Conference on Machine Learning and Data Mining in Pattern Recognition*, pages 155–169. Springer, 2016.

[174] Julia Nilsson, Mattias Brännström, Jonas Fredriksson, and Erik Coelingh. Longitudinal and lateral control for automated yielding maneuvers. *IEEE Transactions on Intelligent Transportation Systems*, 17(5):1404–1414, 2016.

[175] Samyeul Noh. Decision-making framework for autonomous driving at road intersections: Safeguarding against collision, overly conservative behavior, and violation vehicles. *IEEE Transactions on Industrial Electronics*, 66(4):3275–3286, 2018.

[176] Bunyo Okumura, Michael R James, Yusuke Kanzawa, Matthew Derry, Katsuhiro Sakai, Tomoki Nishi, and Danil Prokhorov. Challenges in perception and decision making for intelligent automotive vehicles: A case study. *IEEE Transactions on Intelligent Vehicles*, 1(1):20–32, 2016.

[177] Atakan Ondoğan and Hasan Serhan Yavuz. Fuzzy logic based adaptive cruise control for low-speed following. In *2019 3rd International Symposium on Multidisciplinary Studies and Innovative Technologies (ISMSIT)*, pages 1–5. IEEE, 2019.

[178] Parham Pahlavani and Mahmoud R Delavar. Multi-criteria route planning based on a drivers preferences in multi-criteria route selection. *Transportation Research Part C: Emerging Technologies*, 40:14–35, 2014.

[179] Shuang Pan, Yafei Wang, and Kaizheng Wang. A game theory-based model predictive controller for mandatory lane change of multiple vehicles. In *2020 4th CAA International Conference on Vehicular Control and Intelligence (CVCI)*, pages 731–736. IEEE, 2020.

[180] Prachi Pardhi, Kiran Yadav, Siddhansh Shrivastav, Satya Prakash Sahu, and Deepak Kumar Dewangan. Vehicle motion prediction for autonomous navigation system using 3 dimensional convolutional neural network. In *2021 5th*

International Conference on Computing Methodologies and Communication (ICCMC), pages 1322–1329. IEEE, 2021.

[181] Sasinee Pruekprasert, Jérémy Dubut, Xiaoyi Zhang, Chao Huang, and Masako Kishida. A game-theoretic approach to decision making for multiple vehicles at roundabout. *arXiv preprint arXiv:1904.06224*, 2019.

[182] Geqi Qi, Jianping Wu, Yang Zhou, Yiman Du, Yuhan Jia, Nick Hounsell, and Neville A Stanton. Recognizing driving styles based on topic models. *Transportation Research Part D: Transport and Environment*, 66:13–22, 2019.

[183] Yalda Rahmati and Alireza Talebpour. Towards a collaborative connected, automated driving environment: A game theory based decision framework for unprotected left turn maneuvers. In *2017 IEEE Intelligent Vehicles Symposium (IV)*, pages 1316–1321. IEEE, 2017.

[184] Yadollah Rasekhipour, Amir Khajepour, Shih-Ken Chen, and Bakhtiar Litkouhi. A potential field-based model predictive path-planning controller for autonomous road vehicles. *IEEE Transactions on Intelligent Transportation Systems*, 18(5):1255–1267, 2016.

[185] Jackeline Rios-Torres and Andreas A Malikopoulos. Automated and cooperative vehicle merging at highway on-ramps. *IEEE Transactions on Intelligent Transportation Systems*, 18(4):780–789, 2016.

[186] Nicholas Rizzo, Ethan Sprissler, Yuan Hong, and Sanjay Goel. Privacy preserving driving style recognition. In *2015 International Conference on Connected Vehicles and Expo (ICCVE)*, pages 232–237. IEEE, 2015.

[187] Maradona Rodrigues, Andrew McGordon, Graham Gest, and James Marco. Autonomous navigation in interaction-based environmentsa case of non-signalized roundabouts. *IEEE Transactions on Intelligent Vehicles*, 3(4):425–438, 2018.

[188] Mohammad Rokonuzzaman, Navid Mohajer, Saeid Nahavandi, and Shady Mohamed. Learning-based model predictive control for path tracking control of autonomous vehicle. In *2020 IEEE International Conference on Systems, Man, and Cybernetics (SMC)*, pages 2913–2918. IEEE, 2020.

[189] Thomas Rosenstatter and Cristofer Englund. Modelling the level of trust in a cooperative automated vehicle control system. *IEEE Transactions on Intelligent Transportation Systems*, 19(4):1237–1247, 2017.

[190] Fridulv Sagberg, Selpi, Giulio Francesco Bianchi Piccinini, and Johan Engström. A review of research on driving styles and road safety. *Human factors*, 57(7):1248–1275, 2015.

[191] Basak Sakcak, Luca Bascetta, and Gianni Ferretti. Human-like path planning in the presence of landmarks. In *International Workshop on Modelling and Simulation for Autonomous Systems*, pages 281–287. Springer, 2016.

[192] Subramanian Saravanakumar and Thondiyath Asokan. Multipoint potential field method for path planning of autonomous underwater vehicles in 3d space. *Intelligent Service Robotics*, 6(4):211–224, 2013.

[193] Keisuke Sato. Deadlock-free motion planning using the laplace potential field. *Advanced Robotics*, 7(5):449–461, 1992.

[194] Christoph Schöller, Vincent Aravantinos, Florian Lay, and Alois Knoll. What the constant velocity model can teach us about pedestrian motion prediction. *IEEE Robotics and Automation Letters*, 5(2):1696–1703, 2020.

[195] Robin Schubert. Evaluating the utility of driving: Toward automated decision making under uncertainty. *IEEE Transactions on Intelligent Transportation Systems*, 13(1):354–364, 2011.

[196] Alexander Schwab and Jan Lunze. Vehicle platooning and cooperative merging. *IFAC-PapersOnLine*, 52(5):353–358, 2019.

[197] Bin Shi, Li Xu, Jie Hu, Yun Tang, Hong Jiang, Wuqiang Meng, and Hui Liu. Evaluating driving styles by normalizing driving behavior based on personalized driver modeling. *IEEE Transactions on Systems, Man, and Cybernetics: Systems*, 45(12):1502–1508, 2015.

[198] T Shiotsuka, A Nagamatsu, and K Yoshida. Adaptive control of 4ws system by using neural network. *Vehicle System Dynamics*, 22(5-6):411–424, 1993.

[199] Hamed Shorakaei, Mojtaba Vahdani, Babak Imani, and Ali Gholami. Optimal cooperative path planning of unmanned aerial vehicles by a parallel genetic algorithm. *Robotica*, 34(4):823–836, 2016.

[200] Ankur Sinha, Pekka Malo, and Kalyanmoy Deb. Efficient evolutionary algorithm for single-objective bilevel optimization. *arXiv preprint arXiv:1303.3901*, 2013.

[201] Jeffrey L Solka, James C Perry, Brian R Poellinger, and George W Rogers. Fast computation of optimal paths using a parallel dijkstra algorithm with embedded constraints. *Neurocomputing*, 8(2):195–212, 1995.

[202] Amir R Soltani, Hissam Tawfik, John Yannis Goulermas, and Terrence Fernando. Path planning in construction sites: performance evaluation of the dijkstra, a*, and ga search algorithms. *Advanced Engineering Informatics*, 16(4):291–303, 2002.

[203] Bohua Sun, Weiwen Deng, Jian Wu, Yaxin Li, Bing Zhu, and Liguang Wu. Research on the classification and identification of drivers driving style. In *2017 10th International Symposium on Computational Intelligence and Design (ISCID)*, volume 1, pages 28–32. IEEE, 2017.

[204] Chuanyang Sun, Xin Zhang, Quan Zhou, and Ying Tian. A model predictive controller with switched tracking error for autonomous vehicle path tracking. *IEEE Access*, 7:53103–53114, 2019.

[205] Yiwen Sun, Kun Fu, Zheng Wang, Donghua Zhou, Kailun Wu, Jieping Ye, and Changshui Zhang. Codriver eta: Combine driver information in estimated time of arrival by driving style learning auxiliary task. *IEEE Transactions on Intelligent Transportation Systems*, 2020.

[206] Evženie Suzdaleva and Ivan Nagy. Two-layer pointer model of driving style depending on the driving environment. *Transportation Research Part B: methodological*, 128:254–270, 2019.

[207] Mikhail Sysoev, Andrej Kos, Jože Guna, and Matevž Pogačnik. Estimation of the driving style based on the users activity and environment influence. *Sensors*, 17(10):2404, 2017.

[208] Mehrdad Tajalli and Ali Hajbabaie. Distributed optimization and coordination algorithms for dynamic speed optimization of connected and autonomous vehicles in urban street networks. *Transportation Research Part C: Emerging Technologies*, 95:497–515, 2018.

[209] Alireza Talebpour, Hani S Mahmassani, and Samer H Hamdar. Modeling lane-changing behavior in a connected environment: A game theory approach. *Transportation Research Procedia*, 7:420–440, 2015.

[210] Luqi Tang, Fuwu Yan, Bin Zou, Kewei Wang, and Chen Lv. An improved kinematic model predictive control for high-speed path tracking of autonomous vehicles. *IEEE Access*, 8:51400–51413, 2020.

[211] Orit Taubman-Ben-Ari and Dalia Yehiel. Driving styles and their associations with personality and motivation. *Accident Analysis & Prevention*, 45:416–422, 2012.

[212] Ran Tian, Nan Li, Ilya Kolmanovsky, Yildiray Yildiz, and Anouck R Girard. Game-theoretic modeling of traffic in unsignalized intersection network for autonomous vehicle control verification and validation. *IEEE Transactions on Intelligent Transportation Systems*, 2020.

[213] Ran Tian, Sisi Li, Nan Li, Ilya Kolmanovsky, Anouck Girard, and Yildiray Yildiz. Adaptive game-theoretic decision making for autonomous vehicle control at roundabouts. In *2018 IEEE Conference on Decision and Control (CDC)*, pages 321–326. IEEE, 2018.

[214] Xiang Tian, Yingfeng Cai, Xiaodong Sun, Zhen Zhu, and Yiqiang Xu. An adaptive ecms with driving style recognition for energy optimization of parallel hybrid electric buses. *Energy*, 189:116151, 2019.

[215] Qiang Tu, Hui Chen, and Jiancong Li. A potential field based lateral planning method for autonomous vehicles. *SAE International Journal of Passenger Cars-Electronic and Electrical Systems*, 10(2016-01-1874):24–34, 2016.

[216] Xuyong Tu, Jingyao Gai, and Lie Tang. Robust navigation control of a 4wd/4ws agricultural robotic vehicle. *Computers and Electronics in Agriculture*, 164:104892, 2019.

[217] Vygandas Vaitkus, Paulius Lengvenis, and Gediminas Žylius. Driving style classification using long-term accelerometer information. In *2014 19th International Conference on Methods and Models in Automation and Robotics (MMAR)*, pages 641–644. IEEE, 2014.

[218] Minh Van Ly, Sujitha Martin, and Mohan M Trivedi. Driver classification and driving style recognition using inertial sensors. In *2013 IEEE Intelligent Vehicles Symposium (IV)*, pages 1040–1045. IEEE, 2013.

[219] Sandor M Veres, Levente Molnar, Nick K Lincoln, and Colin P Morice. Autonomous vehicle control systemsa review of decision making. *Proceedings of the Institution of Mechanical Engineers, Part I: Journal of Systems and Control Engineering*, 225(2):155–195, 2011.

[220] Hengyang Wang, Biao Liu, Xianyao Ping, and Quan An. Path tracking control for autonomous vehicles based on an improved mpc. *IEEE Access*, 7:161064–161073, 2019.

[221] Hong Wang, Yanjun Huang, Amir Khajepour, Yubiao Zhang, Yadollah Rasekhipour, and Dongpu Cao. Crash mitigation in motion planning for autonomous vehicles. *IEEE Transactions on Intelligent Transportation Systems*, 20(9):3313–3323, 2019.

[222] Hong Wang, Amir Khajepour, Dongpu Cao, and Teng Liu. Ethical decision making in autonomous vehicles: Challenges and research progress. *IEEE Intelligent Transportation Systems Magazine*, 2020.

[223] Hongbo Wang, Shihan Xu, and Longze Deng. Automatic lane-changing decision based on single-step dynamic game with incomplete information and collision-free path planning. In *Actuators*, volume 10, page 173. Multidisciplinary Digital Publishing Institute, 2021.

[224] Jinxiang Wang, Junmin Wang, Rongrong Wang, and Chuan Hu. A framework of vehicle trajectory replanning in lane exchanging with considerations of driver characteristics. *IEEE Transactions on Vehicular Technology*, 66(5):3583–3596, 2016.

[225] Jinxiang Wang, Guoguang Zhang, Rongrong Wang, Scott C Schnelle, and Junmin Wang. A gain-scheduling driver assistance trajectory-following algorithm considering different driver steering characteristics. *IEEE Transactions on Intelligent Transportation Systems*, 18(5):1097–1108, 2016.

[226] Meng Wang, Serge P Hoogendoorn, Winnie Daamen, Bart van Arem, and Riender Happee. Game theoretic approach for predictive lane-changing and car-following control. *Transportation Research Part C: Emerging Technologies*, 58:73–92, 2015.

[227] Rui Wang and Srdjan M Lukic. Review of driving conditions prediction and driving style recognition based control algorithms for hybrid electric vehicles. In *2011 IEEE Vehicle Power and Propulsion Conference*, pages 1–7. IEEE, 2011.

[228] Wenshuo Wang and Junqiang Xi. A rapid pattern-recognition method for driving styles using clustering-based support vector machines. In *2016 American Control Conference (ACC)*, pages 5270–5275. IEEE, 2016.

[229] Yijing Wang, Zhengxuan Liu, Zhiqiang Zuo, Zheng Li, Li Wang, and Xiaoyuan Luo. Trajectory planning and safety assessment of autonomous vehicles based on motion prediction and model predictive control. *IEEE Transactions on Vehicular Technology*, 68(9):8546–8556, 2019.

[230] YingQiao Wang. Ltn: Long-term network for long-term motion prediction. In *2021 IEEE International Intelligent Transportation Systems Conference (ITSC)*, pages 1845–1852. IEEE, 2021.

[231] Yunpeng Wang, Pinlong Cai, and Guangquan Lu. Cooperative autonomous traffic organization method for connected automated vehicles in multi-intersection road networks. *Transportation Research Part C: Emerging Technologies*, 111:458–476, 2020.

[232] Yunpeng Wang, E Wenjuan, Wenzhong Tang, Daxin Tian, Guangquan Lu, and Guizhen Yu. Automated on-ramp merging control algorithm based on internet-connected vehicles. *IET Intelligent Transport Systems*, 7(4):371–379, 2013.

[233] Zejiang Wang, Yunhao Bai, Junmin Wang, and Xiaorui Wang. Vehicle path-tracking linear-time-varying model predictive control controller parameter selection considering central process unit computational load. *Journal of Dynamic Systems, Measurement, and Control*, 141(5):051004, 2019.

[234] Stephen Waydo and Richard M Murray. Vehicle motion planning using stream functions. In *2003 IEEE International Conference on Robotics and Automation (Cat. No. 03CH37422)*, volume 2, pages 2484–2491. IEEE, 2003.

[235] Chongfeng Wei, Richard Romano, Natasha Merat, Yafei Wang, Chuan Hu, Hamid Taghavifar, Foroogh Hajiseyedjavadi, and Erwin R Boer. Risk-based autonomous vehicle motion control with considering human drivers behaviour. *Transportation Research Part C: Emerging Technologies*, 107:1–14, 2019.

[236] ChunYan Wnag, WanZhong Zhao, ZhiJiang Xu, and Guan Zhou. Path planning and stability control of collision avoidance system based on active front steering. *Science China Technological Sciences*, 60(8):1231–1243, 2017.

[237] Jian Wu, Shuo Cheng, Binhao Liu, and Congzhi Liu. A human-machine-cooperative-driving controller based on afs and dyc for vehicle dynamic stability. *Energies*, 10(11):1737, 2017.

[238] Jingda Wu, Zhiyu Huang, Peng Hang, Chao Huang, Niels De Boer, and Chen Lv. Digital twin-enabled reinforcement learning for end-to-end autonomous driving. In *2021 IEEE 1st International Conference on Digital Twins and Parallel Intelligence (DTPI)*, pages 62–65. IEEE, 2021.

[239] Pengxiang Wu, Siheng Chen, and Dimitris N Metaxas. Motionnet: Joint perception and motion prediction for autonomous driving based on bird's eye view maps. In *Proceedings of the IEEE/CVF Conference on Computer Vision and Pattern Recognition*, pages 11385–11395, 2020.

[240] Xiangfei Wu, Xin Xu, Xiaohui Li, Kai Li, and Bohan Jiang. A kernel-based extreme learning modeling method for speed decision making of autonomous land vehicles. In *2017 6th Data Driven Control and Learning Systems (DDCLS)*, pages 769–775. IEEE, 2017.

[241] Yu Wun Chai, Yoshihiro Abe, Yoshio Kano, and Masato Abe. A study on adaptation of sbw parameters to individual drivers steer characteristics for improved driver–vehicle system performance. *Vehicle System Dynamics*, 44(sup1):874–882, 2006.

[242] Wei Xiao, Lijun Zhang, and Dejian Meng. Vehicle trajectory prediction based on motion model and maneuver model fusion with interactive multiple models. *SAE International Journal of Advances and Current Practices in Mobility*, 2(2020-01-0112):3060–3071, 2020.

[243] Cheng Xiao-dong, Zhou De-yun, and Zhang Ruo-nan. New method for uav online path planning. In *2013 IEEE International Conference on Signal Processing, Communication and Computing (ICSPCC 2013)*, pages 1–5. IEEE, 2013.

[244] Yang Xing, Chen Lv, and Dongpu Cao. Personalized vehicle trajectory prediction based on joint time-series modeling for connected vehicles. *IEEE Transactions on Vehicular Technology*, 69(2):1341–1352, 2019.

[245] Yang Xing, Chen Lv, Dongpu Cao, and Chao Lu. Energy oriented driving behavior analysis and personalized prediction of vehicle states with joint time series modeling. *Applied Energy*, 261:114471, 2020.

[246] Zhichao Xing, Xingliang Liu, Rui Fang, Hui Zhang, and Zhiguang Liu. Research on qualitative classification method of drivers' driving style. In *2021 IEEE International Conference on Advances in Electrical Engineering and Computer Applications (AEECA)*, pages 709–716. IEEE, 2021.

[247] Chengke Xiong, Danfeng Chen, Di Lu, Zheng Zeng, and Lian Lian. Path planning of multiple autonomous marine vehicles for adaptive sampling using voronoi-based ant colony optimization. *Robotics and Autonomous Systems*, 115:90–103, 2019.

[248] Biao Xu, Shengbo Eben Li, Yougang Bian, Shen Li, Xuegang Jeff Ban, Jianqiang Wang, and Keqiang Li. Distributed conflict-free cooperation for multiple connected vehicles at unsignalized intersections. *Transportation Research Part C: Emerging Technologies*, 93:322–334, 2018.

[249] Can Xu, Wanzhong Zhao, Lin Li, Qingyun Chen, Dengming Kuang, and Jianhao Zhou. A nash q-learning based motion decision algorithm with considering interaction to traffic participants. *IEEE Transactions on Vehicular Technology*, 69(11):12621–12634, 2020.

[250] Huile Xu, Shuo Feng, Yi Zhang, and Li Li. A grouping-based cooperative driving strategy for cavs merging problems. *IEEE Transactions on Vehicular Technology*, 68(6):6125–6136, 2019.

[251] Huile Xu, Yi Zhang, Li Li, and Weixia Li. Cooperative driving at unsignalized intersections using tree search. *IEEE Transactions on Intelligent Transportation Systems*, 21(11):4563–4571, 2019.

[252] Li Xu, Jie Hu, Hong Jiang, and Wuqiang Meng. Establishing style-oriented driver models by imitating human driving behaviors. *IEEE Transactions on Intelligent Transportation Systems*, 16(5):2522–2530, 2015.

[253] Linghui Xu, Jia Lu, Bin Ran, Fang Yang, and Jian Zhang. Cooperative merging strategy for connected vehicles at highway on-ramps. *Journal of Transportation Engineering, Part A: Systems*, 145(6):04019022, 2019.

[254] Wei Xu, Hong Chen, Junmin Wang, and Haiyan Zhao. Velocity optimization for braking energy management of in-wheel motor electric vehicles. *IEEE Access*, 7:66410–66422, 2019.

[255] Xin Xu, Lei Zuo, Xin Li, Lilin Qian, Junkai Ren, and Zhenping Sun. A reinforcement learning approach to autonomous decision making of intelligent vehicles on highways. *IEEE Transactions on Systems, Man, and Cybernetics: Systems*, 50(10):3884–3897, 2018.

[256] Zhijiang Xu, Wanzhong Zhao, Chunyan Wang, and Yifan Dai. Local path planning and tracking control of vehicle collision avoidance system. *Transactions of Nanjing University of Aeronautics and Astronautics*, 35(4):729–738, 2018.

[257] Qingwen Xue, Ke Wang, Jian John Lu, and Yujie Liu. Rapid driving style recognition in car-following using machine learning and vehicle trajectory data. *Journal of Advanced Transportation*, 2019, 2019.

[258] Fei Yan, Yi-Sha Liu, and Ji-Zhong Xiao. Path planning in complex 3d environments using a probabilistic roadmap method. *International Journal of Automation and Computing*, 10(6):525–533, 2013.

[259] Da Yang, Shiyu Zheng, Cheng Wen, Peter J Jin, and Bin Ran. A dynamic lane-changing trajectory planning model for automated vehicles. *Transportation Research Part C: Emerging Technologies*, 95:228–247, 2018.

[260] Liu Yang, Rui Ma, H Michael Zhang, Wei Guan, and Shixiong Jiang. Driving behavior recognition using eeg data from a simulated car-following experiment. *Accident Analysis & Prevention*, 116:30–40, 2018.

[261] Peng Yang, Ke Tang, Jose A Lozano, and Xianbin Cao. Path planning for single unmanned aerial vehicle by separately evolving waypoints. *IEEE Transactions on Robotics*, 31(5):1130–1146, 2015.

[262] Shuo Yang, Hongyu Zheng, Junmin Wang, and Abdelkader El Kamel. A personalized human-like lane-changing trajectory planning method for automated driving system. *IEEE Transactions on Vehicular Technology*, 2021.

[263] Xiaoguang Yang, Xiugang Li, and Kun Xue. A new traffic-signal control for modern roundabouts: method and application. *IEEE Transactions on Intelligent Transportation Systems*, 5(4):282–287, 2004.

[264] Chen YongBo, Mei YueSong, Yu JianQiao, Su XiaoLong, and Xu Nuo. Three-dimensional unmanned aerial vehicle path planning using modified wolf pack search algorithm. *Neurocomputing*, 266:445–457, 2017.

[265] Je Hong Yoo and Reza Langari. Stackelberg game based model of highway driving. In *Dynamic Systems and Control Conference*, volume 45295, pages 499–508. American Society of Mechanical Engineers, 2012.

[266] Je Hong Yoo and Reza Langari. A stackelberg game theoretic driver model for merging. In *Dynamic Systems and Control Conference*, volume 56130, page V002T30A003. American Society of Mechanical Engineers, 2013.

[267] Changxi You, Jianbo Lu, Dimitar Filev, and Panagiotis Tsiotras. Highway traffic modeling and decision making for autonomous vehicle using reinforcement learning. In *2018 IEEE Intelligent Vehicles Symposium (IV)*, pages 1227–1232. IEEE, 2018.

[268] Chao Yu, Xin Wang, Xin Xu, Minjie Zhang, Hongwei Ge, Jiankang Ren, Liang Sun, Bingcai Chen, and Guozhen Tan. Distributed multiagent coordinated learning for autonomous driving in highways based on dynamic coordination graphs. *IEEE Transactions on Intelligent Transportation Systems*, 21(2):735–748, 2019.

[269] Chuanyang Yu, Yanggu Zheng, Barys Shyrokau, and Valentin Ivanov. Mpc-based path following design for automated vehicles with rear wheel steering. In *2021 IEEE International Conference on Mechatronics (ICM)*, pages 1–6. IEEE, 2021.

[270] Hai Yu, Finn Tseng, and Ryan McGee. Driving pattern identification for ev range estimation. In *2012 IEEE International Electric Vehicle Conference*, pages 1–7. IEEE, 2012.

[271] Hongtao Yu, H Eric Tseng, and Reza Langari. A human-like game theory-based controller for automatic lane changing. *Transportation Research Part C: Emerging Technologies*, 88:140–158, 2018.

[272] Dongdong Yuan and Yankai Wang. An unmanned vehicle trajectory tracking method based on improved model-free adaptive control algorithm. In *2020 IEEE 9th Data Driven Control and Learning Systems Conference (DDCLS)*, pages 996–1002. IEEE, 2020.

[273] Ming Yue, Lu Yang, Xi-Ming Sun, and Weiguo Xia. Stability control for fwid-evs with supervision mechanism in critical cornering situations. *IEEE Transactions on Vehicular Technology*, 67(11):10387–10397, 2018.

[274] Yao ZeHao, LiQian Wang, Ke Liu, and YuanQing Li. Motion prediction for autonomous vehicles using resnet-based model. In *2021 2nd International Conference on Education, Knowledge and Information Management (ICEKIM)*, pages 323–327. IEEE, 2021.

[275] Wei Zhan, Liting Sun, Di Wang, Haojie Shi, Aubrey Clausse, Maximilian Naumann, Julius Kummerle, Hendrik Konigshof, Christoph Stiller, Arnaud de La Fortelle, et al. Interaction dataset: An international, adversarial and cooperative motion dataset in interactive driving scenarios with semantic maps. *arXiv preprint arXiv:1910.03088*, 2019.

[276] Han Zhang, Bo Heng, and Wanzhong Zhao. Path tracking control for active rear steering vehicles considering driver steering characteristics. *IEEE Access*, 8:98009–98017, 2020.

[277] Han-ye Zhang, Wei-ming Lin, and Ai-xia Chen. Path planning for the mobile robot: A review. *Symmetry*, 10(10):450, 2018.

[278] Kuoran Zhang, Jinxiang Wang, Nan Chen, Mingcong Cao, and Guodong Yin. Design of a cooperative v2v trajectory-planning algorithm for vehicles driven on a winding road with consideration of human drivers characteristics. *IEEE Access*, 7:131135–131147, 2019.

[279] Kuoran Zhang, Jinxiang Wang, Nan Chen, and Guodong Yin. A non-cooperative vehicle-to-vehicle trajectory-planning algorithm with consideration of drivers characteristics. *Proceedings of the Institution of Mechanical Engineers, Part D: Journal of Automobile Engineering*, 233(10):2405–2420, 2019.

[280] Lijun Zhang, Wei Xiao, Zhuang Zhang, and Dejian Meng. Surrounding vehicles motion prediction for risk assessment and motion planning of autonomous vehicle in highway scenarios. *IEEE Access*, 8:209356–209376, 2020.

[281] Linjun Zhang and Eric Tseng. Motion prediction of human-driven vehicles in mixed traffic with connected autonomous vehicles. In *2020 American Control Conference (ACC)*, pages 398–403. IEEE, 2020.

[282] Rui Zhang, Nengchao Lv, Chaozhong Wu, and Xinping Yan. Speed control for automated highway vehicles under road gradient conditions. In *CICTP 2012: Multimodal Transportation Systems Convenient, Safe, Cost-Effective, Efficient*, pages 1327–1336. 2012.

[283] Sheng Zhang and Xiangtao Zhuan. Research on tracking improvement for electric vehicle during a car-following process. In *2020 Chinese Control And Decision Conference (CCDC)*, pages 3261–3266. IEEE, 2020.

[284] Ting Zhang, Wenjie Song, Mengyin Fu, Yi Yang, and Meiling Wang. Vehicle motion prediction at intersections based on the turning intention and prior trajectories model. *IEEE/CAA Journal of Automatica Sinica*, 2021.

[285] Xiaoxue Zhang, Jun Ma, Zilong Cheng, Sunan Huang, Shuzhi Sam Ge, and Tong Heng Lee. Trajectory generation by chance-constrained nonlinear mpc with probabilistic prediction. *IEEE Transactions on Cybernetics*, 51(7):3616–3629, 2021.

[286] Yiran Zhang, Peng Hang, Chao Huang, and Chen Lv. Human-like interactive behavior generation for autonomous vehicles: A bayesian game-theoretic approach with turing test. *Authorea Preprints*, 2021.

[287] Yiwen Zhang, Qingyu Li, Qiyu Kang, and Yuxiang Zhang. Autonomous car motion prediction based on hybrid resnet model. In *2021 International Conference on Communications, Information System and Computer Engineering (CISCE)*, pages 649–652. IEEE, 2021.

[288] J Zhao and W Liu. Study on dynamic routing planning a-star algorithm based on cooperative vehicles infrastructure technology. *J Comput Inf Syst*, 11(12):4283–4292, 2015.

[289] Rui Zheng, Chunming Liu, and Qi Guo. A decision-making method for autonomous vehicles based on simulation and reinforcement learning. In *2013 International Conference on Machine Learning and Cybernetics*, volume 1, pages 362–369. IEEE, 2013.

[290] Yang Zheng, Shengbo Eben Li, Keqiang Li, and Wei Ren. Platooning of connected vehicles with undirected topologies: Robustness analysis and distributed h-infinity controller synthesis. *IEEE Transactions on Intelligent Transportation Systems*, 19(5):1353–1364, 2017.

[291] Bin Zhou, Yunpeng Wang, Guizhen Yu, and Xinkai Wu. A lane-change trajectory model from drivers vision view. *Transportation Research Part C: Emerging Technologies*, 85:609–627, 2017.

[292] Jiacheng Zhu, Shenghao Qin, Wenshuo Wang, and Ding Zhao. Probabilistic trajectory prediction for autonomous vehicles with attentive recurrent neural process. *arXiv preprint arXiv:1910.08102*, 2019.

[293] Qijie Zou, Yingli Hou, and Kang Xiong. An overview of the motion prediction of traffic participants for host vehicle. In *2019 Chinese Control Conference (CCC)*, pages 7872–7877. IEEE, 2019.